SCHRIFTEN DER BIBLIOTHEK DES
EVANGELISCHEN MINISTERIUMS ERFURT

In Verbindung mit dem Förderverein der
Bibliothek des Evangelischen Ministeriums
im Augustinerkloster Erfurt e. V.

herausgegeben von

MICHAEL LUDSCHEIDT

Band 2

Nicolaus Stenger (1609-1680)
Kupferstich von einem unbekannten Künstler, 1661

Nicolaus Stenger (1609-1680)

Beiträge zu Leben, Werk und Wirken

Herausgegeben von

Michael Ludscheidt

Ulenspiegel-Verlag Erfurt
2011

Gedruckt mit Unterstützung der

jenacon foundation GmbH, Jena

Stiftung Mitteldeutscher Kulturrat e. V., Bonn

Die Deutsche Bibliothek - Bibliographische Information

Die Deutsche Bibliothek verzeichnet diese Publikation in der Deutschen Nationalbibliographie; detaillierte bibliographische Daten sind im Internet über <http://dnb.ddb.de> abrufbar.

Einbandabbildung: Nicolaus Stenger (1609-1680)
Kupferstich von einem unbekannten Künstler, 1661

c/o Buchhandlung am Waidspeicher
Franz-Ulrich Jestädt
Domplatz 24, 99084 Erfurt
http://buchhandlung-am-waidspeicher.de
jestaedt-antiquariat@gmx.de

Druck und Bindung: Druckhaus Gera
Printed in Germany
ISBN 978-3-932655-41-8

INHALT

Inhalt

VORWORT

Der evangelische Theologe Nicolaus Stenger (1609-1680) gehört zu den herausragenden Gestalten der Erfurter Kulturgeschichte in der Frühen Neuzeit. Als Seelsorger, Prediger, Senior des Evangelischen Ministeriums, Universitätsprofessor und Inspektor von schulischen, bibliothekarischen und sozialen Einrichtungen übte er für mehr als ein halbes Jahrhundert weitreichenden Einfluß auf das kirchliche, akademische und kommunale Leben in der kurmainzischen Exklave aus. Er hinterließ ein literarisches Œuvre, das in seinem Gattungsreichtum, seiner thematischen Vielfalt, stilistischen Eleganz und tiefgründigen Gelehrsamkeit eindrucksvoll die intellektuellen Potenzen der altprotestantischen Orthodoxie um die Mitte des 17. Jahrhunderts bezeugt. Mit seinem auf Ausgleich und Verständigung bedachten Handeln hatte Stenger zudem wesentlichen Anteil daran, daß in den konfessionellen und politischen Auseinandersetzungen nach dem Westfälischen Frieden das reformatorische Erbe in Erfurt bewahrt und die Stellung des Augsburgischen Bekenntnisses unter dem katholischen Landesherrn gefestigt werden konnte.

Aus Anlaß des 400. Geburtstags von Nicolaus Stenger veranstaltete der Förderverein der Bibliothek des Evangelischen Ministeriums im Augustinerkloster Erfurt e. V. in Zusammenarbeit mit der Evangelischen Kaufmannsgemeinde Erfurt und dem Evangelischen Augustinerkloster zu Erfurt am 6. und 7. November 2009 eine interdisziplinäre wissenschaftliche Tagung, die sich aus theologischer, historischer, kirchen- und musikgeschichtlicher sowie literaturwissenschaftlicher Perspektive der Biographie, dem Wirken und dem schriftstellerischen Werk des Jubilars widmete. Die Vorträge fanden im Lesesaal der Bibliothek des Evangelischen Ministeriums statt, als deren erster Leiter Stenger in den Jahren von 1646 bis 1660 amtierte.

Der vorliegende Aufsatzband versammelt die auf der Tagung gehaltenen Vorträge und ergänzt sie durch eine biographisch-werkgeschichtliche Einführung sowie den Abdruck der frühen Stenger-Biographien von Johann Balthasar Haberkorn (1680) und Just Christoph Motschmann (1731).

Die Drucklegung der Tagungsakten wurde ermöglicht durch großzügige finanzielle Zuwendungen der jenacon foundation GmbH in Jena und der Stiftung Mitteldeutscher Kulturrat e. V. in Bonn, wofür beiden Institutionen herzlich gedankt sei. Namentlich Frau Prof. Dr. Siegrid Westphal, Gesellschafterin, und Herr Dr. Joachim Arenth, Geschäftsführer der jenacon foundation, sowie Frau Gabriele Bohl, Geschäftsführerin der Stiftung Mitteldeutscher Kulturrat, haben sich nachdrücklich für die Realisierung des Buchprojektes eingesetzt. Ihnen gilt der besondere Dank des Herausgebers.

Erfurt, im Dezember 2010 — Michael Ludscheidt

MICHAEL LUDSCHEIDT

„Sein Lebens=Wandel war from, ehrlich und aufrichtig“. Ein biographisch-werkgeschichtliches Porträt Nicolaus Stengers

Leben, Werk und Wirken des lutherischen Theologen Nicolaus Stenger (1609-1680) haben bisher nur selten das Interesse der Forschung auf sich gezogen. Einer intensiveren Beschäftigung mit seiner Persönlichkeit und seinem Schaffen dürfte vor allem der Umstand hinderlich gewesen sein, daß man ihm als einer der zentralen Gestalten der altprotestantischen Orthodoxie in Erfurt mit den gleichen Vorbehalten begegnete, wie sie der im konfessionellen Zeitalter[1] in den lutherischen Territorien vorherrschenden Theologie insgesamt noch bis in die jüngere Vergangenheit hinein entgegengebracht wurden. Das von Gottfried Arnold in der *Unpartheyischen Kirchen= und Ketzer=Historie* (1700/1715) entworfene Bild der lutherischen Orthodoxie als einer „religiös bigotte[n], wissenschaftlich spitzfindige[n] und kirchenpolitisch autoritäre[n] Theologie“[2] hat ihre Erforschung lange Zeit geprägt beziehungsweise behindert, gilt mittlerweile aber als „endgültig überholt“.[3] Das ändert nichts an der Tatsache, daß ungeachtet einer Vielzahl inzwischen vorliegender Veröffentlichungen[4] die Untersuchungen zu der „vermeintlich düsteren nachreformatorischen Zeit“[5] noch immer weitgehend am Beginn stehen. Dieser Befund trifft auch für Erfurt zu. Daher hat die pfarramtliche, kirchenleitende, akademische und schriftstellerische Tätigkeit Nicolaus Stengers bislang nicht jene Aufmerksamkeit und Würdigung erfahren, die ihr womöglich gebührt.

In seiner am 7. April 1680 in der Kaufmannskirche gehaltenen Trauerpredigt auf den zwei Tage zuvor verstorbenen Nicolaus Stenger erinnerte Johann Balthasar Haberkorn (1646-1706) das evangelische Erfurt daran, daß es in ihm eine „starcke Kirchen=Seule“, den „Vater unter [s]einen Lehrern“, einen „andächtigen Fürbitter; der so manches Unglück [...] durch sein gebeth abwande“ und ei-

---

[1] Ernst Koch: Das konfessionelle Zeitalter – Katholizismus, Luthertum, Calvinismus (1563-1675). Leipzig 2000 (Kirchengeschichte in Einzeldarstellungen, II/8).

[2] Markus Matthias: Orthodoxie I. In: TRE XXV (1995), S. 464-485, hier S. 467.

[3] Stefan Michel/Andres Straßberger: Einleitung. In: Dies. (Hgg.): Eruditio – Confessio – Pietas. Kontinuität und Wandel in der lutherischen Konfessionskultur am Ende des 17. Jahrhunderts. Das Beispiel Johann Benedikt Carpzovs (1639-1699). Leipzig 2009, S. 11-18, hier S. 11 (Leucorea-Studien zur Geschichte der Reformation und der Lutherischen Orthodoxie, 12).

[4] Vgl. beispielsweise die in den Reihen *Themata Leucoreana*, *Doctrina et pietas* und *Leucorea-Studien zur Geschichte der Reformation und der Lutherischen Orthodoxie* erschienenen Bände.

[5] Johann Anselm Steiger: Johann Gerhard (1582-1637). Studien zu Theologie und Frömmigkeit des Kirchenvaters der lutherischen Orthodoxie. Stuttgart-Bad Cannstatt 1997, S. 11 (Doctrina et pietas. Abt. 1: Johann Gerhard-Archiv, 1).

Nicolaus Stenger
Kupferstich von Johann Dürr, 1648

nen „hochgelahrten und theuren *Theologum*"[6] verloren habe. Noch aus dem Abstand von einem halben Jahrhundert charakterisierte Just Christoph Motschmann (1690-1738) in seinem 1731 veröffentlichten biographischen Porträt den Verstorbenen in ähnlicher Weise als einen Mann, der „so wohl *Moderation* und Sanfftmuth, als *Courage* und Standhaftigkeit" bewies, als „ungemein *höfflich und leutseelig*" galt, eine besondere Gabe darin besaß, „auch die verdrüßlichsten Sachen mit gröster Freundlichkeit" vorzutragen, und der „bey Hohen und Niedrigen, Evangelischen und Catholischen"[7] gleichermaßen in großem Ansehen stand. Wer war dieser Nicolaus Stenger, über den Zeitgenossen und Nachgeborene ein so einhellig günstiges Urteil fällten?[8]

1. Herkunft, Schule, Universität

Als Sohn des aus Laasphe in der Grafschaft Wittgenstein stammenden Schneidermeisters Adam Stenger (1579-1629),[9] der 1611 das Bürgerrecht erwarb,[10] wurde Nicolaus Stenger am 31. August 1609 in Erfurt geboren und am Tag darauf in der Predigerkirche getauft.[11] Die Mutter Christina (?-1666) war eine Toch-

[6] Johann Balthasar Haberkorn: Die Vom HERRN herrührende Gerechtigkeit und Stärcke aus Esai. XLV. V. 24. Bey Christlicher und sehr Volckreicher Beerdigung Des Weyland HochEhrWürdigen/ GroßAchtbaren und HochGelahrten Herrn M. NICOLAI Stengers/ Fürnehmen und Hochberühmten THEOLOGI, des Evangelischen MINISTERII SENIORIS, bey hiesiger UhrAlten Universität THEOLOGIÆ & LL Or. Treufleisigsten Professoris Publici, der Hochansehnlichen Gemeinde zu KauffmannsKirchen HochVerdienten Pfarrers/ der Philosophischen Facultät Assessoris Senioris, wie auch des Gymnasii INSPECTORIS &c. Uber welches tödtlichen Hintritt viel Thränen vergossen wurden/ fürgestellet in gedachter KauffmannsKirche zu Erffurth/ den 7. April. Anno 1680. Erfurt 1680, S. 4 (Exemplar Bibliothek des Evangelischen Ministeriums Erfurt [im folgenden: BEM Erfurt], Signatur: Eg 11).

[7] Just Christoph Motschmann: M. Nicolaus Stenger. In: Ders.: Erfordia Literata oder Gelehrtes Erffurth Worinnen so wohl Von der Beschaffenheit und Einrichtung der Erffurthischen Universität Als auch Von denen Gelehrten Leuten Welche sich hieselbst Mit Schrifften berühmt oder bekannt gemacht ausführliche Nachricht ertheilet wird. Vierdte Sammlung. Erfurt 1731, S. 568-586, hier S. 576f.

[8] Außer den Lebensbeschreibungen von Haberkorn (Anm. 6) und Motschmann (Anm. 7), die der Darstellung zugrundeliegen, vgl. zu biographischen Angaben vor allem auch Martin Bauer: Evangelische Theologen in und um Erfurt im 16. bis 18. Jahrhundert. Beiträge zur Personen- und Familiengeschichte Thüringens. Neustadt a. d. Aisch 1992, S. 301f. (Schriftenreihe der Stiftung Stoye, 22).

[9] Werner Slevogt/Hilde Pfeng: Die Erfurter Stenger, eine Familie von Schneidern, Pastoren, Professoren und Juristen, im 17. und zu Beginn des 18. Jahrhunderts. In: Archiv für Sippenforschung Jg. 41, H. 60 (1975), S. 315-328, hier S. 316-318.

[10] Bürgerverzeichnis der Stadt Erfurt 1555-1666. Bearb. von Kurt Wildenhayn u. Kurt Göldner. Hg. von Martin Bauer. o. O. 2003, S. 273 (Schriftenreihe der Arbeitsgemeinschaft für mitteldeutsche Familienforschung e. V., Sonderbd. 5).

[11] BEM Erfurt: Taufbuch der Predigergemeinde Erfurt 1581-1624, S. 236.

ter des Erfurter Bürgers,[12] „Gürtlers/ auch Siegelgräbers/ Stein=Eisen= und Stahlschneiders“[13] Hans Neubecker. Daß der promovierte Jurist und mehrmalige Oberratsmeister Nicolaus Griebe (gest. 1617)[14] die Patenschaft für den Knaben übernahm, spricht für die bereits gefestigte soziale Stellung und das gesellschaftliche Ansehen des erst seit kurzem in der Stadt ansässigen Vaters.

Im Geburtsjahr Stengers wurden mit der Gründung der katholischen Liga in Reaktion auf die ein Jahr zuvor erfolgte Formierung der protestantischen Union[15] endgültig die Weichen für eine gewaltsame Lösung der seit dem Augsburger Religionsfrieden (1555) aufgestauten Konflikte zwischen den Konfessionsparteien gestellt. Der Ausbruch der religiös motivierten militärischen Auseinandersetzungen im Jahr 1618 fiel in die Zeit des ersten Schulbesuchs von Nicolaus Stenger, dessen Leben von da ab bis zur sogenannten ‚Erfurter Reduktion‘ im Jahr 1664 von Kriegsereignissen überschattet blieb. Für den Bildungsweg des begabten Jungen hatten die widrigen Zeitumstände einschneidende Konsequenzen. So weist Motschmann anerkennend darauf hin, daß Stenger in verschiedenen Wissenschaften über gründliche Kenntnisse verfügt habe, obwohl ihm „wegen damahliger Kriegs=Troublen“[16] ein Studium an auswärtigen Universitäten verwehrt gewesen sei.

Bereits frühzeitig, nach den Worten von Haberkorn „so bald es immer seyn können“,[17] besuchte Stenger die Pfarrschule an der Michaeliskirche, die unter dem Rektorat des angesehenen Magisters Bartholomäus Loneisen (1562-1622) stand, der zugleich als Leiter des Pädagogiums der Universität sowie wiederholt als Dekan der Philosophischen Fakultät und Rektor der Hierana amtierte.[18] Dieser förderte nach Kräften den wegen seines „munteren und sehr fähigen *ingenii*“ beliebten Schüler, der „fleißig gelernet“ und „still und sittsam sich verhalten“[19] habe, wie die Biographen übereinstimmend berichten.[20] Die zu großen Hoffnungen Anlaß gebende Entwicklung des Knaben bewog die Eltern, ihm unerachtet

[12] Bürgerverzeichnis der Stadt Erfurt 1555-1666 (Anm. 10), S. 196. Die Aufnahme erfolgte 1566.

[13] Haberkorn (Anm. 6), S. 22.

[14] Martin Bauer: Erfurter Ratsherren und ihre Familien im 17. Jahrhundert. Neustadt a. d. Aisch 1989, S. 78 (Schriftenreihe der Stiftung Stoye, 19).

[15] Axel Gotthard: Protestantische „Union“ und Katholische „Liga“ – Subsidiäre Strukturelemente oder Alternativentwürfe? In: Volker Press (Hg.): Alternativen zur Reichsverfassung in der Frühen Neuzeit? München 1995, S. 81-112 (Schriften des Historischen Kollegs; Kolloquien, 23).

[16] Motschmann (Anm. 7), S. 570.

[17] Haberkorn (Anm. 6), S. 22.

[18] Just Christoph Motschmann: M. Bartholomaeus Loeneisen. In: Ders. (Anm. 7), S. 545-549; Erich Kleineidam: Universitas Studii Erffordensis. Überblick über die Geschichte der Universität Erfurt. Tl. III: Die Zeit der Reformation und Gegenreformation 1521-1632. Leipzig 1980, S. 123-124 u. passim (Erfurter Theologische Studien, 42).

[19] Haberkorn (Anm. 6), S. 22.

[20] Motschmann (Anm. 7), S. 569. Stenger sei das Zeugnis erteilt worden, „nicht nur ein munteres und fähiges *Ingenium* [...] sondern auch gehörigen Fleiß und gute Sitten“ zu besitzen.

„ihres wenigen Vermögens"[21] eine akademische Bildung zu ermöglichen. Schon im Wintersemester 1616 erfolgte daher die Einschreibung des Siebenjährigen in die Matrikel der Universität Erfurt.[22] Doch bevor an die Aufnahme eines universitären Studiums gedacht werden konnte, wechselte Stenger zu Pfingsten 1621 zunächst von der Trivialschule an St. Michael auf das städtische Gymnasium senatorium,[23] das zu diesem Zeitpunkt gerade eine auch im Namen der Schule sich spiegelnde dezidiert evangelische Ausrichtung erfuhr.[24]

Als Stenger Aufnahme unter die Zöglinge der Anstalt fand, stand an ihrer Spitze David Zinkernagel (um 1585-1643),[25] der Religion und Hebräisch lehrte und für die Einführung von neuen Schulgesetzen sorgte. Nächst ihm verdient unter den Präzeptoren vor allem der spätere Philosophieprofessor Liborius Caps (1589-1654)[26] Erwähnung, von dessen theoretischen und praktischen Lektionen in der Musik Stenger für seine nachmalige berufliche Tätigkeit in besonderer Weise profitierte. Aufgrund der sichtbaren Fortschritte in „*lingvis & artibus liberal.*" wurde der eifrige Schüler nach dem Osterexamen 1627 „*ad Lectiones Academicas promoviret*".[27] Unmittelbar darauf nahm er das Studium an jener Universität auf, an der er ein Jahrzehnt zuvor bereits immatrikuliert worden war.

Den Gepflogenheiten des frühneuzeitlichen Studienbetriebs entsprechend mußte Stenger zunächst das Grundstudium der artes liberales in der Philosophischen Fakultät absolvieren, bevor er Vorlesungen in einer der höheren Fakultäten belegen durfte. Über den Gang des Studiums ist außer der Tatsache, daß Stenger „seinen *Cursum Philosophicum* in anderthalb Jahren mit guten Nutzen

---

[21] Motschmann (Anm. 7), S. 569.

[22] Acten der Erfurter Universität. Bearb. von J. C. Hermann Weissenborn. Tl. 2. Halle 1884, S. 521 (Geschichtsquellen der Provinz Sachsen, 8).

[23] Über den Besuch der städtischen Gelehrtenschule sind wir lediglich durch den der Leichenpredigt beigefügten Lebenslauf von Haberkorn (Anm. 6), S. 22, sowie den weitgehend darauf fußenden biographischen Artikel von Motschmann (Anm. 7), S. 569, informiert, da Schülerlisten für das Ratsgymnasium erst ab 1655 geführt wurden. Vgl. Hermann Goldmann: Die Schüler des Erfurter Ratsgymnasiums von 1655 bis 1820. Erfurt 1914 (Königliches Gymnasium in Erfurt. Beilage zum Jahresbericht 1913/14).

[24] Veranlassung dazu bot die 1611 erfolgte Einrichtung des Jesuitengymnasiums (vgl. Bernhard Dreier: Das katholische Gymnasium in Erfurt. Ein Beitrag zur Geschichte des Thüringer Schulwesens. Weida 1916), dessen Existenz eine „ernsthafte und bewußt katholische Konkurrenz" (Andreas Lindner: Das bikonfessionelle Schulwesen Erfurts im 16. und 17. Jahrhundert. In: Hans-Ulrich Musolff/Anja-Silvia Göing (Hgg.): Anfänge und Grundlegungen moderner Pädagogik im 16. und 17. Jahrhundert. Köln/Weimar/Wien 2003, S. 31-51, hier S. 43) für die Ratsschule bedeutete. Die Stadtväter reagierten darauf mit der ausdrücklichen Verpflichtung des Lehrkörpers auf die Confessio Augustana und der Einführung der Bezeichnung „Gymnasium evangelicum" (erstmals 1624). Ihrem Unterrichtsprogramm und dem Profil der an ihr täigen Pädagogen nach war die Gelehrtenschule indes von Anbeginn lutherisch geprägt.

[25] Gottfried Wolterstorff: Die Lehrer des evangelischen Ratsgymnasiums zu Erfurt (1561-1820). In: Festschrift zum 350jährigen Jubiläum des Königl. Gymnasiums zu Erfurt. Hg. von Johannes Biereye. Erfurt 1911, S. 1-20, hier S. 5; Bauer, Theologen (Anm. 8), S. 340.

[26] Wolterstorff (Anm. 25), S. 5; Bauer, Theologen (Anm. 8), S. 105f.

[27] Haberkorn (Anm. 6), S. 22.

endigte“,[28] kaum etwas bekannt. Auch von den Professoren, in deren Veranstaltungen er sich einfand, werden nur zwei namentlich erwähnt. Bei Johann Raetius (1555-1634),[29] dem Senior und achtmaligen Dekan der Fakultät, konnte er Logik und griechische Sprache sowie ein Kolleg über die Dialektik von Philipp Melanchthon hören. Als eine Institution an der Alma mater galt Hermann Lindanus (1565-1644), der zum Zeitpunkt von Stengers Studienbeginn seit mehr als 30 Jahren dem Collegium Amplonianum als Dekan vorstand und über Rhetorik (nach dem Lehrbuch Melanchthons) und Ethik las.[30] Aus diesen spärlichen Nachrichten läßt sich kein zuverlässiges Gesamtbild der Studienzeit gewinnen. Fest steht, daß Stenger bereits nach kurzer Verweildauer an der Universität am 30. September 1628 den Grad eines Baccalaureus artium erwarb und bald darauf, am 10. Februar 1629, zum Magister artium promoviert wurde.[31]

In welcher Weise sich die theologische Ausbildung Stengers und damit die Vorbereitung auf die Übernahme eines geistlichen Amtes vollzog, bleibt in den biographischen Darstellungen in der Schwebe. Haberkorn teilt mit, der frisch gekürte Magister sei schon am 12. März 1629 zum „*exercitium concionandi*“ zugelassen worden, nachdem er im Anschluß an das philosophische Examen „dem *Studio Theologico* [...] fleißig obgelegen“[32] habe. Motschmann versucht die rasch erteilte Erlaubnis zum Predigen mit dem Hinweis zu erklären, daß Stenger das „*Studium Theologicum* [...] bißher schon mitgenommen“[33] hatte, was auf einen parallelen Besuch von Vorlesungen in der Philosophischen und der Theologischen Fakultät hindeuten würde (und ungewöhnlich wäre). Die Begründung für den direkten Weg auf die Kanzel dürfte einfacher sein. Wie Hans Schneider am Beispiel von Johann Arndt gezeigt hat, bildete ein reguläres Theologiestudium auch im 17. Jahrhundert noch nicht die selbstverständliche Zugangsvoraussetzung für das geistliche Amt.[34] In der Regel reichte der Nachweis, daß der Bewerber überhaupt eine Universität besucht hatte, wo ihm, ebenso wie

---

[28] Motschmann (Anm. 7), S. 570.

[29] Just Christoph Motschmann: M. Johann. Raetius. In: Erfordia Literata Continuata oder Fortsetzung des Gelehrten Erffurths […]. Zweyte Fortsetzung. Erfurt/Leipzig 1734, S. 234-236.

[30] Georg Oergel: Das Collegium zur Himmelspforte von der Reformation bis zur Reduktion. 1521-1664. In: Mittheilungen des Vereins für die Geschichte und Alterthumskunde von Erfurt [im folgenden: MVGAE] 20 (1899), S. 1-50, hier S. 17-30. Lindanus fungierte 22 Mal als Dekan der Philosophischen Fakultät und war in den Jahren 1619-1622 und 1637/38 Rektor der Universität.

[31] Beide Angaben nach Haberkorn (Anm. 6), S. 22. Gleichlautend bei Motschmann (Anm. 7), S. 570. Aus Anlaß der Magisterpromotion erschien ein Gelegenheitsdruck mit Gratulationsgedichten von Kommilitonen in lateinischer und griechischer Sprache: Epinikia Emmetra Triumfo Academico [...]. Erfurt: Georg Hertz, 1629 (VD 17 547:690251A).

[32] Haberkorn (Anm. 6), S. 22.

[33] Motschmann (Anm. 7), S. 570.

[34] Hans Schneider: Johann Arndts Studienzeit. In: Ders.: Der fremde Arndt. Studien zu Leben, Werk und Wirkung Johann Arndts (1555-1621). Göttingen 2006, S. 82-129 (Arbeiten zur Geschichte des Pietismus, 48).

in der Schule, ein „hohes Maß an theologischer Allgemeinbildung“[35] vermittelt wurde. Das gleichsam nebenher angeeignete, offenbar aber solide Rüstzeug genügte, um eine kirchliche Laufbahn einschlagen, in der akademischen Lehre tätig werden und als Autor von theologischen Schriften hervortreten zu können: das bezeugen Lebensweg und -werk von Nicolaus Stenger nachhaltig.

2. Kirchliche Ämter

Der noch nicht zwanzigjährige Stenger verfügte am Ende seines Studiums nach dem Urteil von Motschmann über gründliche Kenntnisse „in der Theologie, Philosophie und [den] Sprachen“[36] und damit über alle Voraussetzungen für eine glänzende Karriere im städtischen oder kirchlichen Dienst. An Stengers Laufbahn läßt sich allerdings auch beobachten, daß selbst eine außergewöhnliche Begabung wie die seine nicht davon suspendierte, die Stufenleiter zu höheren Ämtern Sprosse um Sprosse zu erklimmen. Richtet man den Blick daher auf die Anfänge von Stengers beruflicher Tätigkeit, so ist es keineswegs überraschend, ihn zunächst in einer untergeordneten Position anzutreffen. Seine erste Anstellung erhielt er 1631 in der Thomasgemeinde, die ihn als Lehrer an ihre Trivialschule und zugleich zum Organisten der Kirche berief. Von der praktischen Anwendung der bereits auf dem Ratsgymnasium grundgelegten musikalischen Fertigkeiten hört man in diesem Zusammenhang zum ersten Mal; hinzutreten sollte wenig später die theoretische Auseinandersetzung mit Fragen des Musikunterrichts und des Gemeindegesangs. Als Thomasorganist oblag Stenger zugleich die musikalische Ausgestaltung der Gottesdienste im Neuwerkskloster.[37] Dort lernte er seine zukünftige Frau kennen, mit der er am 5. Februar 1632 die Ehe einging.[38] Die aufsehenerregende Heirat eines lutherischen Pfarrers mit einer katholischen Ordensfrau ist in der lokalgeschichtlichen Literatur wiederholt dargestellt worden und gehört bis heute zu den im Bewußtsein der historisch Interessierten fest verankerten Episoden der Erfurter Stadtgeschichte.[39]

---

[35] Hans Schneider: Der Braunschweiger Pfarrer Johann Arndt. Sein Leben auf dem Hintergrund der deutschen Kirchengeschichte 1555-1621. In: Hans Otte/Hans Schneider (Hgg.): Frömmigkeit oder Theologie. Johann Arndt und die „Vier Bücher vom wahren Christentum“. Göttingen 2007, S. 13-25, hier S. 16 (Studien zur Kirchengeschichte Niedersachsens, 40).

[36] Motschmann (Anm. 7), S. 570.

[37] Jacob Adlung: Anleitung zu der musikalischen Gelahrtheit [...]. Erfurt 1758, berichtet, daß „[i]n vorigen Zeiten [...] die evangelischen Organisten allhier die Orgeln der Catholiken ordentlich mit zu versehen“ (S. 115) pflegten.

[38] BEM Erfurt: Traubuch der Kaufmannsgemeinde 1604-1637, S. 38: „M. Nicolaus Stenger mit Maria Ampolonia Kappin eingesegnet durch Er Joachim Krüger Löwensteinischen Hofprediger den 5 Febr. [1632]“. Zu den Familienverhältnissen vgl. Haberkorn (Anm. 6), S. 24f.; Motschmann (Anm. 7), S. 578-581; Slevogt/Pfeng (Anm. 9), S.321-324; Bauer, Theologen (Anm. 8), S. 301f.

[39] Haberkorn (Anm. 6), S. 22f., übergeht die näheren Umstände der Eheschließung. Von Motschmann (Anm. 7), S. 578f., stammt die früheste Darstellung der Vorgänge: „Nöthiger aber ist es, nunmehro auch etwas von seiner Familie zu gedencken, und zwar hat er sich

Wenige Monate nach seiner Verheiratung trat Stenger am 20. Juni 1632 als Kantor und Schulkollege in den Dienst der Predigergemeinde.[40] Damit änderten sich die Aufgabenbereiche vorerst zwar nicht, doch weitete er nun die Predigttätigkeit beträchtlich aus,[41] um den Anspruch auf eine Pfarrstelle zu bekräftigen. Daß er als Kanzelredner Zuspruch fand, dürfte daran abzulesen sein, daß ihn die seit 1631 in Erfurt stationierten Schweden[42] als Prediger (und wohl auch Seelsorger) für ihre Soldaten heranzogen.[43] Laut Motschmann soll Stenger in dieser Zeit unter dem Vorsitz des Theologieprofessors Georg Großhain (?-1638)[44] auch eine – bislang allerdings nicht nachweisbare – theologische Dissertation verteidigt haben,[45] allerdings nicht mit dem Ziel, den vergleichsweise selten verliehe-

---

A. 1632 verheyrathet mit *Marien Apollonien*, einer Tochter *Michael Cappii* (der vorher bey dem Könige *Henrico* IV. in Franckreich Cammerdiener gewesen, damahls aber Wachtmeister und Städt=Maior in Mayntz war) und *Dorotheen Streitin*. Diese Cappinsin war A. 1608 zu Mayntz gebohren, und auf Einrathen ihres Vetters, M. *Petri Cappii*, eines *Canonici* in Erffurth, A. 1618 in das Kloster zum heiligen Creutze hieselbst, sonst das Neuewerck genant, gethan, dann A. 1623. ins *Noviciat* aufgenommen, endlich 1624. eingekleidet worden. Als nun der König von Schweden bey seiner ersten Ankunfft in Erffurth denen Kloster=Jungfern, welche darinne zu bleiben nicht Lust hätten, herauszugehen erlaubte, und Stenger, als Organist in solcher Kloster=Kirche, auf den Chore bey der Music erwehnte Nonne gesehen und kennen lernen, so erkundigte er sich, ob sie mit ihm in ein ehlichs Verbündnüß zu treten gesonnen seyn möchte? Nachdem er sie hiezu nicht ungeneigt befand, entdeckte er den gefasten Entschluß dem Grafen von Löwenstein, bey welchen er durch die vor der Schwedischen *Guarnison* gehaltene Predigten bekant worden. Dieser Graf nahm sich, nebst Hertzog Wilhelm von Weimar, der Sache an, und wurde der Weimarische Hoff=Prediger M. David Lippach, mit dem Gräfl. Löwensteinischen Frauenzimmer, und andren vornehmen Persohnen den 12. Dec ins Kloster geschickt, dieselbe abzuholen, da sie denn mit Vorwissen des gantzen Convents, von welchen sie förmlichen Abschied nahm, und sich vor genossene Liebe bedanckte, aus dem Kloster abschiede, und in das Löwensteinische *Logis* gebracht wurde, worinne sie sich beständig aufgehalten, und am 9. Jan. 1632. von gedachten Hertzog und von den Grafen, deren hohen Rath sie an Eltern statt ersucht, unsern Stengern versprochen worden, wie denn auch der Löwensteinische Hoff=Prediger Joachim Krüger, mit Erlaubnüß des *Ministerii*, den 5. Feb. darauf die *Copulation* in den Gräflichen Logis verrichtete." Ein Bericht (mit einer Gegendarstellung des Konvents) findet sich auch bei Bernhard Hartung: Die Häuser-Chronik der Stadt Erfurt. Tl. 2. Erfurt 1878, S. 234-236.

[40] Haberkorn (Anm. 6), S. 23; Motschmann (Anm. 7), S. 570.

[41] Motschmann (Anm. 7), S. 571: „dabey aber sich fleißig in Predigen hören ließ".

[42] Dieter Stievermann: Erfurt in der schwedischen Deutschlandpolitik 1631-1650. In: MVGAE 57 [N. F. 4] (1996), S. 35-68.

[43] Motschmann (Anm. 7), S. 578. Über das gute Verhältnis Stengers zu den Schweden berichtet Motschmann: „Sonderlich aber war er im dreyßigjährigen Kriege bey denen Schwedischen *Ministris* und hohen *Officieren* überaus wohl gelitten, wovon eine Probe mit seyn mag, daß da der alte *Theologus* zu Jena, *D. Ioh. Maior*, die Freyheit von Einquartierung und *Contributionen*, wegen seiner im Hertzogthum Weimar liegenden Güter, suchte, er sich an Stengern *addressirte*, der ihm auch durch den Schwedischen Residenten Esken bey dem Graf Oxenstirn solches auswürckte" (S. 577).

[44] Zu ihm Bauer, Theologen (Anm. 8), S. 171.

[45] Motschmann (Anm. 7), S. 571.

nen theologischen Doktortitel[46] zu erwerben (den ihm im übrigen auch der Urheber dieser Nachricht nicht beilegt), sondern offenbar zu Übungszwecken.[47]

Nach dreijährigem pädagogischen und musikalischen Wirken an der Predigerkirche ergab sich im Dezember 1635 die längst erhoffte Gelegenheit, in eine erledigte Pfarrstelle aufzurücken. Stenger gehörte zu den Kandidaten, die in die engere Wahl für die Nachfolge des verstorbenen bisherigen Diakons der Kaufmannsgemeinde, Joseph Bötticher (?-1635),[48] gezogen wurden. Im Anschluß an die vor dem Rat zu haltende obligatorische Probepredigt, mit der er sich gegen zwei weitere Bewerber durchsetzte,[49] votierte eine Mehrheit in der Kaufmannsgemeinde Ende Dezember 1635 für Stenger als neuen Diakonus Mercatorum.[50] Wegen einer Vakanz im Seniorat konnte seine Einführung in das Amt erst am 15. Februar 1636 erfolgen.[51] Die Ordination nahm der gerade als Senior an die Spitze des Evangelischen Ministeriums gewählte Johann Matthäus Meyfart (1590-1642)[52] vor, Erfurts bedeutendster Theologe im 17. Jahrhundert. Als nur drei Jahre darauf der Pfarrer August Kromayer (1586-1638)[53] starb, wurde Stenger von der Kaufmannsgemeinde „ohne einiges sein suchen und begehren/ einhellig zu ihrem Pfarrherr *postuliret* und ernennet“[54] und am Heiligen Abend 1638 durch den Rat im Amt bestätigt.[55] Die Aufgaben des Gemeindepfarrers

---

[46] Vgl. August Tholuck: Das akademische Leben des siebzehnten Jahrhunderts mit besonderer Beziehung auf die protestantisch-theologischen Fakultäten Deutschlands, nach handschriftlichen Quellen. Erste Abtheilung: Die akademischen Zustände. Halle 1853, S. 294-304; Ulrich Rasche: Johann Philipp Gablers Jenaer „Habilitationspromotion“ 1778 – eine Quellendokumentation zur Geschichte des älteren Promotionswesens in Jena. In: Karl-Wilhelm Niebuhr/Christfried Böttrich (Hgg.): Johann Philipp Gabler 1753-1826 zum 250. Geburtstag. Leipzig 2003, S. 87-145, hier S. 95f.

[47] Hanspeter Marti: Dissertation. In: Historisches Wörterbuch der Rhetorik. Bd. 2 (1994), Sp. 880-884, hier Sp. 880: „Bis ca. 1800 wurde jede Abhandlung <D.> genannt, die den Gegenstand einer mündlichen, auch bloß übungshalber veranstalteten Disputation vorstellte und in der Regel dem Streitgespräch als Einladungsschrift zugrundelag.“ Vgl. auch Ders.: Dissertation und Promotion an frühneuzeitlichen Universitäten des deutschen Sprachraums. Versuch eines skizzenhaften Überblicks. In: Rainer A. Müller (Hg.): Promotionen und Promotionswesen an deutschen Hochschulen der Frühmoderne. Köln 2001, S. 1-20 (Abhandlungen zum Studenten- und Hochschulwesen, 10).

[48] Zu ihm Bauer, Theologen (Anm. 8), S. 94.

[49] Haberkorn (Anm. 6), S. 23.

[50] Haberkorn (Anm. 6), S. 23 (28.12.1635) und Motschmann (Anm. 7), S. 571 (27.12.1635) geben unterschiedliche Daten für die Wahl an.

[51] Haberkonr (Anm. 6), S. 23; Motschmann (Anm. 7), S. 571.

[52] Erich Trunz: Johann Matthäus Meyfart. Theologe und Schriftsteller in der Zeit des Dreißigjährigen Krieges. München 1987; speziell zur Erfurter Zeit vgl. Christian Hallier: Die Wirksamkeit Johann Matthäus Meyfarts in Erfurt 1633-1642. In: Zeitschrift des Vereins für Kirchengeschichte der Provinz Sachsen 24 (1928), S. 146-183.

[53] Zu ihm vgl. Bauer, Theologen (Anm. 8), S. 123.

[54] Haberkorn (Anm. 6), S. 23; Motschmann (Anm. 7), S. 571.

[55] Zum Pfarrerwahlrecht der Erfurter Gemeinden und den Modalitäten der Stellenbesetzung vgl. Ulman Weiß: Die Erfurter Kaufmannskirche in den Wirren des 17. Jahrhunderts. In: Herbergen der Christenheit 23 (1999), S. 43-56, hier S. 50f.

versah er bis an sein Lebensende. Rechnet man die Diakonatsjahre hinzu, so hat Stenger insgesamt 45 Jahre im Dienst der Kaufmannsgemeinde gestanden.[56]

Als Inhaber der ersten Pfarrstelle an der Kaufmannskirche waren Stenger vielfältige Pflichten auferlegt.[57] Außer den zahlreichen Gottesdiensten, die im 17. Jahrhundert nicht nur sonntags (dreistündig oder länger), sondern auch an den Wochentagen in Form von Wochenpredigten, Bet- oder Andachtsstunden stattfanden, oblagen dem Pfarrer die kasualen Handlungen (Taufe, Eheschließung, Begräbnis), die in der Privatbeichte konzentrierte Seelsorge,[58] regelmäßige Krankenbesuche, die Schulaufsicht, der Katechismusunterricht und die Armenpflege.[59] Johann Balthasar Haberkorn bescheinigt Stenger rückblickend, daß er diesen kräftezehrenden Anforderungen in vollem Umfang gerecht geworden sei und „seinem PfarrAmbt mit unverdrossenem fleiß und aller sorgfältigkeit vorgestanden/ seine geliebte Zuhörer aus GOttes wort in den Articuln Christlicher *Religion* treulich unterwiesen/ für allem irrthum falscher lehre und gottlosen wesen ernstlich gewarnet/ und das werck eines Evangelischen Predigers überall redlich gethan und ausgerichtet“[60] habe.

Den pfarramtlichen Aufgaben gesellten sich im Laufe der Jahre weitere Funktionen auf der landeskirchlichen Ebene hinzu. Schon 1642 erhielt Stenger einen Platz im Kollegium der Inspektoren des Gymnasium senatorium,[61] in dem vier Ratsherren und zwei lutherische Geistliche Sitz und Stimme hatten. Sie nahmen die Aufsicht über die Gelehrtenschule wahr und sollten insbesondere Sorge dafür tragen, daß die Alumni zu wahrer Gottesfurcht, Tugend, anständigen Sitten und Disziplin erzogen würden. Zu ihren Pflichten gehörte es, den halbjährlichen öffentlichen Prüfungen der Schüler beizuwohnen.[62] Mit dem Antritt des Seniorats 1661 fiel Stenger schließlich die Oberinspektion über das Ratsgymnasium zu.

---

[56] Zu Stengers Ämtern und Tätigkeiten zwischen 1629 und 1649 vgl. umfassender und vertiefend den Beitrag von Holger Berg im vorliegenden Band.

[57] Die Amtspflichten ergeben sich beispielsweise aus: Agenda. Das ist/ Kirchenordnung/ wie sich die Pfarrherrn vnd Seelsorger in jren Ampten vnd diensten halten sollen/ Für die Diener der Kirchen in Hertzog Heinrichen zu Sachssen V. G. H. Fürstenthumb gestellet. Auffs new gebessert mit etzlichen Collecten der Superintentenden/ etc. Jena: Salomon Richtzenhan, 1600. Erfurt verfügte über keine eigene Kirchenordnung, sondern orientierte sich an den in anderen evangelischen Territorien verwendeten, namentlich den sächsischen. Vgl.: Die evangelischen Kirchenordnungen des XVI. Jahrhunderts. Hg. von Emil Sehling. Erste Abtheilung. Zweite Hälfte. Leipzig 1904, S. 365.

[58] Kurt Aland: Die Privatbeichte im Luthertum von ihren Anfängen bis zu ihrer Auflösung. In: Ders.: Kirchengeschichtliche Entwürfe. Gütersloh 1960, S. 452-519.

[59] Vgl. dazu August Tholuck: Das kirchliche Leben des siebzehnten Jahrhunderts. Erste Abtheilung. Halle 1861, S. 99-105.

[60] Haberkorn (Anm. 6), S. 23.

[61] Motschmann (Anm. 7), S. 574.

[62] Johannes Biereye: Geschichte des Erfurter Gymnasiums unter Berücksichtigung des gesamten höheren Bildungswesens in Erfurt. In: Festschrift (Anm. 25), S. 1-94, hier S. 70 mit Anm. 120.

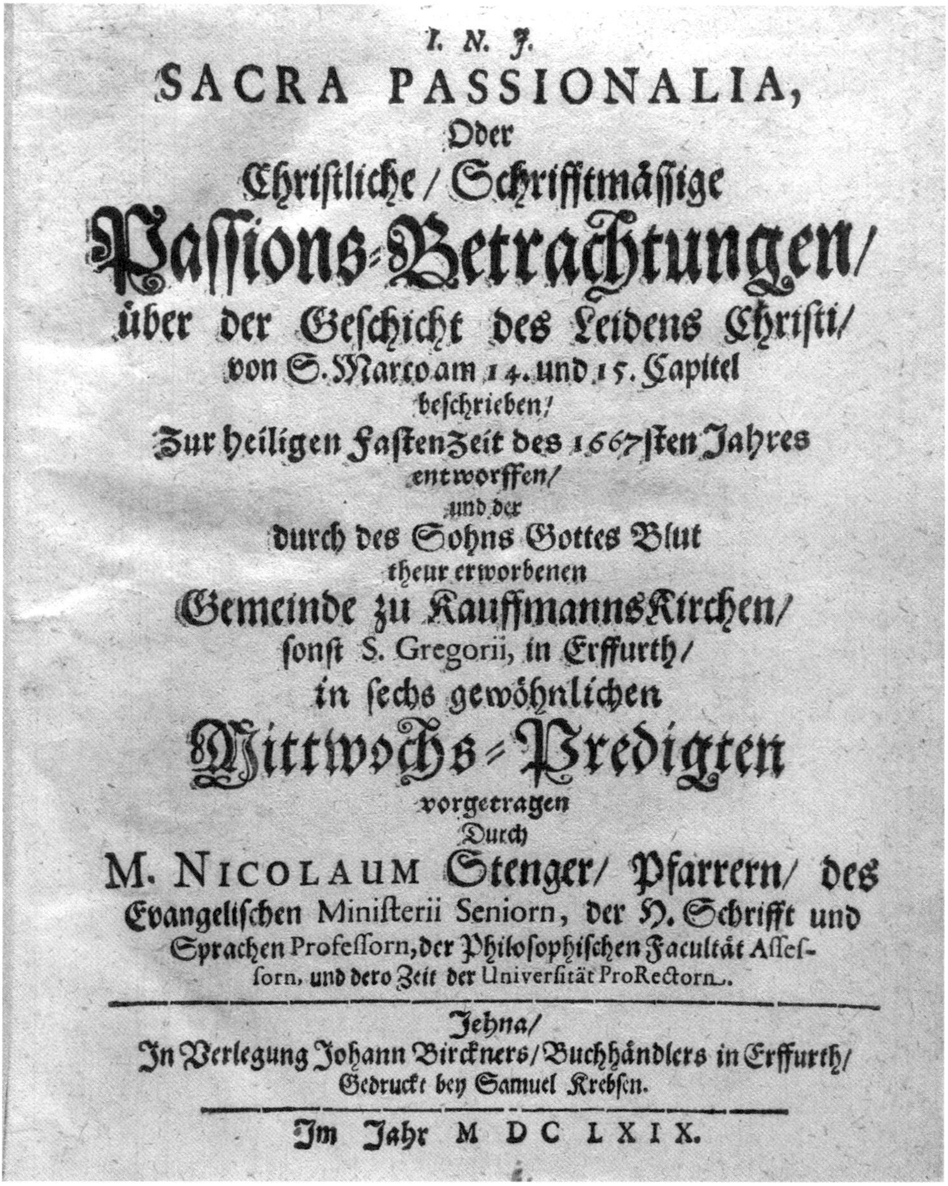
I. N. J.
SACRA PASSIONALIA,
Oder
Christliche / Schrifftmässige
Passions=Betrachtungen /
über der Geschicht des Leidens Christi /
von S. Marco am 14. und 15. Capitel
beschrieben /
Zur heiligen FastenZeit des 1667sten Jahres
entworffen /
und der
durch des Sohns Gottes Blut
theur erworbenen
Gemeinde zu KauffmannsKirchen /
sonst S. Gregorii, in Erffurth /
in sechs gewöhnlichen
Mittwochs=Predigten
vorgetragen
Durch
M. NICOLAUM Stenger / Pfarrern / des
Evangelischen Ministerii Seniorn, der H. Schrifft und
Sprachen Professorn, der Philosophischen Facultät Asses-
sorn, und dero Zeit der Universität ProRectorn.

Jehna /
In Verlegung Johann Birckners / Buchhändlers in Erffurth /
Gedruckt bey Samuel Krebsen.

Im Jahr M DC LXIX.

Nicolaus Stenger, *Passions=Betrachtungen* (1669), Predigtreihe, Titelblatt

Hervorzuheben ist die Rolle Nicolaus Stengers bei der Gründung und dem Aufbau jener „*Theologische[n] Librarey*“,[63] welche das Evangelische Ministerium[64] 1646 mit dem Ziel einrichtete, die Versorgung der lutherischen Stadtgeistlichkeit mit der für die tägliche Arbeit notwendigen Literatur sicherzustellen.[65] Den Anfangsbestand von 38 Büchern stifteten die seinerzeit dem Konvent angehörenden 17 Pfarrer aus ihrem privaten Besitz, wobei allein Stenger acht Bände (und damit die meisten) beisteuerte.[66] Im September 1646 wurde ihm – als einem entschiedenen Beförderer des Projekts – und Johann Christoph Alberti (1608-1683),[67] dem Diakon an der Kaufmannskirche, „die *Inspection* über die newe *Bibliotec* aufgetragen“.[68] Unter der Ägide der ersten beiden Bibliothekare schritt der Bestandsaufbau durch Ankäufe bei Buchhändlern und Antiquaren energisch voran. Die wohl maßgeblich von Stenger verantwortete Anschaffungspolitik in den Jahren bis 1660 prägte die inhaltlichen Strukturen der Bibliothek grundlegend. Sie zielte auf die Zusammenstellung einer keineswegs rein theologischen, sondern vielmehr universal ausgerichteten Büchersammlung ab, die einerseits den Bedürfnissen der täglichen, auf Seelsorge und Predigt ausgerichteten Arbeit angemessen sein, andererseits aber der Erfurter Geistlichkeit auch die wissenschaftliche Tätigkeit ermöglichen sollte. Einen Schwerpunkt un-

---

[63] Kurtzer Historischer Bericht von dem Anfange und fortsetzung der Bibliothec Des Evangelischen Ministerij und Predigampts in Erffurdt [...]. In: Michael Ludscheidt (Hg.): Die Bibliothek des Evangelischen Ministeriums zu Erfurt. Geschichte, Bestände, Forschungsbereiche. Bucha bei Jena 1998, S. 31-38, hier S. 35 (Palmbaum Texte. Kulturgeschichte, 2).

[64] Zur Geschichte und Verfassung des kirchenleitenden Pfarrkonvents vgl. Carl Martens: Wann ist das Erfurter Evangelische Ministerium als geistliche Behörde entstanden? In: Jahrbücher der Königlichen Akademie gemeinnütziger Wissenschaften zu Erfurt. N. F. XXIV (1898), S. 69-110; Rudolf Kohlschmidt: Das Evangelische Ministerium zu Erfurt, seine Entstehung, Entwicklung und Bedeutung. Typoskript Erfurt 1941.

[65] Zur Erfurter Ministerialbibliothek vgl. Michael Ludscheidt: „Daß aus kleinen Qvellen große Flüsse entspringen“. Zur Geschichte der Bibliothek des Evangelischen Ministeriums und ihrer Bestände. In: Ludscheidt (Hg.), Die Bibliothek des Evangelischen Ministeriums (Anm. 63), S. 13-30; Ders.: Handschriften und Alte Drucke der Bibliothek des Evangelischen Ministeriums Erfurt. Erfurt 1999 (Erfurter Bibliotheken, 2).

[66] Liber Fvndationis Bibliothecae [...]. Hs. Erfurt 1648, fol. 10 (BEM Erfurt, Signatur: Msc 72). Die Bände sind im Bestand der Bibliothek des Evangelischen Ministeriums nicht mehr vollständig nachweisbar. Überhaupt ist der Frage, in welchem Umfang Nicolaus Stenger Bücher besessen hat, noch nicht systematisch nachgegangen worden. Im Besitz der Ministerialbibliothek befindet sich beispielsweise ein Gesangbuch, das Stenger 1656 der Kaufmannskirche gestiftet hat („Hunc Librum Canticorum Ecclesiae Libris in Sacrario Templi Gregoriani addidit 21. Junij a.° 1656. M. Nicolaus Stenger Pastor“): Kirchengeseng/ Darinnen die Heuptartickel des Christlichen glaubens kurtz gefasset vnd außgeleget sind: Jetzt vom newen durchsehen/ gemehret/ vnd Der Röm. Key. Mai. in vnterthenigster demut zugeschrieben. Nürnberg: Katharina Gerlach; Johanns vom Berg Erben, 1580 (BEM Erfurt, Signatur: Tp III c 4; VD 16 T 690).

[67] Bauer, Theologen (Anm. 8), S. 74f.

[68] Kurtzer Historischer Bericht (Anm. 63), S. 37.

ter den Erwerbungen bildeten mustergültige Texteditionen bedeutender antiker und moderner Autoren.[69]

Nicht unerwähnt bleiben soll darüber hinaus Stengers aktive Mitwirkung an der Gründung des Evangelischen Waisenhauses, das auf Initiative des Ratsmeisters Georg Heinrich Ludolf (1619-1669) und weiterer Ratsherren 1669 im östlichen Teil des ehemaligen Augustinereremitenklosters eingerichtet wurde.[70] Der auf den 10. Februar 1669 datierte Stiftungsbrief trägt Stengers Unterschrift.[71] Seine Zusicherung, „das gottselige Werk mit Rath und That“[72] unterstützen zu wollen, beglaubigte er sogleich durch die Annahme einer Inspektorenstelle.

In einer politisch äußerst angespannten Situation, im Vorfeld der sogenannten ‚Erfurter Reduktion‘, übernahm Stenger 1661 die Leitung der Erfurter Landeskirche. Zunächst betraute ihn der Rat am 19. Juni 1661 mit der Vertretung des bisherigen Seniors Bartholomäus Elsner (1596-1662),[73] der „unpäßligkeit halber“[74] die Amtsgeschäfte nicht mehr führen konnte. Nach dem Tod Elsners am 16. Januar des darauffolgenden Jahres wurde Stenger am 6. Februar 1662 den „sämbtlichen Herren *Pastorum* und *Diaconorum* in der Stadt und auf dem Lande [...] zum *Seniore Ministerii solenniter* fürgestellet und [durch den Rat][75] *installiret*“.[76] Von da an lenkte er bis zu seinem Tod über beinahe zwei Jahrzehnte mit „theologische[r] Klugheit“[77] die Geschicke der evangelischen Kirche in Erfurt unter den schwierigen Bedingungen der Festigung und des Ausbaus der mainzischen Herrschaft nach 1664.

Zu den speziell vom Senior des Evangelischen Ministeriums Augsburgischer Konfession wahrzunehmenden Amtspflichten zählten u. a. die wöchentliche Einberufung des Pfarrkonvents, in dem unter seinem Vorsitz alle wichtigen Angelegenheiten der Stadtgemeinden und der Landeskirche beraten wurden; die Abhaltung der öffentlichen theologischen Examina für die Pfarramtskandidaten; die Ordination von Geistlichen, die sich um ein Amt beworben und von einer

---

[69] Zu Stengers bibliotheksleitender Tätigkeit vgl. Michael Ludscheidt: Bibliothekare an der Bibliothek des Evangelischen Ministeriums in Erfurt im 17. und 18. Jahrhundert. Ein Beitrag zur Personen- und Verwaltungsgeschichte einer frühneuzeitlichen Bibliothek. In: Ders./Kathrin Paasch (Hgg.): Bücher und Bibliotheken in Erfurt. Erfurt 2000, S. 123-142, hier S. 124-129.

[70] Johann David Pohle: Die Entstehung des evangelischen Waisenhauses zu Erfurt, und der Zustand desselben im Jahr 1821. Erfurt 1823; Joseph Scholle: Die Waisenfürsorge in Erfurt. Ein Beitrag zur Geschichte des Thüringer Wohlfahrtswesens. In: Zeitschrift des Vereins für Kirchengeschichte der Provinz Sachsen 22 (1926), S. 116-146.

[71] Archiv des Evangelischen Waisenhauses: Urkunde 124.

[72] Pohle (Anm. 70), S. 6.

[73] Bauer, Theologen (Anm. 8), S. 135f.; Wolfgang Billig: Bartholomäus Elsner. In: Mitteldeutsche Familienkunde Jg. 20/4 (1979), S. 145-150.

[74] Haberkorn (Anm. 6), S. 24.

[75] Seit 1580 nahm der Erfurter Rat das jus episcopale in Anspruch und ernannte den jeweiligen Senior des Evangelischen Ministeriums. Vgl. Martens (Anm. 64), S. 76; Kohlschmidt (Anm. 64), S. 37f.

[76] Haberkorn (Anm. 6), S. 24; Motschmann (Anm. 7), S. 574.

[77] Motschmann (Anm. 7), S. 576.

Gemeinde gewählt worden waren sowie die Durchführung der alle zehn Jahre stattfindenden Großen Visitation im Stadt- und Landgebiet.[78] Wie Stenger diese Tätigkeitsfelder im einzelnen ausgestaltete, bedarf noch der genaueren Untersuchung. Informiert sind wir vorerst lediglich darüber, daß er „188. *Studiosi SS. Theologiae* [...] zum heiligen PredigAmbt *tentiret*" hat, von denen „46. zu Priestern *ordiniret*, 67. aber [...] von ihme [...] *investiret*/ und in ihre KirchenAembter eingewiesen worden"[79] sind.

Überblickt man Stengers Amtszeit als Senior im ganzen, dann geht man gewiß nicht fehl in der Einschätzung, daß sie maßgeblich durch zwei Ereignisse bestimmt wurde.

Die ersten Jahre von Stengers Seniorat waren durch die Auseinandersetzungen um die Einführung der von Kurmainz geforderten Gebetsformel geprägt, die im weiteren Kontext der Erfurt seit den 1640er Jahren erschütternden politischen und konfessionellen Unruhen betrachtet werden müssen. Daß in diesen Kontroversen letztlich auch über den Fortbestand des Augsburgischen Bekenntnisses in der Stadt entschieden wurde, dürfte Stenger bewußt gewesen sein. Die innerstädtischen Streitigkeiten betrafen vor allem die Frage, welches Mitspracherecht der Bürgerschaft bei der Ratswahl zugebilligt werden solle. Außenpolitisch hatte die Stadt mit dem Beginn der Friedensverhandlungen in Münster und Osnabrück ihre Bemühungen um Unabhängigkeit vom katholischen Landesherrn verstärkt.[80] Die einander überlagernden Konflikte wirkten sich verhängnisvoll auf die Geschicke Erfurts aus.[81] Der von einer kaiserlichen Kommission ausgehandelte Restitutionsrezeß bekräftigte 1650 alle Rechte des Erzbistums, verpflichtete die Bürger zu Respekt und Gehorsam gegenüber dem Rat und gebot diesem, künftig ein Gebet für den Erzbischof und das Erzstift von den Kanzeln verlesen zu lassen. Die von Mainz gewünschte, seit 1660 im Wortlaut bekannte Formel sah vor, den Kurfürsten ‚als unseren gnädigsten Herrn' ins Gebet einzuschlie-

---

[78] Martens (Anm. 64), S. 77ff. Dem Ministerium als Körperschaft standen darüber hinaus die Untersuchung bzw. Entscheidung in Ehe- und Gewissenssachen, die Aufsicht über die Gottesdienstordnung, die Katechismuslehre und das Gesangbuch sowie die Schulaufsicht zu.

[79] Haberkorn (Anm. 6), S. 24; Motschmann (Anm. 7), S. 574, der die bei Haberkorn unterschiedenen Amtshandlungen einfach addiert, dagegen ungenau: „118. *Candidatos Ministerii tentiret*, 46. *ordiniret*, 67. *Pastores* aber *investiret*", wodurch sich die (nicht zutreffende) Gesamtzahl von 231 Prüfungen, Ordinationen und Investituren ergibt. Im Unterschied zu Haberkorn erwähnt Motschmann die Visitationen (S. 576).

[80] Ulman Weiß: „So were in puncto Jmmedietas civitatis das müglichste zu tun". Die Erfurt-Frage auf dem Westfälischen Friedenskongreß. In: Heinz Duchhardt (Hg.): Der Westfälische Friede. München 1998, S. 541-564 (Historische Zeitschrift, Beiheft 26).

[81] Zusammenfassend Ulman Weiß: Von der Frühbürgerlichen Revolution bis zur völligen Unterwerfung durch Kurmainz vom Ende des 15. Jahrhunderts bis 1664. In: Willibald Gutsche (Hg.): Geschichte der Stadt Erfurt. Weimar 1986, S. 103-144, hier S. 142-144. Vgl. darüber hinaus die ausführliche Darstellung von Wilhelm Johann Albert von Tettau: Die Reduction von Erfurt und die ihr vorausgegangenen Wirren (1647-1665). Erfurt 1863, sowie Volker Press: Zwischen Kurmainz, Kursachsen und dem Kaiser – Von städtischer Autonomie zur „Erfurter Reduktion" 1664. In: Ulman Weiß (Hg.): Erfurt 742-1992. Stadtgeschichte – Universitätsgeschichte. Weimar 1992, S. 385-402.

ßen. Dagegen regte sich seitens des Rates wie auch des Evangelischen Ministeriums heftiger Widerstand, wie die Fülle der diese Angelegenheit betreffenden Streitschriften dokumentiert.[82] Erst die Androhung von Zwangsmaßnahmen gegen die aufrührerische Stadt veranlaßte die Ratsherren zum Einlenken und zur Ankündigung, daß man den geforderten Gebetstext einführen werde.[83] Dieser Schritt konnte indes die Verhängung der Reichsacht nicht mehr verhindern. Im Augenblick der höchsten Gefahr, da man für den Fall der fortdauernden Widersetzlichkeit mit der „gäntzliche[n] Ausrottung unserer aller“[84] rechnete, gab auch das Evangelische Ministerium nach. Das Zustandekommen der auf den 25. April 1664 datierten *Erklärung* wird man wesentlich dem vermittelnden Einwirken Stengers auf seine Amtskollegen zuschreiben dürfen. In der von ihm und 13 weiteren Pfarrern unterzeichneten Schrift teilt das Evangelische Ministerium mit, „das Gebeth nach der *Anno 1660.* vorgeschriebenen *formul*“ einrichten zu wollen und verbindet damit die Erwartung, daß die Stadt im Gegenzug „aus der Keyserl. Acht und höchster Ungnade“ entlassen und dem „bevorstehenden eusserste[n] Untergang und Verderben“[85] entgehen werde. Mit Nachdruck wird in Artikel VI die Ansicht ausgesprochen, daß „durch diese *parition* und Einführung des Gebets unsere *Religions*- und andere Freyheit im geringsten nicht gekränkket“[86] werde, der Konfessionsstatus also unverändert bleibe: dies festzuhalten, war der evangelischen Geistlichkeit ein besonderes Anliegen. Indem das Evangelische Ministerium unter der Führung Stengers einen Kompromiß billigte, der lediglich das Zurückweichen in einem weniger schwer ins Gewicht fallenden Punkt erforderte, sicherte es letztlich das Fortbestehen des Augsburgischen Bekenntnisses in Erfurt über die Zäsur der Wiedereingliederung der Stadt in den kurmainzischen Staat hinaus.

Konnte Stenger den Ausgang der Auseinandersetzungen um das Kirchengebet als Erfolg für die evangelische Sache in Erfurt und sich selbst werten, so mußte er das Ergebnis der Vorgänge um seinen Sohn Johann Melchior (1638-1710),[87] seit 1666 Diakon an der Predigerkirche, die unter dem Namen ‚Stenger-

---

[82] Vgl. Karl Herrmann: Bibliotheca Erfurtina. Erfurt in seinen Geschichts- und Bild-Werken. Erfurt 1863, S. 214f. Darunter vor allem: Gründliche *Deduction*, und Wahrhaffter Bericht/ Daß Die Stadt Erffurt/ *In Puncto* des von Jhrer Churf. Gnaden zu Maintz bey derselben gesuchten KirchenGebehts/ [...] keine Strafbare Widersetzligkeit oder Vngebühr [...] verübet [...] habe [...]. Erfurt: Johann Georg Hertz, 1663 (Exemplar BEM Erfurt, Signatur: Eh 2).

[83] Erlaß des Stadtrates vom 14. August 1663 (Exemplar im Archiv des Evangelischen Ministeriums Erfurt, Signatur: A III b 1 Vol. II). Die Druckschrift hebt mit den Worten an: „WJr Rahtsmeister und Raht der Stadt Erffurt können keinen Umbgang haben/ unserer gesambten lieben Bürgerschaft/ aus trewester Wohlmeynung/ [...] hiermit zu offenbaren/ in was vor einen höchstgefährlichen Zustand/ wir sambt allen unseren und Gemeiner Stadt Angehörigen gerahten könten [...]“ (fol. 1r).

[84] Ebd., fol. 1r.

[85] Des Evangelischen *Ministerii* in Erffurth Erklärung/ die *Parition* in *puncto precum* betreffend. Erfurt: Johann Georg Hertz, 1664, fol. 1r (Exemplar BEM Erfurt, Signatur: Eh 1).

[86] Ebd., fol. 2r.

[87] Zu Johann Melchior Stenger vgl. Bauer, Theologen (Anm. 8), S. 301.

scher Streit' oder ,Stengerische[] Controvers'[88] in die Kirchengeschichte eingegangen sind, als Schwächung der eigenen Position und eine bis ins Persönliche hineinreichende Niederlage empfinden. Die Einzelheiten des Streits können an dieser Stelle übergangen werden, da sie erst kürzlich gründlich aufgearbeitet und ausführlich dargestellt worden sind.[89] Stein des Anstoßes waren Johann Melchior Stengers frühpietistische Anschauungen von Bekehrung und Wiedergeburt,[90] die er seinen Zuhörern von der Kanzel in scharfen Bußpredigten vortrug und in mehreren Publikationen darlegte.[91] Eröffnet wurde die Kontoverse durch den Pfarrer Michael Hertz, der im Evangelischen Ministerium und beim Rat Anzeige gegen Stenger wegen verdächtiger Lehren erstattete. In dem am Ratsgymnasium lehrenden „orthodoxe[n] Ketzerrichter"[92] Daniel Hartnack (1642-1708)[93] erwuchs Stenger sein Hauptgegner. Mit ihm lieferte er sich ab 1670 einen Schlagabtausch, der in zahlreichen Streitschriften dokumentiert ist.[94] Darüber hinaus befaßten sich lutherische Theologen in ganz Deutschland mit dem Fall und bezogen Stellung dazu. Unter anderem legten die Theologischen Fakultäten in Jena, Wittenberg, Leipzig und Gießen sowie die Predigerministerien in Augsburg, Lübeck, Lüneburg, Ulm, Regensburg, Coburg, Hamburg und Frankfurt am Main Gutachten vor, die allesamt, mit Ausnahme des letztgenannten, das zu vermitteln suchte, gegen Johann Melchior Stenger votierten.[95] Da dieser sich trotz des Zuredens von Philipp Jakob Spener (1635-1705) weigerte, eine Revokationsformel[96] zu unterzeichnen, wurde er am 18. November 1670 seines Amtes enthoben und mußte Erfurt verlassen.

---

[88] Johann Georg Walch: Historische und Theologische Einleitung in die Religions=Streitigkeiten Der Evangelisch=Lutherischen Kirche, Von der Reformation an bis auf ietzige Zeiten ausgeführet [...]. 4. Tl. Jena 1739, S. 919-1029, hier S. 919.

[89] Udo Sträter: Philipp Jakob Spener und der „Stengersche Streit". In: Pietismus und Neuzeit 18 (1992), S. 40-79 (mit Nachweis der zeitgenössischen Schriften und der gesamten Literatur).

[90] Vgl. zu diesen Auffassungen bei Johann Melchior Stenger auch Karl Holl: Die Bedeutung der großen Kriege für das religiöse und kirchliche Leben innerhalb des deutschen Protestantismus. In: Ders.: Gesammelte Aufsätze zur Kirchengeschichte Bd. 3. Tübingen 1928, S. 302-384, hier S. 325-327.

[91] Johann Melchior Stenger: Ein Buch Für die, so ihr Christenthum wollen lernen besser und gründlicher verstehen, und den rechten weg zur seligkeit von andern falschen Irrwegen wohl und genau unterscheiden [...]. Erfurt: Johann Birckner, 1669 (Exemplar BEM Erfurt, Signatur: Eh 17); Ders.: Einschärffung Zweyer nützlicher Zum wahren Christenthum gehöriger Lehr=Puncten/ Die rechtschaffenen Christen im Lauff der Gottseeligkeit zu stärcken/ Die Wahn=Christen aber zu warnen/ und außm Schlaff der Sicherheit zu wecken. [...] Erfurt: Adolarius Schildknecht; Carol Christian Kirsch, 1670 (Exemplar BEM Erfurt, Signatur: Eh 17).

[92] Johannes Wallmann: Erfurt und der Pietismus im 17. Jahrhundert. In: Weiß (Hg.), Erfurt (Anm. 81), S. 403-422, hier S. 410.

[93] Zu ihm vgl. Sträter (Anm. 89), S. 51, Anm. 63.

[94] BEM Erfurt: Sammelbände unter den Signaturen Eh 17, 18 u. 19.

[95] Sträter (Anm. 89), S. 52f.

[96] Abgedruckt in: CENSURA STENGERIANA. Oder Wahrer Abdruck derer Bedencken [...] über deß gewesenen *Diaconi* [...] JOH. MELCHIOR STENGERS [...] also genantes Buch/

Für Nicolaus Stenger dürfte es eine bittere Erfahrung gewesen sein, daß niemand aus den Reihen des Patriziats oder der Pfarrerschaft, die doch offenkundig das (noch vor dem Frankfurter eingerichtete?) Erfurter Collegium pietatis getragen hatten,[97] auf die Seite seines Sohnes trat. An den Auseinandersetzungen hat er sich in seiner Funktion als Senior des Evangelischen Ministeriums aus verständlichen Gründen publizistisch nicht beteiligt. Über sein Verhalten sind wir lediglich durch Dritte, namentlich durch die von Johann Melchior Stenger veröffentlichte *Kurtze Erzehlung des über meinen Schrifften entstandenen Handels*[98] und Hartnacks Vorrede zu seiner polemischen Abhandlung *Stengerismus condemnatus* unterrichtet. Johann Melchior Stenger berichtet, er habe das Manuskript seines *Buch[es]* über das Christentum „[s]einem Vater/ *Seniori* allhier/ und ordentlichem *Censori*“ zur Prüfung vorlegt, dessen Lektüre „mit Fleiß/ nicht in der Eyl obenhin“ erfolgt sei:

> Dem kamen erst allerhand Sachen was frembde vor/ aber als Er mich drüber vernahm/ und ein *Locus* aus dem andern erkläret wurde/ war Er zu frieden/ und versicherte sich/ daß es alles wohl zu behaupten/ und würdens gleichmäßig andere Leser in fleißiger Erwegung und *Conferi*rung eines Orts mit dem andern/ wohl fassen und zu ihrem heilsamen Nutzen brauchen können.[99]

Trifft diese Schilderung zu, dann beurteilte der ältere Stenger die Lehren seines Sohnes zwar als mit dem eigenen Glaubensverständnis nicht völlig übereinstimmend, keineswegs aber als heterodox. Hartnack hingegen unterstellt dem Senior, er habe den Sohn wider besseres Wissen geschützt, ja überhaupt erst ermöglicht, daß dieser seine Irrlehren verbreiten konnte:

> Bevorab/ da Hr. Nicolaus Stenger/ nicht allein *Senior Ministerij* und der Kirchen bestes hette beobachten/ sondern auch des *Autoris* Vater/ der ihn schärffer abmahnen/ und selbst auff eine andere Meynung bringen/ viel weniger solches Wesen zum Druck kommen lassen sollen [...]. [...] Nun hat der Hr. *Senior* seine Schrifften *approbir*et/ und in dem er sie zum Druck kommen lassen/ selbst dem Ergernüß geholffen; da sonst der junge Stenger sich nicht so weit hätte raus lassen können [...]. [...] nur diß hat mich Wunder genommen/ da auff Raths Befehl nach der *Remotion* des Stengers [...] für abwendung dieser Ketzerey auff allen Lutherischen Cantzeln Dancksagungen geschehen/

etc. und Einschärffung [...]. Erfurt: Johann Georg Hertz, 1671, S. 260f. (Exemplar BEM Erfurt, Signatur: Eh 17).

[97] Vgl. Wallmann (Anm. 92), S. 408, der sich auf Johann Melchior Stengers Schrift *Von der übern Pietisten entstandenen Kirchen-Unruhe* (Hs. in der Niedersächsischen Staats- und Universitätsbibliothek Göttingen, Acta pietistica VII, Nr. 5) beruft, in der es S. 9 heißt: „wurden in Erfurt Collegia pietatis angestellet, welche auch von Rahtsherren und gelehrten Männern, Geislero, Hallenhorst, Kniphof, ja etlichen Geistlichen Herzio, Floccio etc. mit besucht [wurden]“.

[98] [Johann Melchior Stenger:] PALINODIA STENGERIANA Das ist: Demütigster Widerruff/ Aller derer schrecklichen Ketzerhafften Lehren/ Jn denen JOHANNES MELCHIOR Stenger [...] Sich Zeithero leider! sehr vertiefft gehabt [...]. [Erfurt: Johann Birckner], 1671, S. 20-72 (Exemplar BEM Erfurt, Signatur: Eh 19).

[99] Ebd., S. 24f.

> allein in des *Senioris* Kirchen (zum Kauffman genand) keine geschehen dürffen/ und der Rath solches paßiren lassen/ zur Anzeige/ daß noch in dieser Kirchen/ darinnen vorhin unterschiedlichmal vom *Seniore* in öffentlichen Predigten die Stengerischen Jrrthümer waren vertheidiget worden/ besagte neue Lehre möchte getrieben werden.[100]

Hartnacks Angriffe bestätigen aus gegensätzlicher Position den Eindruck, daß Nicolaus Stenger, der bekenntnistreue Lutheraner,[101] trotz erheblicher Bedenken bestrebt war, die Lehrmeinungen Johann Melchior Stengers in den theologischen Diskurs einzuführen und zwischen orthodoxen und davon abweichenden Standpunkten zu vermitteln. Seine familiäre Verstrickung in den Fall dürfte ihm die Aufgabe nicht erleichtert haben, wie die in diese Richtung zielenden Einlassungen Daniel Hartnacks zeigen.

Die einzige publizierte Äußerung Nicolaus Stengers in dieser ihn so nah betreffenden Angelegenheit, ein an den Erfurter Stadtrat gerichtetes Schreiben, rührt bereits aus der Zeit nach Johann Melchiors Amtsenthebung her. In ihm bekundet er sein Erstaunen über das radikale Vorgehen des Rates („Ob wol ich nicht gemeinet/ daß in Sachen meines Sohnes des *Diaconi*, es so weit kommen und von E. E. Rathe er seines Ampts hätte verlustig erkant werden sollen") und bittet um Aufschub bei der Wiederbesetzung der Stelle („Sie wollen mit vorhabender Wahl ohnbeschweret [...] inne halten"), bis ein in Jena angefordertes neuerliches Gutachten eingetroffen sei, das zweifelsohne die Rehabilitierung des aufgrund falscher Anschuldigungen Entlassenen einleiten werde. Sollte Johann Melchior Stenger „seines Ampts wieder fähig und würdig erkläret" werden, versichert er den Ratsherren am Schluß, dann würden „die liebe Obrigkeit" und die Predigergemeinde an seinem Verhalten künftig ein „freundlich Genügen haben".[102] Zur Wiedereinsetzung des jungen Stenger ist es nicht gekommen. Und die in den Prognosen Nicolaus Stengers über den möglichen Ausgang der Affäre um seinen Sohn mitschwingende Resignation läßt erahnen, wie skeptisch er nach den Erfahrungen des Jahres 1670 die Handlungs- und Gestaltungsmöglichkeiten seines Amtes veranschlagte.

---

[100] Daniel Hartnack: STENGERISMUS CONDEMNATUS Oder Stengerische Verurtheilte und verdammte Lehr. Zeitz: Johann Schumann, [1671], fol. B 4r-v (Exemplar BEM Erfurt, Signatur: Eh 19).

[101] Zu Stengers konfessioneller Haltung Ulman Weiß: Die Lebenswelten des Esajas Stiefel oder Vom Umgang mit Dissidenten. Stuttgart 2007, S. 509-511 (Friedenstein-Forschungen, 1) sowie Holger Berg: Military Occupation under the Eyes of the Lord. Studies in Erfurt during the Thirty Years War. Göttingen 2010, S. 163-181 und passim (Forschungen zur Kirchen- und Dogmengeschichte, 103).

[102] Nicolaus Stenger: Schreiben an den Erfurter Rat vom 12. Dezember 1670. In: Daniel Hartnack: STENGERISMUS ENERVATUS Oder Stengerisches Gott= und Grund=loses Christenthum. Zeitz: Johann Schumann, [1671], fol.)(4r-v, alle Zitate)(4v (Exemplar BEM Erfurt, Signatur: Eh 19).

DANIELIS HARTNACCI
PHILOSOPHI
STENGERISMUS CONDEMNATUS
Oder
Stengerische Verurtheilte
und verdam̃te Lehr.

In Verlegung
Johann Schumanns/ etc.
zu Zeitz.

Daniel Hartnack, *Stengerus Condemnatus* (1671), Titelblatt

3. Die akademische Laufbahn

Nachdem er 25 Jahre Erfahrungen auf der Kanzel gesammelt hatte, bestieg Stenger mit einiger Verzögerung auch das Katheder. Für die Zeitgenossen anscheinend überraschend[103] berief ihn die Artistenfakultät[104] der Erfurter Universität im Alter von 45 Jahren zum Nachfolger seines 1654 verstorbenen Lehrers Liborius Caps, der die Professur für Logik und Metaphysik innegehabt hatte. Der Beginn von Stengers Lehrtätigkeit fiel in die Phase der Reorganisation der Universität nach dem Westfälischen Frieden,[105] als die seit 1634 durchgeführten Reformen[106] rückgängig gemacht wurden. Konfliktpotential barg vor allem die von den anderen Fakultäten mit Mißtrauen beobachtete Berufung von Jesuitenprofessoren in die wiederhergestellte Katholisch-Theologische Fakultät. Mediziner, Juristen und Artisten plädierten unter Hinweis darauf, daß der Orden im festgeschriebenen Restitutionsjahr 1624 noch nicht an der Universität vertreten gewesen sei, für ihren Ausschluß von der Rektorwahl. Da weder der Landesherr, noch die Fakultät diese Sichtweise akzeptieren, die übrigen Fakultäten aber in dieser Frage nicht nachgeben wollten, kam es bis 1656 zu keiner Neuwahl, und der seit 1650 an der Spitze der Universität stehende Mediziner Wolfgang Crusius mußte sechs Jahre hindurch das Rektorat verwalten.[107]

Von diesen die Verfassung der Universität betreffenden Auseinandersetzungen blieb das Wirken Stengers zunächst unberührt. Zu Michaelis 1654 wurde er als Assessor in die Philosophische Fakultät aufgenommen[108] und begann wohl unmittelbar darauf mit seinen Lektionen. Worüber er als Professor für Logik (Dialektik) und Metaphysik im einzelnen gelesen hat, entzieht sich allerdings der Kenntnis, da Vorlesungsankündigungen unter seinem Namen erst aus späteren Jahren überliefert sind. Doch darf man annehmen, daß sich sein Lehrangebot in den herkömmlichen Bahnen bewegte. Demnach wird Stenger in den Logikvorlesungen Philipp Melanchthons *Dialectices libri quatuor* (1528)[109] mit den

---

[103] Motschmann (Anm. 7), S. 571, merkt an, die Philosophische Fakultät habe Stenger „wider alles Vermuthen die ledige Stelle" angetragen.

[104] Zur Geschichte und Verfassung der Philosophischen Fakultät an der Universität Erfurt siehe ausführlich Motschmann (Anm. 7), Vierte Fortsetzung (1736), S. 426-505.

[105] Almuth Märker: Geschichte der Universität Erfurt 1392-1816. Weimar 1993, S. 67f. (Schriften des Vereins für die Geschichte und Altertumskunde von Erfurt, 1).

[106] Hans Medick: Zwischen Religionskrieg und Fakultätskonflikt. Professoren an der „Reform-Universität" Erfurt – im 17. Jahrhundert. In: Alf Lüdtke/Reiner Prass (Hgg.): Gelehrtenleben. Wissenschaftspraxis in der Neuzeit. Köln/Weimar/Wien 2008, S. 47-64 (Selbstzeugnisse der Neuzeit, 18). Vgl. dazu auch Otto Bock: Die Reform der Erfurter Universität während des Dreißigjährigen Krieges. Halle 1908 (Hallesche Abhandlungen zur neueren Geschichte, 46).

[107] Vgl. zu diesen Vorgängen Kleineidam (Anm. 18), Tl. IV (1981), S. 8-13.

[108] Haberkorn (Anm. 6), S. 23; Motschmann (Anm. 7), S. 571.

[109] Vgl. dazu Armin Sieber: Die Rezeption von Philipp Melanchthons Rhetorik und Dialektik in volkssprachlichen Quellen des 16. Jahrhunderts. In: Günther Wartenberg (Hg.): Werk und Rezeption Philipp Melanchthons in Universität und Schule bis ins 18. Jahrhundert. Leipzig 1999, S. 133-146 (Herbergen der Christenheit, Sonderbd. 2).

Studenten besprochen haben, wie es für einen seiner Vorgänger auf dem Lehrstuhl, Johann Raetius, bezeugt ist,[110] während er Metaphysik vermutlich nach dem Lehrbuch von Liborius Caps,[111] dem er in der Professur nachgefolgt war, unterrichtete.

Nach nur einem Jahr stellte Stenger die Vorlesungen über Dialektik und Metaphysik ein und wechselte im Oktober 1655 auf den gleichfalls in der Philosophischen Fakultät angesiedelten Lehrstuhl für Hebräisch und Orientalische Sprachen über; Haberkorn zufolge, weil dieser „verlediget"[112] gewesen sei, wohingegen Motschmann andeutet, der bisherige Stelleninhaber, Samuel Boccius, sei zum Verzicht auf die Professur gedrängt worden.[113] Es handelte sich um einen der beiden Lehrstühle, die 1566 von Erfurter Bürgern lutherischen Bekenntnisses gestiftet worden waren, damit an der katholischen Universität evangelische Theologie gelehrt werden könne.[114] Die Stenger übertragene Professur verpflichtete ihn, die Studenten in der hebräischen Sprache zu unterrichten und sie in die Exegese des Alten Testaments einzuführen. Den sprachlichen Übungen legte er Wilhelm Schickards (1592-1635) berühmtes Lehrbuch *Horologium Hebræum* zugrunde, dessen Anschaffung er seinen Hörern ausdrücklich empfahl.[115] Nach Ausweis der im Bestand der Bibliothek des Evangelischen Ministeriums überlieferten Lektionskataloge[116] behandelte Stenger in den Vorlesungen über mehrere Semester hinweg ausschließlich die Psalmen, deren Texte er den „Herren *Studiosorum*" entstehungsgeschichtlich, lexikalisch, grammatisch und theologisch „mit allem fleiß und gutem nutzen"[117] erklärte.

Zugleich mit der Einsetzung zum Senior des Evangelischen Ministeriums erlangte Stenger 1661 die Professur für Theologie Augsburgischen Bekenntnis-

---

[110] Kleineidam (Anm. 18), Tl. III, S. 245f.

[111] Liborius Caps: Sapientia (vulgo Metaphysica) idealis pro acquirenda Philosophico-theologica AKRIBEIA cum decennali Senatus Erfurt. Erfurt: Liborius Caps, 1627 (VD 17 3:672801C). Dazu Kleineidam (Anm. 18), Tl. III, S. 247-250.

[112] Haberkorn (Anm. 6), S. 23.

[113] Motschmann (Anm. 7), S. 572: „so wurde es dahin vermittelt, daß *Prof. Boccius* ihm das Jahr darauf die *Professionem Linguæ Ebrææ* abgab".

[114] Ulman Weiß: Die Stiftungsprofessur für evangelische Theologie Augsburgischen Bekenntnisses an der älteren Erfurter Universität in ihrer Frühzeit (1566-1632). In: Jörg Rogge (Hg.): Tradieren – Vermitteln – Anwenden. Zum Umgang mit Wissensbeständen in spätmittelalterlichen und frühneuzeitlichen Städten. Berlin 2008, S. 189-230 (Beiträge zu den Historischen Kulturwissenschaften, 8).

[115] LECTORI Benevolo, & cumprimis [...] M. NOCOLAUS Stenger [...]. Erfurt: Melchior Dedekind, 1655. Vorlesungsankündigung für das Wintersemester 1655/56 (Exemplar BEM Erfurt, Signatur: Eh 14, 171): „Interim Domini Studiosi [...] comparere sibi qveunt Clarissimi Schickardi Horologium Hebræum, ad cujus ductum lectiones nostras bono DEO sumus adornaturi."

[116] Vorlesungsankündigungen in der Philosophischen Fakultät 1657 bis 1661: BEM Erfurt, Signatur: Eh 14, 99-106.

[117] Haberkorn (Anm. 6), S. 24.

ses,[118] die er bis zu seinem Lebensende behielt. Sie bestand wie die Hebräischprofessur seit 1566. Strukturell war der Lehrstuhl keiner Fakultät zugeordnet, sein Inhaber führte den Titel eines ‚Professor universitatis' und hielt seine Lektionen und Disputationen im Collegium maius beziehungsweise in seinem eigenen Haus[119] ab. Die personelle Verbindung des landeskirchlichen Leitungsamtes mit der Professur für lutherische Theologie hatte in Erfurt eine lange Tradition, ohne daß diese Verknüpfung formal festgeschrieben gewesen wäre.[120] Aber sie war erwünscht. Der Lehrstuhlinhaber sollte wie andernorts „der führende Geistliche sein, ein Mann von Alter, Ansehen und Autorität, der in der Lehre rein und im Leben untadelig war, der seinen Glauben bekannte, indes nicht für ihn kämpfte".[121] Berief man den Senior zum Professor Augsburgischer Theologie, so verlieh das seinem Seniorat größere Geltung, und umgekehrt stieg die Reputation der Professur, wenn sie der Senior bekleidete.

Obwohl die universitätsgeschichtlichen Quellen über die Lehrinhalte keine eindeutige Auskunft geben und Vorlesungsverzeichnisse, aus denen sich die Gegenstände der Stengerschen Lektionen erschließen ließen, nicht zu existieren scheinen, kann kein Zweifel daran bestehen, daß die Professur Augsburgischen Bekenntnisses, da sie die einzige in Erfurt war, notwendig das gesamte Gebiet der lutherischen Theologie umfaßte, der akademische Lehrer idealerweise alle Disziplinen, zumindest aber die Materien, „welche damals Examensobjekte waren, Bibelauslegung, *loci communes, controversiae*",[122] vertreten sollte. Auch an Universitäten mit mehreren Lehrstühlen für evangelische Theologie war es nicht ungewöhnlich, daß jeder der Professoren über alle Gebiete des Faches las.[123] Im Mittelpunkt des Theologiestudiums stand die Beschäftigung mit der Bibel und ihrer Auslegung in Lektüreübungen und exegetischen Vorlesungen. Daneben wurden u. a. Kollegs zu patristischen Texten, über Melanchthons *Loci Theologici* oder zum Katechismus angeboten.[124] Ziel der Lehrveranstaltungen war es, den Studenten „exegetisches Basiswissen und eine dogmatisch konzise, konfessionell identifizierbare Lehrposition"[125] zu vermitteln. Welche Komponenten des an den evangelischen Universitäten allgemein üblichen Lehrprogramms Stenger

---

118 Motschmann (Anm. 7), Fünfte Fortsetzung (1737), S. 565-595 („Von der Theologischen Professur Augspurgischer Confeßion").

119 Ebd., S. 576.

120 Ebd., S. 573: „Es ist aber hiedurch diese *Professur* damahls keinesweges mit dem *Seniorat* unzertrennlich verknüpfet worden, wie man insgemein davor hält: Vielmehr wird aus dem hernach anzuführenden *Catalogo* erhellen, daß verschiedene, die nicht *Seniores Ministerii* gewesen sind, solche Stelle bekleidet haben."

121 Weiß, Stiftungsprofessur (Anm. 114), S. 203.

122 Tholuck, Das akademische Leben (Anm. 46), S. 97.

123 Thomas Kaufmann: Universität und lutherische Konfessionalisierung. Die Rostocker Theologieprofessoren und ihr Beitrag zur theologischen Bildung und kirchlichen Gestaltung im Herzogtum Mecklenburg zwischen 1550 und 1675. Gütersloh 1997, S. 391 (Quellen und Forschungen zur Reformationsgeschichte, 66).

124 Vgl. ebd., S. 253, 391f.

125 Ebd., S. 392.

realisierte, läßt sich nicht feststellen. Einig sind die Biographen aber darin, daß er das theologische Lehramt „mit fleiß und ernst“[126] versehen und die „*Theologia Thetica* und *Polemica*“[127] gründlich unterrichtet habe. Hoch bewertet wird darüber hinaus die Qualität seiner Disputationen, die zumeist ein großes Publikum anzogen.[128]

Schon bald nach Aufnahme der Lehrtätigkeit bekleidete Nicolaus Stenger auch akademische Ämter. Erstmals fungierte er 1655 als Dekan der Philosophischen Fakultät, eine Ehre, die ihm noch weitere fünf Mal, in den Jahren 1660/61, 1664/65, 1670/71, 1671/72 und 1674/75, zuteil wurde. Die Pflichten, die ihm das Amt auferlegte, waren vielfältig. Er hatte das Fakultätsarchiv zu verwalten, Siegel, Szepter und Statutenbuch zu verwahren, die Korrespondenz zu führen, die Sitzungen der Fakultät einzuberufen und zu den Promotionsakten einzuladen, bei denen er präsidierte.[129]

Am 25. März 1657 wählte die Universität Nicolaus Stenger zu ihrem Rektor, die Inauguration erfolgte am 22. April im Auditorium coelicum. Die Leitungs- und Repräsentationsaufgaben, die sich aus dieser Funktion ergaben, waren bei weitem umfangreicher als die eines Dekans.[130] Dennoch hat Stenger das höchste universitäre Amt 1664 und 1665 abermals übernommen und für zwei weitere Jahre, 1666 und 1667, als Prorektor die Geschäfte für Philipp Ludwig Freiherr von Reiffenberg verwaltet.[131] Zahlreiche Dokumente belegen seine aktive Mitwirkung an der Gestaltung des universitären Alltags.[132] Erich Kleineidam charakterisiert Stenger als „einen fähigen, gerecht denkenden Rektor [...], der sein schwieriges Amt sehr sorgfältig führte“.[133] Dafür spricht zum einen, daß seit seinem ersten Rektorat die zuvor nicht aufbewahrten Sitzungsprotokolle des Geheimen Rates überliefert sind, und zum anderen, daß Stenger nach der Reduktion vom Kurfürsten, dem die Universität am 27. Oktober 1664 unter seiner Führung gehuldigt hatte,[134] als evangelischer Rektor in seiner Stellung bestätigt wurde.

---

126 Haberkorn (Anm. 6), S. 24.

127 Motschmann (Anm. 7), S. 576.

128 Ebd.

129 Zu den Aufgaben des Dekans ausführlich Motschmann (Anm. 7), Vierte Fortsetzung, S. 430-444.

130 Vgl. Motschmann (Anm. 7), Dritte Sammlung (1730), S. 325-389; Kleineidam (Anm. 18), Tl. III, S. 154-156.

131 Zu den Daten siehe Fritz Wiegand: Übersicht über die Rektoren der ehemaligen Universität Erfurt von 1637 bis 1816. In: Beiträge zur Geschichte der Universität Erfurt (1392-1816) 8 (1961), S. 83-96, hier S. 90.

132 Allein im Bestand der BEM Erfurt haben sich unter den Signaturen Eh 13-16 ca. 20 Einladungen zu akademischen Akten (Disputationen, Promotionen, Amtseinführungen u. ä.) erhalten.

133 Kleineidam (Anm. 18), Tl. IV, S. 14.

134 Ebd., S. 24; Märker (Anm. 105), S. 68.

Die Universität Erfurt unter ihrem Rektor Nicolaus Stenger
huldigt 1664 Johann Philipp von Schönborn

4. Das schriftstellerische Werk

Nicolaus Stengers Wirken in Pfarramt, Seniorat und Universität war seit den 1630er Jahren von einer stetig wachsenden schriftstellerischen Produktion begleitet, die auf dem Gebiet der bereits von Motschmann hervorgehobenen „Predigten und *Disputationibus*“[135] naturgemäß einen Schwerpunkt hat, darüber hinaus jedoch weitere Gattungen umfaßt und eine beachtliche Spannweite der Themen und Darstellungsformen aufweist. Vorderhand läßt sich der Umfang des Œuvres lediglich abschätzen, da einerseits durch die Erschließungsarbeiten für das VD 17 mit der Entdeckung weiterer bibliographisch bislang nicht erfaßter Schriften zu rechnen ist, andererseits der von Motschmann benutzte Nachlaß, in dem sich neben biographischen Dokumenten auch ungedruckte Manuskripte befunden haben sollen,[136] gegenwärtig als verschollen gelten muß.

Sein literarisches Debüt gab Stenger nicht, wie in Anbetracht der in seinem Schaffen dominierenden Genres zu erwarten wäre, mit der Druckfassung einer Predigt oder einer zur Disputation einladenden Thesenreihe, sondern mit einer umfangreichen deutschsprachigen Alexandrinerdichtung auf den Tod des schwedischen Stadtkommandanten von Erfurt, Georg Ludwig Graf zu Löwenstein (1587-1633), die 1633 bei Georg Hertz erschien.[137] Es handelt sich dabei um das wegen seiner Dimensionen und der separaten Veröffentlichung auffälligste Beispiel einer nach Dutzenden von Gedichten zählenden, vorwiegend lateinsprachigen Kasualdichtung aus der Feder Stengers, die bisher weder erfaßt, noch auch nur ansatzweise untersucht ist. Wie in der frühneuzeitlichen Gelehrtenkultur üblich, hat Stenger zu zahlreichen Begebenheiten des universitären, kirchlichen, politischen oder privaten Lebens in seinem Wirkungskreis Gelegenheitsgedichte verfaßt, deren noch zu leistende Verzeichnung und Auswertung vor allem wichtige Aufschlüsse über das personelle Netztwerk liefern würde, in dem er sich bewegte.[138]

Im Fall der von Stenger zahlreich zum Druck gebrachten Predigten lassen sich zwei Formen der Veröffentlichung unterscheiden. Zum einen verzeichnet die Bibliographie eine Fülle von Predigten, die unmittelbar nach dem Ereignis, durch das sie veranlaßt wurden, in Einzeldrucken erschienen. Das betrifft in er-

[135] Motschmann (Anm. 7), S. 581.

[136] Ebd., S. 585: „doch ist von allen diesen [Predigten] nichts in Druck gegeben worden, einiges aber liegt noch in *MSis*“; S. 585f.: „doch ist in meiner Erzehlung viel merckwürdiges [...] aus ein und andren bey der Familie noch vorhandenen *Document*en hinzugefüget worden“. Auch von den Briefen, die Stenger mit „andren berühmten *Theologis*“ (S. 577) gewechselt haben soll, fehlt derzeit jede Spur.

[137] Nicolaus Stenger: Traur= vnd TrostSchrifft/ Uber dem vnverhofften Tödlichen/ jedoch gantz seeligen hintrit vnd Abschied/ Des Weyland HochWohlgebohrnen Grafen vnd Herren/ Herrn Georg Ludwigen/ Grafen zu Löwenstein [...]. Erfurt: Georg Hertz, 1633 (Exemplar BEM, Signatur: Eh 12 a [11]). Vgl. meinen Beitrag im vorliegenden Band.

[138] Vgl. vorerst zu einem weiteren deutschsprachigen Gelegenheitsgedicht Michael Ludscheidt: Der Pfarrer als Gelegenheitspoet. Zu einem deutschsprachigen Hochzeitsgedicht von Nicolaus Stenger. In: Erfurter Blätter 20 (2009) 108, S. 20-21.

ster Linie die Leichenpredigten,[139] deren Reihe mit der im Jahr 1639 gedruckten auf Stengers Vorgänger im Pfarramt an der Kaufmannskirche, Augustinus Kromayer,[140] beginnt, und mit der für Maria Leichner (1610-1679), der Ehefrau des Mediziners Eccard Leichner, 1680 ihren Abschluß findet;[141] aber auch jene Kanzelreden, die sich mit Kriegsgeschehnissen,[142] Naturerscheinungen[143] oder besonderen Begebenheiten im Leben der Kirchgemeinde beschäftigen.[144] Die rasche Publikation widerspiegelt das Interesse, welches die stadtbürgerliche Öffentlichkeit an derartigen Ereignissen nahm.

Zum anderen hat Stenger, neben einigen kleineren,[145] zwei monumentale, zusammen fast zweieinhalbtausend Seiten umfassende Predigtensammlungen herausgebracht, die in einem gewissen zeitlichen Abstand zu ihrer mündlichen Darbietung erschienen, und deren Anliegen erklärtermaßen darin besteht, durch Auslegung der Artikel des Augsburgischen Bekenntnisses beziehungsweise eine Anleitung zur Gewissenserforschung die „anbefohlene[] Christliche[] Gemeinde“ im Glauben „*zu stärcken und zu trösten*/ und darneben für allerhand Jrrthumb und falscher Lehre [...] zu verwahren“,[146] damit sie „in diesen letzten

---

139 Von denen Motschmann (Anm. 7), S. 583, „auf 30. Stück gesammlet“ haben will.

140 Nicolaus Stenger: CORONA MILITANTIUM, das ist: Aller guten Streiter JEsu Christi EhrenKrone/ Nach Anleitung der Apostolischen Worte/ Jch hab einen guten Kampf gekämpffet/ Bey ansehnlicher vnd Volckreicher Leichbestattung Deß Weyland Ehrwürdigen/ VorAchtbarn vnd Hochgelahrten Herrn AUGUSTINI Kromayers [...]. Erfurt: Friedrich Melchior Dedekind, 1639 (VD 17 39:111220R).

141 Nicolaus Stenger: Summum Davidis & Piorum omnium Desiderium [...] Bey Christlicher/ und Hochansehnlicher Leich=Bestattung Der [...] Frauen Marien/ Herrn Eccardi Leichners [...]. Erfurt: Karl Christian Kirsch, 1680 (VD 17 547:694969Y).

142 Nicolaus Stenger: Christliche Predigt/ Darinnen/ Daß Gott habe alles wohl gemacht [...] bewiesen vnd erkläret/ Alß Donnerstags zuvor/ durch eine starcke Feindes Parthey/ sehr viel Viehes vor der Stad Erffurth geraubet/ auch etliche Bürger gefangen weggeführet worden [...]. Erfurt: Friedrich Melchior Dedekind, 1643 (Exemplar BEM Erfurt, Signatur: Eh 12 a [3]).

143 Nicolaus Stenger: Christliche Finsterniß=Predigt [...] Bey damahls bevorstehendem/ und angegebenem sehr grossen und schrecklichen Sonnen Finsterniß/ so [...] den 2. *Augusti Anno* 1654. kommen solte [...]. Erfurt: Friedrich Melchior Dedekind, 1654 (Exemplar BEM Erfurt, Signatur: Eh 12 a [7]).

144 Nicolaus Stenger: CHRISTIANA ALTARIS DEDICATIO. Christliche Einweihungs= oder Einsegnungs=Predigt/ nach vollendeter köstlichen Ausstaffierung des hiebevor neu erbauten künstlichen Altars in der Kauffmanns Kirchen [...]. Erfurt: Karl Christian Kirsch, 1671 (Exemplar BEM Erfurt, Signatur: Eh 12 a [8]).

145 Nicolaus Stenger: Der Hochtröstliche Artickel/ Von der Einwohnung Gottes in den Gläubigen/ oder: Von der Gläubigen Vereinigung mit GOTT; [...] in dreyen Predigten [...]. Erfurt: Johann Birckner, 1642 (Exemplar BEM Erfurt, Signatur: Eh 12 a [2]); Ders.: Zwo Christliche Predigten Vom Ewigen Leben [...]. Erfurt: Martha Spangenberg, 1644 (Exemplar BEM Erfurt, Signatur: Eh 12 a [4]); Ders.: SACRA PASSIONALIA, Oder Christliche/ Schrifftmässige Passions=Betrachtungen [...] in sechs gewöhnlichen Mittwochs=Predigten [...]. Jena: Johann Birckner, 1669 (Exemplar BEM Erfurt, Signatur: Eh 12 a [1]).

146 Nicolaus Stenger: Grund=Feste Der Augspurgischen CONFESSION [...] Jn zwey und sechszig Predigten öffentlich dargethan [...]. 3 Tle. Jena und Erfurt: Johann Birckner, 1649, 1652, 1654. Hier Tl. 1, Dedicatio, fol. b 4v-b 5r (Exemplar BEM Erfurt, Signatur: V b 9). Vgl. dazu den Beitrag von Andreas Lindner im vorliegenden Band.

I. N. J.
CHRISTIANA ALTARIS
DEDICATIO.
Chriſtliche
Einweihungs=
oder
Einſegnungs=Predigt/
nach vollendeter köſtlichen
Ausſtaffierung
des
hiebevor neu erbauten
künſtlichen Altars
in der
Kauffmanns Kirchen zu S. GREGORII
genannt/binnen Erffurth/
Mittwochs nach Bartholomæi, den 30. Auguſti
des 1671. Jahrs gehalten/
und
auf inſtändiges Begehren zum Druck überantwortet
von
M. NICOLAO Stengern/bey gedach=
ter Kirchen Paſtore, auch des Evangeliſchen Mini-
ſterii Seniore, der H. Schrifft und Sprachen
Profeſſore Publico, &c.

Erffurdt/ druckts Carol Chriſtian Kirſch.

Nicolaus Stenger, *Christliche Einweihungs= oder Einsegnungs=Predigt* (1671), Titelblatt

grundbösen Zeiten“ sich „für allem grewlichen/ bösen/ gottlosen Leben [...] mit gantzem Ernst hüten/ vnd also dem endlichen Grewel der ewigen Verdammniß entfliehen“[147] möge. Daß der rennomierte Verleger Johann Birckner (1587-1658)[148] sich auf derart kostspielige Großprojekte einließ, spricht für eine optimistische Einschätzung der Absatzmöglichkeiten und unterstreicht einmal mehr die Bedeutung, die dieser Literaturgattung in der Frühen Neuzeit zukam. Insgesamt illustriert Stengers gedrucktes Predigtwerk eindrucksvoll Dieter Breuers These vom Prediger als dem „Erfolgsschriftsteller des 17. Jahrhunderts“,[149] wenngleich sich über die Rezeption und Wirkung dieses Werkkomplexes im einzelnen bislang nichts aussagen läßt. Aufschlußreich ist immerhin eine Bemerkung von Motschmann, die auf die anhaltende Beliebtheit der Stengerschen Kanzelreden im frühen 18. Jahrhundert hindeutet:

> Und noch ietzo sind die vom [!] ihm im Drucke hinterlassene Predigten, sonderlich vor Ungelehrte und Einfältige, mit guten Nutzen und Erbauung zugebrauchen, zumahl da er sich darinne keiner hohen Redens=Arten bedienet, sondern einfältig und mit der Schrifft zu reden sich befleißiget.[150]

In seiner Bibliographie der Stengerschen Schriften führt Motschmann sechs ihm bekannte Disputationen auf, von denen sich derzeit vier nachweisen lassen.[151] Bei allen durch gedruckte Ankündigungen oder Dissertationen dokumentierten Disputationsakten fungierte Stenger als Präses und hatte demnach (was Motschmann ganz selbstverständlich voraussetzt) in den meisten Fällen vermutlich erheblichen Anteil am Zustandekommen der Texte.[152] Insofern ist es durchaus berechtigt, die akademischen Gelegenheitsdrucke unter seinem Namen zu verzeichnen. Wie im Blick auf das Werk im allgemeinen, so gilt speziell auch für diese Schriftengruppe, daß im Zuge der Bestandserschließungen für das *Ver-*

---

147 Nicolaus Stenger: TausendZeüge nemlich Das Gewissen des Menschen [...] Jn vier vnd dreyssig Predigten [...] vorgestellet [...]. Erfurt: Johann Birckner, 1647. Dedicatio, fol. [b ij]v (Exemplar BEM Erfurt, Signatur: Tp IV e 118). Vgl. dazu den Beitrag von Ernst Koch im vorliegenden Band.

148 Ulman Weiß: Johann Birckner. Verleger und Ratsherr in der Zeit des Dreißigjährigen Krieges. In: Ders. (Hg.): Buchwesen in Spätmittelalter und Früher Neuzeit. Festschrift für Helmut Claus zum 75. Geburtstag. Epfendorf 2008, S. 357-385.

149 Dieter Breuer: Der Prediger als Erfolgsautor. Zur Funktion der Predigt im 17. Jahrhundert. In: Vestigia Bibliae 3 (1981), S. 31-48, hier S. 32.

150 Motschmann (Anm. 7), S. 575f.

151 Ebd., S. 585: Qvæstiones Theologicæ ex veteri foedere ebræo depromatæ [1661]; De libero hominis post lapsum arbitrio [1663]; De duplici iustitia hominis iustificati [1671] (VD 17 14:626983B); Christianismus compendiose descriptus [1674] (VD 17 547:622227N); De iure Dei in homines [1677] (VD 17 23:651994D); De Ecclesia &c. [o. J.] (VD 17 23:652027M, 1675).

152 Vgl. dazu Hanspeter Marti: Von der Präses- zur Respondentendissertation. Die Autorschaftsfrage am Beispiel einer frühneuzeitlichen Literaturgattung. In: Rainer Christoph Schwinges (Hg.): Examen, Titel, Promotionen. Akademisches und staatliches Qualifikationswesen vom 13. bis zum 21. Jahrhundert. Basel 2007, S. 251-274 (Veröffentlichungen der Gesellschaft für Universitäts- und Wissenschaftsgeschichte, 7).

zeichnis der im deutschen Sprachraum erschienenen Drucke des 17. Jahrhunderts weitere Funde zu erwarten sind.

Von nicht zu unterschätzendem Einfluß auf die Musikausbildung und musikalische Praxis im Erfurt des 17. Jahrhunderts war Stengers Schrift *Manuductio ad Musicam Theoreticam. Das ist/ kurtze Anleitung zur Singekunst* aus dem Jahr 1635, die 1652, 1660 und 1666 weitere Auflagen erlebte[153] (und damit zu seinem erfolgreichsten Werk avancierte), an den städtischen Schulen als verpflichtendes Lehrbuch eingeführt und dadurch für mehrere Schülergenerationen prägend wurde. Das Kompendium vermittelt die elementaren Grundlagen des Musikunterrichts, indem es den zu memorierenden Stoff in einem durch Musikbeispiele ergänzten Frage-Antwort-Schema darbietet.[154] Eine vergleichbar langanhaltende Wirkung dürfte seiner 1663 publizierten verbesserten und vermehrten Neuausgabe des Erfurtischen Gesangbuchs[155] zuzuschreiben sein, die im Unterschied zu den vorangegangenen Ausgaben den Notentext mit abdruckt und damit der latent vorhandenen Gefahr des „Um- und Zersingen[s]"[156] der Melodien entgegenzusteuern versucht. Beide Schriften, das Gesangbuch sowohl als das Schulkompendium, dienten nach Einschätzung von Markus Rathey auf je eigene Weise einem ähnlichen Zweck, nämlich der „Hebung des Niveaus geistlicher Musik in Erfurt".[157]

Abschließend sei auf zwei kleinere Schriften aus den 1640er Jahren hingewiesen. Veranlassung, Kontext und Zielrichtung der einen, des *Wahrhafftige[n] vnd eigentliche[n] Bericht[s]/ was mit Ezechiel Mehten [...] vorgangen*, hat Ulman Weiß jüngst im Rahmen seiner Studien zu Esajas Stiefel erhellt.[158] In ihr schildert Stenger, der Meth in den letzten Tagen vor seinem Tod begleitet hatte, dessen Abwendung von „allen vnd jeden Wiedertäufferischen/ Enthusiastischen/ Paracelsistischen/ Weigelianischen/ Stiefelischen/ vnd andern dergleichen Jrrthumern vnd Fantastereyen" und Bekehrung zu „vnser Evangelischen Luthe-

[153] Vgl. Axel Schröter: Stenger, Nicolaus, *Nikolaus*. In: Die Musik in Geschichte und Gegenwart. Zweite, neubearbeitete Ausgabe. Hg. von Ludwig Finscher. Personenteil 15 (2006), Sp. 1415.

[154] Markus Rathey: „Die Lieblichkeit der Stimmen ist eine Gabe Gottes ...". Zur Musikanschauung des Erfurt Theologen Nicolaus Stenger. In: Mitteilungen des Vereins für die Geschichte und Altertumskunde von Erfurt 61 [N. F. 8] (2000), S. 59-74, hier S. 60f. Vgl. auch den Beitrag des Autors im vorliegenden Band.

[155] Christlich=neüvermehrt= und gebessertes GESANGBUCH/ Darinnen D. Martin Luthers/ und viel anderer Gottselig=gelehrten Leute Geistliche Lieder und Psalmen/ welche so wohl Jn öffentlicher Kirch=Versammlung/ als auch zu Hause und sonst Zu Vermehrung guter/ und Gottgefälliger Andacht gebraucht werden mögen/ sammt denen darzu gehörigen langgewünschten Melodeyen [...]. Erfurt: Friedrich Melchior Dedekind, 1663 (Exemplar BEM Erfurt, Signatur: IV c 198).

[156] Rathey (Anm. 154), S. 73.

[157] Ebd., S. 74.

[158] Weiß, Lebenswelten (Anm. 101), S.507-511 und passim. Vgl. dazu auch den Beitrag des Autors im vorliegenden Band.

rischen Kirchen/ vnd also von der Lügen zur Warheit Göttliches Worts".[159] Seine handschriftlichen Aufzeichnungen über diese Vorgänge veröffentlichte er einige Jahre darauf in der Absicht, das Abklingen des ‚Stifelianismus' jedermann bekannt zu machen und „andere/ die etwa in solchem [...] Fantastischen Schwarm entweder öffentlich oder heimblich auch wohl hier zu Erffurth noch stecken [...] bey Zeit von jhrem Jrrthumb" abzubringen und sie „durch diß *Exempel*"[160] auf den rechten Weg zurückzuführen.

Die andere hier zu erwähnende Schrift hat in der bisherigen Forschung noch keine Beachtung gefunden und wird in einem Beitrag des vorliegenden Bandes erstmals näher vorgestellt.[161] Es handelt sich um eine als Parentatio[162] bezeichnete Gedenkschrift zum 100. Todestag von Martin Luther, die als biographisch-werkgeschichtliche Würdigung des Reformators angelegt ist und mit der Erneuerung seines Gedächtnisses grundsätzliche Überlegungen verbindet, wie dieses künftig „recht [zu] halten/ und auff nützliche weise [zu] begehen"[163] sei.

5. Nachwirken und Forschungsperspektiven

Johann Balthasar Haberkorn war davon überzeugt, daß Stengers „schöner Nachruhm" nicht zuletzt aufgrund seiner „weit und breit bekandte[n] Schriften [...] so bald nicht verleschen"[164] werde. Bekanntlich sollte es anders kommen. Die in der ersten Hälfte des 18. Jahrhunderts noch vorherrschende Wertschätzung für den „in allen seinen Aemtern wohlverdiente[n] Mann",[165] dessen Namen die großen Gelehrten- und Universallexika der Zeit verzeichnen,[166] verkehrte sich binnen kurzem in Abneigung. Schon für Jakob Dominikus ist Stenger zwar ein „vortrefflicher Prediger" und achtbarer Gesangbuchherausgeber, aus aufgeklärter Sicht aber dennoch nichts weiter als ein „krasser Orthodox",[167] der wie ande-

---

[159] Nicolaus Stenger: Wahrhafftiger vnd eigentlicher Bericht/ was mit Ezechiel Mehten von Langen Saltza/ *in puncto Confessionis* [...] kurtz vor seinem Ende zu Erffurth am *24. Octobr. Anno 1640.* vorgangen [...]. Erfurt: Friedrich Melchior Dedekind, 1644, fol. Cv (Exemplar BEM Erfurt, Signatur: Eh 12 a [9]).

[160] Ebd., fol. A iijr.

[161] Vgl. den Aufsatz von Christoph Bultmann im vorliegenden Band.

[162] [Johann Heinrich Zedler:] Grosses vollständiges Universal Lexicon Aller Wissenschafften und Künste [...]. Bd. 45 (1745), Sp. 152-154: „Trauer=Rede, oder Parentation"; eine Rede, die „des Verstorbenen rühmlich gedencket" (Sp. 152).

[163] Nicolaus Stenger: PARENTATIO LUTHERI SECULARIS: Christ=Schuldiges Ehren=Gedächtniß des Weiland Hocherleuchteten nunmehro Seeligen Manes Gottes DOCTORIS MARTINI LUTHERI [...]. Jena: Georg Sengenwald, 1649, unpag. (VD 17 7:698136E).

[164] Haberkorn (Anm. 6), S. 23.

[165] Motschmann (Anm. 7), S. 569.

[166] Christian Gottlieb Jöcher: Compendiöses Gelehrten=Lexicon [...]. Leipzig ^{2}1726. Tl. 2, Sp. 1143; [Zedler] (Anm. 162), Bd. 39 (1744), Sp. 1833-1834.

[167] Jakob Dominikus: Erfurt und das Erfurtische Gebiet. Nach geographischen, physischen, statistischen, politischen und geschichtlichen Verhältnissen. Gotha 1793. Tl. 1, S. 476.

re seinesgleichen durch Religionsstreitigkeiten die Entfaltung der Wissenschaften und Künste behindert hat.

Das rasch nachlassende Interesse am Werk Nicolaus Stengers läßt sich daran ablesen, daß nach seinem Tod kaum Neuausgaben seiner Schriften veranstaltet wurden. Ausnahmen bilden die *Parentatio Lutheri Secularis*, die 1686 in zweiter Auflage bei Johann Jacob Bauhofer in Jena herauskam,[168] sowie das Gesangbuch, das bereits zu Lebzeiten des Herausgebers eine weitere Auflage (1678) erfahren hatte und am Beginn des 18. Jahrhunderts (1701) letztmalig in der ihm von Stenger verliehenen Gestalt erschien. Motschmann verweist in seinem 1731 publizierten Artikel darauf, daß „noch ietzo die *Cantores* und Organisten in denen Erffurtischen Evangel. Kirchen sich [dieses Gesangbuchs] bedienen, und [...] es nicht uneben [wäre], wenn sich jemand drüber machte, und es [...] wieder auflegen"[169] ließe.

Die kirchen- und theologiegeschichtliche Forschung des 19. und 20. Jahrhunderts hat von Nicolaus Stenger so gut wie keine Notiz genommen. Sein Name taucht in den einschlägigen Lexika wie der *Realencyklopädie für protestantische Theologie und Kirche* oder der *Religion in Geschichte und Gegenwart* ebensowenig auf wie in den Untersuchungen zur altprotestantischen Orthodoxie und ihrem Verhältnis zum Pietismus.[170] Dagegen enthält bereits die erste Auflage der Enzyklopädie *Die Musik in Geschichte und Gegenwart* in Band 12 einen Personalartikel zu Stenger, der ihn als „zuverlässige Instanz" in kirchenmusikalischen und musikpädagogischen Fragen würdigt.[171] Erst die jüngere universitäts-, kirchen-, bibliotheks- und musikgeschichtliche Forschung zu Erfurt[172] ist zu Ergebnissen gelangt, die über den durch Haberkorns und Motschmanns biographische Darstellungen markierten Wissensstand hinausführen.

Alles in allem gehört Nicolaus Stenger zu jenen Gestalten des orthodoxen Luthertums, die in der Kirchengeschichtsschreibung zwar gelegentlich Erwähnung, jedoch keine eigenständige Behandlung finden. Diese Nichtbeachtung ist der Stellung, die er im kirchlichen, universitären, politischen und gesellschaftlichen Leben seiner Zeit eingenommen hat, keineswegs angemessen. Erste Korrekturen versuchen die Beiträge des vorliegenden Bandes vorzunehmen. Zukünftig gilt es, die Perspektiven auf die Biographie, das praktische Wirken und literarische Schaffen Stengers zu weiten. Beispielsweise wäre danach zu fragen, mit welchen Gelehrten seiner Epoche er in persönlichem Kontakt gestanden hat; ob, und wenn ja, in welcher Weise sein theologisch-schriftstellerisches Werk

---

168 VD 17 3:002184D.

169 Motschmann (Anm. 7), S. 584f.

170 Vgl. exemplarisch die Arbeiten von Hans Leube: Die Reformideen in der deutschen lutherischen Kirche zur Zeit der Orthodoxie. Leipzig 1924 und Ders.: Orthodoxie und Pietismus. Gesammelte Studien. Hg. von Dietrich Blaufuß. Bielefeld 1975 (Arbeiten zur Geschichte des Pietismus, 13).

171 Doris Hecklinger: Stenger, Nicolaus. In: Die Musik in Geschichte und Gegenwart. Hg. von Friedrich Blume. Bd. 12 (1965), Sp. 1254-1255, hier Sp. 1254. Vgl. auch Anm. 153.

172 Vgl. Kleineidam (Anm. 18); Bauer, Theologen (Anm. 8); Ludscheidt (Anm. 69); Rathey (Anm. 154); Weiß, Lebenswelten (Anm. 101); Berg (Anm. 101).

zeitgenössisch wahrgenommen wurde, und welches Ansehen er in der respublica litteraria über die Grenzen Erfurts hinaus genoß. Die Beantwortung dieser und ähnlicher Fragen dürfte neue Zugänge zu dem auf evangelischer Seite gewiß zu den markantesten Persönlichkeiten des konfessionellen Zeitalters zählenden Theologen Nicolaus Stenger eröffnen und seinem Bild, von dem hier nur die Umrisse angedeutet werden konnten, schärfere Konturen verleihen.

HOLGER BERG

Vom Werdegang eines erfolgreichen städtischen Pfarrers. Stengers Ausbildung und erste Amtszeit (1629-1649)

1. Ziel und Fragestellung

Dieser Aufsatz vertieft die im einleitenden Beitrag entworfene biographische Skizze durch die eingehende Darstellung des Bildungsweges und der Berufsanfänge Stengers zwischen 1629 und 1649. Nicolaus Stengers Ausbildung und erste Amtszeit werden als der Werdegang eines erfolgreichen Pfarrers aus einem städtischen Umfeld beschrieben. Stenger ist in vielen Bereichen erfolgreich gewesen: er hatte fast alle leitenden Ämter inne, die einem Geistlichen in Erfurt offen standen. Stenger wird in der Musikgeschichte gewürdigt und seine Predigten waren Bestseller.[1] Mit fast 100 Beiträgen veröffentlichte er mehr als jeder zeitgenössische Prediger aus Erfurt, und die Qualität der besseren Werke wurde zu seinen Lebzeiten auch außerhalb der Stadt beachtet. In Erfurt haben „Liebhaber von erbaulichen Predigten […]" sie 1722 „noch [...] sehr hoch aestimirit".[2]

Der Erfolg erstaunt, wenn man bedenkt, daß Stenger der Sohn eines zugewanderten Schneiders war. Ihm fehlten familiäre Voraussetzungen. Wie wurde er dennoch erfolgreich? Antworten sind insbesondere in seinen jungen Jahren zu suchen, vom zwanzigsten bis zum vierzigsten Lebensjahr, zwischen 1629 und 1649. Die biographische Skizze will hauptsächlich seinen Erfolg erklären, aber leistet dabei auch einen Beitrag zur allgemeinen Sozialgeschichte der lutherischen Pfarrerschaft.[3] Vergleiche mit zeitgenössischen Kollegen aus Erfurt bieten sich an mehreren Punkten an, zumal Stenger die Auseinandersetzung mit ihnen selten scheute.

Just Christoph Motschmann bietet in seiner 1731 veröffentlichten, bislang ausführlichsten Biographie Stengers eine Erklärung seines Erfolges an: Stenger

---

[1] Vgl. auch die Beiträge von Markus Rathey, Ernst Koch und Andreas Lindner in diesem Band.

[2] Biantes [sc.: Andreas Elias Büchner?]: Vitæ Illustrium Et Eruditorum Erfurtensium […]. Erfurt 1722, S. 69-77, hier S. 76. Zur Druckgeschichte siehe Holger Berg: Military Occupation under the Eyes of the Lord. Studies in Erfurt during the Thirty Years War. Göttingen 2010, S. 39, 169-171, 369f. (Forschungen zur Kirchen- und Dogmengeschichte, 103). Im April 2010 waren 78 Werke im VD 17 eingetragen. Darunter ist nur ein Wiederabdruck und zwar posthum (1686). Den folgenden Anmerkungen ist zu entnehmen, daß mehrere Predigten und weitere erhaltene Drucke im VD 17 fehlen. – Johann Matthäus Meyfart und Gottfried Arnold sind absichtlich von meiner Zählung ausgelassen. Die meisten ihrer Werke entstanden außerhalb ihrer Erfurter Aufenthalte und wurden auch auswärtig gedruckt.

[3] Eine Übersicht und viele Einsichten sind in Werken von Luise Schorn-Schütte zu finden, wie: The Christian Clergy in the Early Modern Holy Roman Empire: A Comparative Social Study. In: Sixteenth Century Journal 29 (1998), S. 717-731.

sei „ungemein höfflich und leutseelig, und hatte darinne eine besondere Gabe, daß er auch die verdrüßlichsten Sachen mit gröster Freundlichkeit vortragen konnte".[4] Der Pfarrer besaß also die Eigenschaften eines geselligen Aufsteigers. Hinzufügen sollte man eine umfassende Bildung, ein Gespür für Gönner sowie die Fähigkeit, sich in örtlichen Streiten einem starken Lager anzuschließen. Neben seinem „artigen Umgan[g] und guten Comportemen[t]" war Stenger sehr wohl in der Lage, gegen Kollegen zu polemisieren. Die direkte Kritik hielt er zwar hinter geschlossenen Türen. In Predigten und Drucken drückte er sich eher indirekt aus. Die jeweilige Stoßrichtung aber blieb für seine Zuhörer deutlich. Diese Skizze soll auch einige seiner Standpunkte für seine heutige Leserschaft explizit machen.

2. Soziales Umfeld

Stengers Erfolg kann man eigentlich erst recht einschätzen und erklären, wenn man seinen sozialen Hintergrund bedenkt. Jeder Pfarrer mußte sowohl zu seiner Gemeinde als auch zu seiner weltlichen Obrigkeit und zu seinen Kollegen Stellung nehmen. Hinzu kommt, daß Stenger Stadtpfarrer wurde. Die Stellungnahme in diesen drei sozialen Geflechten verlief in einer größeren Stadt anders als auf dem Land. Dorfpfarrer galten in ihren Gemeinden oft als Außenseiter, die von den örtlichen Herren stark abhingen. Wer kein wohlgeplagter Pfarrer werden wollte, mußte auf dem Land Kompromisse eingehen.[5] Dorfpfarrer wirkten in zähen, aber vergleichsweise überschaubaren Geflechten. Auf dem Land gab es weniger Kontakt zu benachbarten Kollegen und kaum Konkurrenz um die Zuhörerschaft.

In der Stadt, hingegen, konnten Kirchgänger „aus blosser Verachtung [...] jhr Pfarrer vnd Diaconus [verlassen, weil er] nicht gut genung [sic] prediget / dort ist einer / der kanns besser[, sagen sie] / was solt vnser Pfarrer können?"[6] Stadtgemeinden stellten hier höhere Ansprüche. Ihre Mitglieder standen den Pfarrfa-

---

[4] Just Christoph Motschmann: Erfordia Literata [...]. Vierdte Sammlung. Erfurt 1731, S. 577. Motschmann schrieb hier von einem viel weniger beachteten Beitrag ab, veröffentlicht unter dem Pseudonym Biantes (Anm. 2), S. 69. Laut Motschmann (ebd.) soll die Leutseligkeit auch in Briefen dokumentiert gewesen sein. Diese sind seitdem mit den meisten anderen handgeschriebenen Werken (S. 585) verschollen.

[5] Jay Goodale: Pfarrer als Außenseiter. Landpfarrer und religiöses Leben in Sachsen zur Reformationszeit. In: Historische Anthropologie 7 (1999), S. 191-211, mit weiteren Verweisen. Für Erfurter Besonderheiten siehe Ulman Weiß: Gemeinde und Kirche in der Erfurter „landschafft". In: Beat Kümin (Hg.): Landgemeinde und Kirche im Zeitalter der Konfessionen. Zürich 2004, S. 59-90. Dank solcher Studien ist die soziale Lage der Landpfarrer mittlerweile am systematischsten erforscht. Die Stadtpfarrer werden meist in Prosopographien (wie Anm. 21) und Monographien zu herausragenden Gestalten (wie etwa Anm. 62) behandelt.

[6] Siebte Predigt: Von Zuhörern. In: Nicolaus Stenger: Tausend Zeuge des Gewissen. [Erster erhaltener Druck:] Erfurt 1647 (laut Kolophon: 1646; gehalten Juni 1642 - Juni 1643), S. 151, 157f., hier 158. Die Predigtsammlung bespricht Ernst Koch in diesem Band.

milien näher und waren gebildeter. Viele besuchten sowohl die Sonntags- als auch die Wochenpredigten. Einige Wochenpredigten lasen sie sogar nach, in Drucken oder Mitschriften.[7]

3. Kindheit und Bildung

Es bedurfte mehrerer Reisen, bevor Stenger Pfarrer wurde. Er stieg aus einer Handwerkerfamilie auf. Sein Vater Adam hatte ein Dorf in der Grafschaft Wittgenstein verlassen und war in das Erfurter Michaelisviertel gezogen. 1611, kurz nach Nicolaus' Geburt, erwarb Adam das Bürgerrecht. Seine Heimat Bernishausen zählte 1627 fünf Familien; in Erfurt wurde 1620 in 3452 Haushalten Steuer erhoben. Adam Stenger hatte in der Kleinstadt (Bad) Laasphe mit nur vier jährlichen Märkten gewirkt, während in Erfurt allein wöchentlich mehr Märkte in Betrieb waren.[8] Erfurt war eine reiche Stadt mit regem Farb- und Kleiderhandel und galt noch als die Schmalzgrube Thüringens. Nicolaus Stenger predigte später gegen die „Newerung/ daß manches jmmer ein new Muster vber das ander haben muß/ also/ daß die Schneider jhr Handwerck schier alle Jahr von newen lernen müssen."[9] Sein Vater war Schneider und hat als Meister daran verdient.

---

[7] Berg, Occupation (Anm. 2), S. 222f.; Stenger, Tausend Zeuge (Anm. 6), S. 165. Siehe auch S. 724 und Ders.: Grund=Feste der Augspurgischen Confession [...] in zwey und sechzig Predigten öffentlich dargethan [...]. 3 Bde. Jena 1649-1654, hier Bd. 3, S. 1171, zum Lesen als einer problematischen Alternative zum Predigthören, statt einer gewünschten Ergänzung.

[8] Es wohnten genauso viele Handwerker um Laasphe wie in Laasphe. Eitel Klein: Studien zur Wirtschafts- und Sozialgeschichte der Grafschaft Sayn-Wittgenstein-Hohenstein vom 16. bis zum Beginn des 19. Jahrhunderts. Marburg 1935, S. 36 (Schriften des Instituts für geschichtliche Landeskunde von Hessen und Nassau, 13). Vgl. Friedrich Hermann Schrader: Die Stadt Erfurt in ihren wirtschaftlichen und sozialen Verhältnissen nach Beendigung des 30jährigen Krieges. In: Mitteilungen des Vereins für die Geschichte und Altertumskunde von Erfurt 40/41 (1921), S. 89-184, hier S. 113, und Wieland Held: Zwischen Marktplatz und Anger. Stadt-Land-Beziehungen im 16. Jahrhundert in Thüringen. Weimar 1988 (Regionalgeschichtliche Forschungen). Genealogische Angaben aus [Adolf Stenger]: M. Nicolaus Stenger. [Erfurt] 1901, zuerst gedruckt als Stammbaum-Tafel II Nr. 52 in *Wellers Archiv für Stamm- und Wappenkunde* 2 (1901), hier in der zweiten Ausgabe von 1932 in der Stadt- und Regionalbibliothek Erfurt vorhanden (Signatur: MH-4-Hs 880), mit späteren handschriftlichen Nachträgen und Korrekturen. Der Aufsatz wird ergänzt, aber nicht überholt von Werner Slevogt/Hilde Pfeng: Die Erfurter Stenger, eine Familie von Schneidern, Pastoren, Professoren und Juristen, im 17. und zu Beginn des 18. Jahrhunderts. In: Archiv für Sippenforschung 41 (1975), S. 315-328.

[9] Stenger, Tausend Zeuge (Anm. 6), S. 240. Zu Schneidern siehe auch S. 460, 463 und vor allem 471. Hier wurde Hoffart durchweg als eine Sünde bezeichnet, die den Krieg mit heraufbeschworen habe. Ähnlich lautete es – und zwar zum ersten Mal in Erfurter Kleiderverordnungen – einige Jahre nach dem Friedensschluß von 1648 in *E. E. Rahts Der Stadt Erffuhrt [...] Ernewerte und verbesserte Hochzeit= Kleider= Kind Täufft= und Begräbnüß Ordnungen [...].* Erfurt 1653, S. 10, Tit. VII. Frühere Verordnungen stammen aus den Jahren 1583, 1610, 1615 und 1638.

Auf den weiten Umzug folgte eine überraschend lange Reise durch das Bildungssystem, an der dem Vater wohl wenig lag. Er war wahrscheinlich den vielen Handwerkern zugeneigt, die „dreschen/ holzhawen vnd dergleichen“ dem Müßiggang der Schule gegenüberstellten, wo die Leute bloß „mit dem Kopff arbeiten/ studiren vnd lernen“.[10] Nur auf Anregung der Schullehrer wurde sein Sohn Nicolaus „bey den Studiren“ gelassen. „[S]eine Præceptores“ hätten „gar balde aus seinem Fleiße und anderen seltenen Eigenschaften“ geschlossen, „daß diesem Schneiders=Sohne mit der zeit der Finger=Hut nicht gerecht seyn wuerde“.[11] 1621 wechselte er von der Trivialschule aufs Ratsgymnasium. Darauf folgte 1627 die Voraussetzung für eine Erfurter Pfarrei: die Universität.

Er und gleichaltrige Handwerkerkinder wurden in dieser Hinsicht gerade rechtzeitig geboren. Kurz nachdem Nicolaus in die Schule gekommen war, wurde 1617 die Kurrende eingeführt, eine Maßnahme zur Unterstützung der armen Schüler.[12] Nicolaus kann in einem erweiterten Sinne auch zu den Kindern der Kurrende gerechnet werden. Schulgelder werden den Vater weniger beschäftigt haben als die allgemeine Aufwertung von Bildung, die für breitere Schichten mit der Schulreform einherging.[13] Adam ließ noch einen Sohn ausbilden, und so wurde Caspar Stenger Magister, gekrönter Dichter und Schullehrer.[14]

An der Universität lernten Studenten meist schnell Stellung zu beziehen. Im Erfurt der 1620er Jahre standen sie vor vielen Entscheidungen und manche waren hier schwieriger zu treffen als in anderen Städten. Nicolaus besuchte eine bikonfessionelle, von einem katholischen Aufbruch geprägte Universität. Mit 19 Jahren schloß er sein Grundstudium durch Examen in mehreren Fächern ab. Er ließ zwei Examensberichte drucken und den Leitern der örtlichen Bildungsstätten widmen; allen voran wurde Seine Magnifizenz, der katholische Rektor Urban Heun, gestellt.[15] Mit der Übergabe der Stadt an die Schweden 1631 änderte

---

[10] Stenger, Tausend Zeuge (Anm. 6), S. 544.

[11] Biantes (Anm. 2), S. 71 (Zitat). Motschmann (Anm. 4), S. 569, weicht etwas von dieser Skizze ab.

[12] Es half auch, daß der Leiter der Michaelis-Schule, Balthasar Löneysen, zu dieser Zeit ein dreijähriges Universitätsrektorat inne hatte.

[13] Wie die meisten anderen Eingeschriebenen des Jahrgangs 1616 (!) wurde Stenger der Einkommensklasse zwei (von insgesamt vier) zugeordnet: „totum vel 8 gr. solventium“. Diese Gruppe umfaßte 43 Jungen. Vier Immatrikulierte zahlten mehr, während nur neun in die Klassen drei und vier eingestuft wurden. J. C. Hermann Weissenborn: Acten der Erfurter Universität. Tl. II. Halle 1884, S. 521 (Geschichtsquellen der Provinz Sachsen und angrenzender Gebiete, 8).

[14] Siehe Adolf Stenger (Anm. 8).

[15] Hier lohnt sich ein Blick auf das Druckbild der Titelseite von Nicolaus Stenger: ΕΠΙΝΙΚΙΑ Emmetra TRIUMFO ACADEMICO Qvem Post strenuè in nuperis Philosophorum Quinqvertiis exantlatos sudores RECTORE MAGNIFICO Viro Venerabili, præcellentissimo ac Doctissimo DN. M. URBANO HEUN [...] STENGERUS Olympionices DOCTURÆ PHILOSOPHÆ PRÆCINCTUS [...] ovans agitabat Plenis amicorum applaudentium buccis OCCENTATA & EXSCRIPTA. Erfurt 1629. Zugänglich als Scan im VD17 unter 547:690251A. Zum Aufbruch siehe Heuns Rektoratsbericht 1627-1629 in Weissenborn (Anm.13), S. 541f.; Erich Kleineidam: Universitas studii Erffordensis. Überblick über die Geschichte der Univer-

sich auch die Lage der Universität. Bald suchte Nicolaus neue Gönner in den eigenen konfessionellen Reihen, aus dem militärischen Bereich.

Seine zeit- und schichttypisch breite Bildung ging auch in die Tiefe. Stenger setzte seine Studien vor Ort fort; 1629 bis 1631 war er an der theologischen Fakultät eingeschrieben. Später erlangte er Ruhm als ein „gelehrter [...] *Theologus*, ein scharf sinniger *Philosophus*, ein guter *Lingvist*, und beredter *Orator*".[16] In jedem Fach bezog Stenger bewußt Stellung und er begründete die Positionen oft so, wie er es gelernt hatte: auf kontroverse, bisweilen aggressive Art. Er war offen für die deutschsprachige Dichtung nach Martin Opitz; das erläutert Michael Ludscheidt in diesem Band. In Schulsachen verfocht Stenger dennoch eine traditionellere Auffassung, die auf Latein bestand, anstatt überall Deutsch als Unterrichtssprache zu fordern.[17] Er unterrichtete zunächst und wurde Schulinspektor in einer Zeit und an einem Ort, wo erste Bilderbücher für den Schulunterricht erschienen (1636). Während Kollegen katechetische Neuerungen vorschlugen, besann sich Stenger auf die Tradition: angehende Pfarrer etwa sollten „fleissig studiren/ und die Weißheit der Alten erforschen".[18] Wolfgang Radtkes pädagogische Reformen mied er und verfocht eine Pädagogik der alten Schule mit fairen Strafen: „schlage vnd züchtige mich wie du wilt", möge der bestrafte Schüler erklären, „nur lehre mich darneben/ daß ich etwas ehrliches lernen möge." Als Stenger 1642 so predigte, hatte er selbst mehrere Jahre nach diesem Grundsatz unterrichtet.[19]

Das Studium an der Universität stattete Stenger also mit den Eigenschaften aus, die seinen späteren Erfolg ermöglichten. Nun kehren wir zu der Chronologie des Erfolges zurück. Wie schaffte der Schneidersohn den Sprung von der Universität ins Lehr- und Pfarramt?

---

sität Erfurt. Teil 3: Die Zeit der Reformation und Gegenreformation, 1512-1632. Leipzig 1980, S. 128-131 (Erfurter Theologische Studien, 42); Holger Berg: Inhaltliche Erläuterungen. Das „Diarium Actorum" des Caspar Heinrich Marx. In: <http://www.mdsz.thulb.uni-jena.de/marx/erlaeuterungen.php> (21.06.2010).

[16] Biantes (Anm. 2), S. 70. Stenger leitete ab den 1650er Jahren Disputationen in solchen Fächern.

[17] Stenger, Tausend Zeuge (Anm. 6), S. 509-511, 523.

[18] Stenger, Grund=Feste (Anm. 7), Bd. 1, S. 220. Weiteres dazu Motschmann (Anm. 4), S. 574 und Berg, Occupation (Anm. 2), Kap. 5. Vgl. [Sigismund Evenius]: Christliche/ Gottselige Bilder Schule/ Das ist/ Anführung der Ersten Jugend zur Gottseligkeit in vnd durch Biblische Bilder/ [...]. Jena 1636.

[19] Stenger, Tausend Zeuge (Anm. 6), S. 549; siehe auch S. 513f., 523f. Sein Lehreralltag in den 1630er Jahren sei durch den „Ungehorsam und [die] Traegheit der Kinder" erschwert gewesen, sowie den „Undank vnd [die] Brutalitæt mancher unverstaendiger Eltern." Biantes (Anm. 2), S. 71.

4. Der Einstieg in das Pfarramt

Vergleichen wir Stenger mit den drei Kommilitonen, die in dem Druck zu seinem philosophischen Lizentiatsexamen vom 5. Februar 1629 auftauchen. Diese Gleichaltrigen, untereinander gut bekannten Kommilitonen, absolvierten das Grundstudium zu etwa gleicher Zeit und bewarben sich auf dieselben Stellen.[20] Eine breite Bildung erhöhte die Chancen auf eine erste besoldete Stelle und erleichterte damit den Berufseinstieg. Die Sozialgeschichte erinnert daran, daß die Pfarrerschaft sich zu dieser Zeit abschottete. In Erfurt, wie anderswo, bildeten sich Pfarrerdynastien.[21]

Der erste Kommilitone, Zacharias Hogel (II., geb. 1611), erhielt gleich 1629 eine Stelle an der angesehen Predigerschule. Ein wenig später trat Hogel buchstäblich das Erbe seines Vaters an: eines leitenden Geistlichen mit dem gleichen Vornamen, Zacharias (I., geb. 1574), aus der Johannisgemeinde. Hier wurde Hogel II. 1636 Diakon und 1643 Prediger. (Nach unserem Zeitraum, 1655, erlangte er die Stelle als Rektor des Ratsgymnasiums; sie gab er an seinen Sohn, Zacharias Hogel III. [geb. 1637], weiter).

Der zweite Kommilitone war ebenfalls Sohn eines Pfarrers. Johann Christoph Alberti (geb. 1608) wurde 1635 erst Schulkollege und 1639 Diakon, allerdings in einer Gemeinde mit einem gleichaltrigen und langlebigen Pfarrer: Nicolaus Stenger. In jenen Jahrzehnten hielten die Albertis, durch den Vetter Jeremias (II., geb. 1592), immerhin an einer anderen angesehenen Pfarrei, die der Predigergemeinde, fest.

Als dritten und letzten stelle ich Johannes Fröschl (geb. 1607) vor, Sohn eines eingewanderten Bäckers und wie Stenger ein Aufsteiger.[22] Fröschl hat den Unterhalt für sein Studium als Lehrer eines Pantoffelmachermeisters verdient. Wie Stenger wechselte er in den frühen 1630er Jahren als Schulkollege und Kantor mehrmals die Gemeinde. Dann folgten die Kriegsnöte der späten 1630er Jahre. Für gut zwei Jahrzehnte fristete Fröschl ein Dasein als Garnisonspfarrer: geringfügig entlohnt und unten in der Pfarrhierarchie, aber immerhin mit einem besser gesicherten Gehalt. Fröschl hatte seit 1639 auch die Pfarrei Schmira inne, aber mit einer solchen Stelle als Dorfpfarrer kamen in diesen Kriegsjahren nur

---

[20] Der Sammelband enthält vier Lizentiatsexamen: VD17 547:687756T. Der spätere Lehrer und Ratsherr Michael Silberschlag kann hier weggelassen werden.

[21] Siehe Anm. 3 und Johannes Wahl: Lebensplanung und Alltagserfahrung. Württembergische Pfarrfamilien im 17. Jahrhundert. Mainz 2000 (Veröffentlichungen des Instituts für Europäische Geschichte Mainz. Abteilung Abendländische Religionsgeschichte, 181). Martin Bauer: Evangelische Theologen in und um Erfurt im 16. bis 18. Jahrhundert. Beiträge zur Personen- und Familiengeschichte Thüringens. Neustadt a. d. Aisch 1992 (Schriftenreihe der Stiftung Stoye, 22), dokumentiert den Ablauf in Erfurt. Zum folgenden siehe S. 195, 74f., 155.

[22] Fröschl trat im Jahr darauf (1630) in einer philosophischen Disputation als Respondent hervor (VD17 547:690938D). Auf griechisch beglückwünschte er 1629 Stenger zu dessen Examen vom 4. Februar (Anm. 15, S. A3r, Nr. IX).

wenige aus.[23] Seine letzten zwanzig Lebensjahre leitete Fröschl die arme Vorstadtgemeinde der Thomaskirche.

Die vier Karrieren haben einige Gemeinsamkeiten: eine Pfarrei erlangte in Erfurt, wer aus Erfurt kam, in Erfurt studierte und in Erfurt blieb. Der Besuch auswärtiger Universitäten war weniger wichtig, als sich in der Gemeinde zu bewähren. Die übliche Laufbahn hat Ulman Weiß mit Verweis auf Stenger beschrieben:

> Sie werden Kollege an einer Gemeindeschule [Nicolaus: Thomasgemeinde 1631; Predigergemeinde 1632] und warten darauf, daß eine Stelle frei wird, um die sie sich bewerben können. Sie werden Diakon [Nicolaus: Kaufmannsgemeinde 1635], und dann, wenn der Pfarrer stirbt, werden sie dessen Nachfolger sofern sie so amtiert haben, daß die Gemeinde keinen anderen als Pfarrer haben will.[24]

Stenger wurde 1639 dazu einstimmig von den Ältesten der Kaufmannsgemeinde gewählt. Er hatte sich durch Taten bewährt.

Parallel oder alternativ zu diesem Vorgehen konnte ein Pfarranwärter die Tochter oder die Witwe des Vorgängers heiraten. Einer seiner Söhne und der Bruder Caspar haben sich so einem Amt näher „eingeschwägert".[25] Nicolaus tat weder das eine noch das andere. Für seinen Lebenslauf war die erste Stelle wichtig: er begann als Lehrer in einer armen lutherischen Vorstadt, mit einer Nebenstelle als Organist hier und bei den katholischen Chorfrauen im Neuwerkskloster. Dort lernte er eine Nonne kennen und heiratete sie gegen den Willen ihrer Priorin und Eltern. Diese Entscheidung hat dem Ehepaar dauerhafte Probleme bereitet.

Heute mag ihre Begegnung eine gute Geschichte sein. Es soll Liebe auf den ersten Blick gewesen sein, von der Orgel aus, als Nicolaus Maria Apollonia Cappius traf.[26] Damals war die „Vnart nur auf Schönheit zu gaffen" umstritten.[27]

---

[23] Johann Volbracht schlug sich mit einer ähnlichen gleichzeitigen Besetzung mehrerer Stellen durch. Siehe Bauer, Theologen (Anm. 21), S. 320.

[24] Ulman Weiß: Die Erfurter Kaufmannskirche in den Wirren des 17. Jahrhunderts. In: Herbergen der Christenheit 23 (1999), S. 43-56, hier S. 51.

[25] „[S]ich eingevettert/ oder eingeschwägert/ oder eingebettelt/ oder eingefreyet/ oder eingeschenkt/ oder waß sonst des lauffens vnd rennens mehr ist." Stenger, Tausend Zeuge (Anm. 6), S. 122. Sein Bruder Caspar heiratete die Tochter von Liborius Caps, Professor und zeitweiliger Rektor der Universität. Als der Sohn Johann Melchior Diakon wurde, heiratete er die Tochter eines verstorbenen Pastors dieser Gemeinde, Anna Alberti (geb. 1646). Ein Mitbewerber um das Diakonat bewarb sich um die Tochter des amtierenden Pastors, Rebecca Christina Hertz (geb. 1644). Martin Bauer: Erfurter Personalschriften 1540-1800. Beiträge zur Familien- und Landesgeschichte Mitteldeutschlands. Neustadt a. d. Aisch 1998, S. 444 (Schriftenreihe der Stiftung Stoye, 30); Ders., Theologen (Anm. 21), S. 185f.; und besonders aufschlußreich Johann Melchior Stenger: Palinodia Stengeriana [...] Allen Hartnacks-Brüdern zu sonderbarem Troste [...] herauß gegeben. [S.l.] 1671, S. 20-23, 27-29.

[26] Helga Brück: Kantoren und Organisten des 16.-19. Jahrhunderts in Erfurt. In: Michael Ludscheidt (Hg.): Die Bibliothek des Evangelischen Ministeriums zu Erfurt. Geschichte, Bestände, Forschungsbereiche. Bucha bei Jena 1998, S. 97-125 (Palmbaum Texte.

Die Details der Heirat wurden ausführlich in der Stadt besprochen und boten über Jahre, ja Jahrzehnte, Gesprächsstoff für beide Religionsparteien; darauf werden wir zurückkommen.[28] Für Stengers Karriere als Pfarrer war der Bund nur mittelbar förderlich. Der Heirat wurde unterstützt, ja erst ermöglicht, durch den Leiter der neuen schwedischen Besatzung. Graf Georg Ludwig von Löwenstein wohnte der Trauung bei und stand mit Herzog Wilhelm von Weimar Pate für den erstgeborenen Sohn, Georg Wilhelm Stenger (1633-1667).[29] Nicolaus knüpfte in den kommenden Jahren weitere Beziehungen durch das Werben einflußreicher Paten und durch Gedichte an seine Gönner. Der junge Mann dankte so den beiden fürstlichen Paten 1633 in einem Trauergedicht und 1649 mit einer Widmung.[30] Diese sehr weltliche Dimension der Patenschaft hat Nicolaus aus seinen Predigten ausgeklammert.[31] Wenn er schriftlich autobiographische Andeutungen macht, dann sind diese meist verdeckt und rechtfertigend, ohne Selbstkritik.

Kulturgeschichte, 2); Eberhard Immig: Erst Nonne, dann Pfarrfrau. In: Erfurter Blätter 9 (1998), S. 15f.

[27] Stenger, Tausend Zeuge (Anm. 6), S. 247.

[28] Geschrieben wurde darüber 1632 in einer beachteten Sammlung von Hochzeitsgedichten (erste Auflage VD17 23:329477E; die erweiterte zweite Auflage erschien bei Georg Hertz und liegt heute in der Hildesheimer Dombibliothek, Signatur: 2 Jc 2708 [17 an]), 1636 in einer Stadtchronik (Erfurter Stadtarchiv 5/100-33, S. 597f.), und 1653 in Schmähgedichten (Anm. 78). Nach 1670 wurde der Ehebund Teil einer ausgedehnten Druckfehde (Anm. 98) und ging wenig später in die Chronik des Neuwerksklosters ein (Landeshauptarchiv Sachsen-Anhalt, Abteilung Magdeburg, Rep. Cop. Amtsbücher Nr. 1512 h). Als Nachfahren sich 1932 zum 300. Hochzeitstag in Erfurt trafen, und eine Ahnenforscherin unter ihnen sich in der entsprechenden katholischen Pfarrei nach diesen Aufzeichnungen erkundigte, wurde dort entrüstet von der Apostatin berichtet: „die fanden das immer noch shocking“. Mündliche Mitteilung von Nachfahren während der Tagung am 7. November 2009. Die dramaturgischen Umsetzungen erläutert Rudolf Benl: Gerhart Hauptmann und Erfurt. In: Jahrbuch für Erfurter Geschichte 2 (2007), S. 143-178, hier S. 160-163 u. 168-169.

[29] Taufbuch der Predigergemeinde bis 1637, S. 86 (Bibliothek des Evangelischen Ministeriums); Johann Melchior Stenger: SECTA CERVICODURORUM [...]. [S. l.] 1681, S. D3v-C4r.

[30] Siehe den Beitrag von Michael Ludscheidt und Stenger, Grund=Feste (Anm. 7), Bd. 1, DEDICATIO, S. C2r. – Nicolaus war nach dem Erfurter Oberratsmeister Nicolaus Grieben (gest. 1617) benannt worden. Johann Balthasar Haberkorn: Die Vom HERRN herrührende Gerechtigkeit [...] Bey [...] Beerdigung Des [...] Herrn M. NICOLAI Stengers [...]. [Erfurt] [1680], S. 22.

[31] Siehe stattdessen Ulman Weiß: Die Lebenswelten des Esajas Stiefel oder Vom Umgang mit Dissidenten. Stuttgart 2007, S. 49-58 (Friedenstein-Forschungen, 1). Nicolaus wetterte bloß gegen ungenannte Orte, wo Eltern, der Geschenke wegen, angeblich zehn bis zwanzig zu Paten bitten würden, „und also mit der heiligen Handlung eine Krämerey treiben“. Stenger, Grund=Feste (Anm. 7), Bd. 1, S. 386. „O vae!“ kommentiert eine handgeschriebene Glosse im Exemplar der Bibliothek des Evangelischen Ministeriums.

5. Verhältnis zu der Gemeinde und den Kollegen

Die wachsende Familie verwob sich so mit ihrer neuen Heimat, der Kaufmannsgemeinde. In Ansehen und Reichtum stand sie an der Seite der Barfüßergemeinde und wurde nur geringfügig von der Predigergemeinde übertroffen. Im 17. Jahrhundert kamen bis auf eine Ausnahme alle leitenden Geistlichen, Senioren genannt, aus einer dieser drei Gemeinden.[32]

In der Kaufmannsgemeinde gab es nur eine bedenkliche Altlast: die „Enthusiasten", wie Stenger sie nannte. Darauf geht Ulman Weiß in diesem Band ein. Solchen Glaubensfeinden begegnete Stenger mit Predigten und Drucken. Seine Kontroverstheologie ging in drei Richtungen: gegen „Enthusiasten", gegen bedenkliche lutherische Reformer und, am ausführlichsten, gegen die Kalvinisten und insbesondere die „Päbstler". Stengers Polemik steigerte sich nur sehr selten zur Militanz: „die wahre Religion will nicht mit Schwerdt vnd äusserlicher Macht / sondern mit geistlichen Waffen fortgepflantzet seyn", wiederholte er.[33] Sein kämpferischer anti-katholischer Patriotismus der frühen 1630er Jahre blieb eine Episode.[34]

Hiermit bewegen wir uns wieder von der Gemeinde zu Stengers Kollegen. Es wäre verständlich, wenn Stenger sich militanter entwickelt hätte, als er es schließlich tat. 1629, das Jahr, in dem er das Lizentiat erwarb, war das Jahr des kaiserlichen Restitutionsedikts. In Erfurt wurden wieder Katholiken zu Doktoren der Theologie promoviert. Das geschah zum ersten Mal seit 1520 und dazu noch durch eine Doppelpromotion. Damit erwachte die theologische Fakultät aus ihrem Dornröschenschlaf.[35] Franziskaner und Geistliche anderer Orden kehrten 1631 nach jahrzehntelanger Abwesenheit in die Stadt ein und forderten Gebäude zurück. Der lutherische Pfarrer der bedrohten Barfüßergemeinde, Valentin Wallenberger, entwickelte sich daraufhin in den ersten Jahren der schwedischen Besatzung zu einem Scharfmacher.[36]

---

[32] Esaias Silberschlag, Pfarrer der Augustinergemeinde 1601-1606. Weiß, Wirren (Anm. 24), S. 50-52.

[33] Stenger, Tausend Zeuge (Anm. 6), S. 183, mit Verweis auf 1 Kor 10, 41. Stenger, Grund=Feste (Anm. 7), Bd. 2, S. 696f.

[34] Weiter dazu bei Michael Ludscheidt in diesem Band.

[35] Verweise dazu bei Berg, Erläuterungen (Anm. 15).

[36] Zu der Restitution liegen ausführliche Akten im Bistumsarchiv Erfurt vor; deren Entstehung erläutert Johann Heinrich von Falckenstein: CIVITATIS ERFFURTENSIS HISTORIA CRITICA [...]. Erfurt 1739, S. 701. – Eine gut beleuchtete Predigt ist Valentin Wallenberger: PURIM, Oder/ Gedechtniß Sermon/ am Lob vnd Danckfest/ für den herrlichen Sieg/ welchen Gott seiner Kirchen/ Anno 1631. den 7. Septembris, bey Breitenfeldt [...] verliehen [...]. Erfurt 1632. Sie wird sehr unterschiedlich beschrieben und bewertet von dessen Schwager Hans Krafft (1584-1665). Eine Erfurter Chronik aus der Zeit des Dreißigjährigen Krieges. Hgg. von Hans Medick u. Norbert Winnige unter Mitarbeit von Andreas Bähr, Thomas Rokahr, Bernd Warlich u. Jörg Schmidt. In: <http://www.mdsz.thulb.uni-jena.de/krafft/quelle.php> (21.06.2010), S. 66r, und dem katholischen Priester Caspar Heinrich Marx, Jr.: „Diarium Actorum a tempore cæsi Exercitus Cæsariani 17./7. Septembris Ao 1631 …". Hgg. von Holger Berg, Hans Medick u. Norbert Winnige unter Mitarbeit von Thomas Rokahr u. Bernd War-

Andere junge Theologen folgten diesem Sog zu anti-katholischem Aktivismus unter dem Einfluß neuer auswärtiger Professoren, auf die eine bikonfessionelle Stadt und Universität abstrus wirkten.[37] Nicolaus Stenger soll unter der Ägide von Georg Großhain disputiert haben[38] und schloß sich später Nicolaus Zapf an. In der innerlutherischen Polemik machten die Namensbrüder Zapf und Stenger gemeinsame Front, aber die anti-katholische Politik gab Stenger bald auf. Einen anderen Weg ging Zacharias Hogel, der obenerwähnte Kommilitone und Vertraute. Zacharias und Nicolaus hatten im selben Jahr ihr Grundstudium absolviert und dann bei denselben neuen Professoren studiert und disputiert. Zacharias entwickelte sich zum radikalsten Mitglied der örtlichen Pfarrerschaft. In den 1640er Jahren forderte er einen Marsch auf Rom und die physische Zerstörung der Stadt.[39]

Meine Dissertation führt aus, wie Hogel sich durch diese sehr konkrete Art der Apokalypse von Stenger unterschied. Stenger begnügte sich eschatologisch mit dem individuellen Gerichtsverfahren im Jenseits. Das Jüngste Gericht wirkte für ihn nahe, weil der Tod stets nahe ist – nicht, weil die siebte Schale des göttlichen Zorns gegenwärtig über dieser Welt ausgegossen oder die Fünfte Monarchie im kommenden Jahrzehnt eintreten würde.[40]

Die Gründe seiner Nicht-Militanz sind nicht biographisch und auf die Heirat mit einer ehemaligen Nonne zurückzuführen. Stenger entschied sich eigentlich nur für die etablierte Erfurter Linie der entschieden unpolitischen Konfessionspolemik.[41] Vielleicht wurde seine Skepsis gegenüber radikalen Forderungen ver-

---

lich. In: <http://www.mdsz.thulb.uni-jena.de/marx/quelle.php> (21.06.2010), S. 41r-41v; siehe auch S. 27r, 54r.

[37] Caspar Heinrich Marx, Jr.: Ohnvorgreifliches Bedencken, die Theologische Facultät betreffendt. Hgg. von Holger Berg, Hans Medick u. Norbert Winnige unter Mitarbeit von Thomas Rokahr u. Bernd Warlich. In: <http://www.mdsz.thulb.uni-jena.de/marx/quelle.php> (21.06.2010), S. 29r, 32r-33v, die deutschsprachigen Predigten VD17 23:302773D und VD17 3:002411B und weitere kontrovers-theologische Disputationen.

[38] Motschmann (Anm. 4), S. 571. Die Disputation ist weder in der Bibliothek des Evangelischen Ministeriums vorhanden, die Bände mit Einblattdrucken der Erfurter Universität besitzt (Signaturen Ei 11a, Ei 15, Ei 16, u. a.), noch im VD17. Vgl. aber dort die vier verzeichneten, von Großhain geleiteten *Disputation[es] Apologetic[ae] In qua Germanica B. Lutheri [...] defenditur.* Erfurt 1634.

[39] Die Titel der zwei ersten Drucke sind aussagekräftig, Zacharias Hogel: THEOLAUS ΝΟΥΘΕΤΟΥΜΕΝΟΣ de Tempore suo secundùm APOCALYPSIN S. JOHANNIS. Pro PACE UNIVERSALI pie promovenda [...]. Erfurt 1645, und Ders.: ANTIPSEUDIRENICON APOCALYPTICUM. Das ist [...] die [...] kümmerliche Frage/ Wie es doch hernach gehen werde [...] Ob Er [der evangelische Nebuchadnezzar]/ bey jetziger Zeit der Siebenden Schalen des Göttlichen Zorns auff das Röm. Pabstthumb/ lieber durch einige Fortsetzung der Waffen desselben weitere Dempffung/ dem Evangelio zu freyem Lauff durch die Welt vnd dem geoffenbahrten Rathe Gottes nach/ glücklich befördern/ oder [...] vermittelst eines vnverantwortlichen Friedenschlusses/ CHristo zuwider/ vnglücklich auff halten wolle [...]. Stettin [i. e. Erfurt?] 1646. Ähnliches schrieb Hogel 1649, 1659 und 1674, vgl. etwa Anm. 74.

[40] Berg, Occupation (Anm. 2), S. 181ff.

[41] Ulman Weiß: Zweikonfessionalität in Erfurt im 16. Jahrhundert. In: Gerlinde Huber-Rebenich (Hg.): Humanismus in Erfurt. Rudolstadt 2002, S. 241-260.

stärkt durch die Neigung der örtlichen Spiritualisten zu apokalyptischem Gedankengut. Hogel bemühte sich zwar um eine Distanzierung seiner Lehren von solchem Chiliasmus. Hogels Fürsprache für Laienpropheten und deren Engelsvisionen hat Stenger nie gut geheißen; für ihn handelte es sich um irrige Träume von „Affterpropheten“.[42]

6. Verhältnis zu der weltlichen Obrigkeit

Im folgenden werden weitere Vergleiche mit Erfurter Kollegen Stengers theologisches Profil verdeutlichen. Zunächst möchte ich aber auf das dritte soziale Geflecht eingehen, die weltliche Obrigkeit. Ich spreche von Obrigkeit, aber sollte eigentlich Obrigkeiten sagen, denn Stenger hatte nicht nur mit dem Stadtrat zu tun: Erfurt war in den beiden hier behandelten Jahrzehnten fast durchgängig schwedisch besetzt. Nach 1664 wirkte Stenger unter einem katholischen Herrscher, dem Kurfürsten von Mainz.[43] Es gab oft Spannungen, aber Stenger blieb jeder Weltobrigkeit treu und hielt sich an das bekannte Drei Stände-Schema. Damit zäunte Stenger sein eigenes Amt ein, was ihn hemmte und zugleich schützte.

Die Loyalität wird in Drucken deutlich. Das Trauergedicht an den Grafen zu Löwenstein ist nur ein Teil seiner posthumen Panegyrik für umstrittene Befehlshaber.[44] Als Stenger in der Kaufmannskirche wirkte, diente diese zugleich als Garnisonskirche und wurde von Regimentspredigern wie Fröschl benutzt. Die Kirche war mit Floretten, Fahnen und weiteren Funeralien geschmückt. Offiziere wollten – und wurden in der Regel[45] – in einer der drei angesehenen Kirchen begraben werden. Davon zeugen heute nur noch zwei Gemälde in der Kirche sowie ein kniender blau-gelber Soldat auf dem Dachboden des Stadtmuseums.[46]

---

[42] Siehe insbesondere den Kommentar zum Briefwechsel zwischen Hogel und dem Laienpropheten Johann Warner in Stenger, Secta (Anm.29), S. B3v, sowie Stenger, Grund=Feste (Anm. 7), Bd. 2, S. 596 (Zitat), 731-734; Ders., Tausend Zeuge (Anm. 6), S. 124f.

[43] Die Übergangszeit 1663-1664 bietet Stoff für eine separate Studie. Weiß, Wirren (Anm. 24), S. 55; Wilhelm Freiherr von Tettau: Die Reduction von Erfurt und die ihr vorausgegangenen Wirren (1647-1665). Erfurt 1863, S. 58-60, 72 et passim; Nicolaus Stenger: Ars artium [...] Christliche Todes Betrachtung/ als eine Kunst über alle Künste [...] Bey dem/ auf sonderbaren/ gnädigsten Befehl Des [...] Ertz=Bischofn zu Maintz [...] Vnsers gnädigsten Churfürsten und Herrn/ angeordneten solennen Begräbniß Des weiland [...] Volcmari Limprechts [...]. Erfurt 1664. Komplett gescannt auf http://nbn-resolving.org/urn:nbn:de:gbv:3:1-84361.

[44] Siehe auch die Leichenpredigt auf J. P. Brückner (VD17 39:109449Q); Bauer, Personalschriften (Anm. 25), S. 118f. (Nr. 94) u. S. 125 (Nr. 191).

[45] Siehe Berg, Occupation (Anm. 2), S. 244f. für eine vielsagende Ausnahme aus Stengers Gemeinde.

[46] Zu den Gemälden von Kaspar Ermes (gest. 1648) und seiner Familie siehe Wilhelm von Tettau: Beschreibende Darstellung der älteren Bau- und Kunstdenkmäler der Stadt Erfurt und des Erfurter Landkreises. Halle 1890, S. 216. Stenger wurde übrigens in der Grabkapelle des Obristen Ermes bestattet.

Unter Stengers Zuhörer fanden sich also viele Militärs. Er predigte ihnen mehrmals ins Gewissen.[47] Probleme des Besatzungsalltags wurden angegangen: Zwangswerbung von Zivilisten,[48] Handel mit gestohlenem Vieh[49] und die Vergewaltigung von Stadtbewohnerinnen durch besoffene Offiziere.[50] Zugleich warnte Stenger seine Mitbürger, daß sie nicht „alle Schuld alsbald dem Obersten zurechnen vnd zumessen" sollten. Es sei falsch, es „allezeit den Officirern vnd Generalspersonen [zu]zumessen [...] wenn sich offt Muthwillen / Frevel vnd Vnrecht zuträgt vnd begiebet".[51] Ein erfahrener Polemiker weiß, wie weit er Kontroversen führen darf.

Das Verhältnis des jungen Pfarrers zum Stadtrat wurde von einer ähnlichen kritischen Nähe geprägt. Die Nähe wurde in Widmungen schriftlich festgehalten, aber sie kam auch am Altar und Taufbecken zu Tage. Die Stengers verknüpften sich vor allem mit der Familie Förster, wohnhaft in ihrer Gemeinde und dem inneren Ratskreis zugehörig.[52] Der dritte Sohn erhielt etwa Johann Melchior Förster als Pate.[53] Mehrere Töchter heirateten Ratsbeamte aus angesehenen Geschlechtern.[54]

---

[47] Zwei liegen gedruckt vor: Predigt 14 in den *Tausend Zeugen* (Anm. 6) und die zweite Predigt über Artikel 16 in der *Grund=Feste* (Anm. 7), Bd. 2, S. 698-703. Stenger stützte sich hier jeweils auf Luthers Schrift *Ob Kriegsleute im seligen Stand sein können* (1526) und den vielgelesenen *Kriegs-Belial* von Arnold Mengering (Erstausgabe 1633).

[48] Stenger, Tausend Zeuge (Anm. 6), S. 350. Vgl. Berg, Occupation (Anm. 2), S. 244.

[49] Berg, Occupation (Anm. 2), S. 227-231 mit Verweis auf Nicolaus Stenger: Christliche Predigt/ Darinnen/ Daß Gott habe alles wohl gemacht [...] bewiesen [...] Alß [...] durch eine starcke Feindes Parthey/ sehr viel Viehes vor der Stad Erffurth geraubet [...] worden [...]. Erfurt 1643 (Bibliothek des Evangelischen Ministeriums, Signatur: Eh 12a [3]). Siehe auch Ders., Tausend Zeuge (Anm. 6), S. 458f. und die gesamte 32. Predigt, S. 803-829.

[50] Stenger, Tausend Zeuge (Anm. 6), S. 357f., 360, 363. Mindestens eine angegriffene Frau kam aus seiner Gemeinde. Siehe Berg, Occupation (Anm. 2), S. 280 und Heinrich Beyer: Das schwarze Vogteibuch des Raths zu Erfurt. In: Allgemeines Archiv für die Geschichtskunde des Preußischen Staates 15 (1835), S. 240-269, hier S. 250-254.

[51] „Denn niemals hat eine solche scharffe Kriegs*disciplin* vnd *Ordre* geführet werden können/ daß es alles schnur gleich zugangen were." Stenger, Tausend Zeuge (Anm. 6), S. 364; vorheriges Zitat auf S. 365.

[52] Zu dieser und den folgenden Familien siehe Martin Bauer: Erfurter Ratsherren und ihre Familien im 17. Jahrhundert. Neustadt a. d. Aisch 1989 (Schriftenreihe der Stiftung Stoye, 19); Ders., Personalschriften (Anm. 25), vermerkt Stengers Beiträge auf S.133-140, Hochzeitsgedichte bei Nr. 213 (1630) und 215 (1645) sowie Leichenpredigten bei Nr. 220 (1642) u. 223 (1673).

[53] Siehe das Taufbuch der Kaufmannsgemeinde von 1638 bis 1700 (Bibliothek des Evangelischen Ministeriums), Jg. 1638, S. 5, und Stengers Widmung seiner *Christliche[n] Predigt* (Anm. 49). Für Stengers zweiten Sohn hat der Ratsherr Georg Ziegler Pate gestanden. Ziegler versah den Patensohn mit einem Stipendium, Heun (Anm. 90), S. A3v. Sieben weitere angesehene Männer und Frauen aus der Stadt begleiteten die Stengers zu den Taufbecken. Jfr. Martha Catharina von der Sachsen (1635, Taufbuch der Predigergemeinde bis 1637, S. 112); Joachim Gerstenberger (1641, Taufbuch der Kaufmannsgemeinde, S. 17); Sybilla Brandt (1643, ebd., S. 29); Anna Sabina Förster (1645, ebd., S. 41); Johannes Hallenhorst (1648, ebd., S. 54); Caspar Geißlein (1649, ebd., S. 59) und Matthias Bötticher (1652, ebd., S. 77).

[54] Bauer, Ratsherren (Anm. 52), S. 302.

Christliche Predigt/
Darinnen/
Daß
Gott habe alles wohl gemacht/
auß dem
Ordentlichen Evangelio
am XII. Sontage nach Trinitatis
deß 1642. Jahrs/
bewiesen vnd erkläret/
Alß Donnerstags zuvor/
durch eine starcke Feindes Parthey/ sehr
viel Viehes vor der Stad Erffurth geraubet/
auch etliche Bürger gefangen wegge-
führet worden/
In öffentlicher Christlicher Versamlung
zu S. Gregorij
sonst Kauffmanns Kirchen genand/
gehalten
Von
M. NICOLAO Stengern / Pfar-
rern gedachter Kirchen in
Erffurth.

Gedruckt zu Erffurdt/
Bey Friederich Melchior Dedekinden/
Im Jahr M. DC. XLIII.

Nicolaus Stenger, *Christliche Predigt* (1643), Titelblatt

Die Kritik am Rat wird in meiner Dissertation aufgezeigt: Stenger predigte gegen hohe Kornpreise, gegen lasche Rechtspflege und besonders gegen Steuern. Die Steuerfrage hatte Sprengkraft und entzweite die Stadtpolitik der 1640er Jahre. Derartige Kontroversen waren Reaktionen auf einen – für Stenger – grundlegenderen Streit um das Kirchenrecht. Stenger pochte auf Unabhängigkeit und wetterte gegen Ratsherren, die „mit Stiffeln und Sporen in Kirchen Sachen hienein springen".[55] Andere Pfarrer liierten sich freilich mit Ratsherren, um ihre Reformen durchzuführen.

7. Die Wege der Reformbewegung in Erfurt

Damit kommen wir auf die Kollegen zurück und ihre abweichenden Antworten auf die großen Streitfragen der 1640er Jahre.

Figur 1

Distanz und Nähe der Erfurter Wortführer in theologischen Streiten der 1640er Jahre

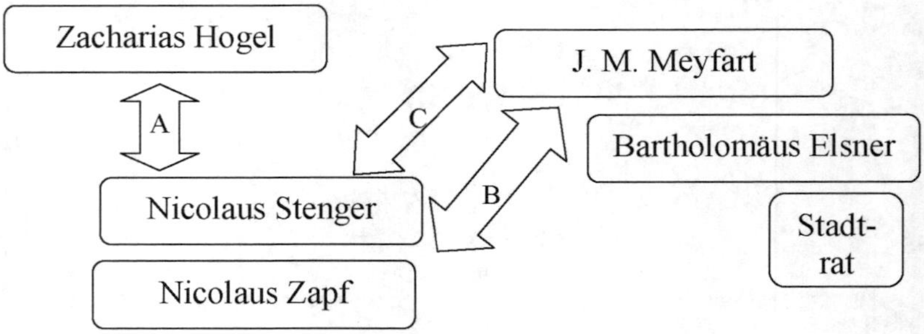

Legende der Meinungsunterschiede:
A. Jenseitige Eschatologie vs. radikal-apokalyptische Kriegskommentar
B. Zweige der Reformbewegung
C. Unterschiedliche Predigtstile

Figur 1 veranschaulicht Beziehungen zwischen Wortführern des städtischen Klerus. Räumliche Nähe steht für inhaltliche Nähe, während Buchstaben auf strittige Punkte hinweisen. Oben wurden bereits die Meinungsverschiedenheiten zwischen Stengers eschatologischen und Hogels radikal-apokalyptischen Ansichten angesprochen (A).

Der zweite Streit (B) betraf den besten Weg zur Erhöhung der Bußbereitschaft und, für manche unmittelbar damit verbunden: das Ende des Krieges. Ni-

[55] Stenger, Grund=Feste (Anm. 7), Bd. 3, S. 1358.

colaus Zapf und Johann Matthäus Meyfart leiteten während der späten 1630er Jahre je einen örtlichen Zweig der lutherischen Reformbewegung. Thüringisch gesprochen ging es um den Kampf zwischen Weimar und Gotha; Erfurt lag dazwischen. Nach Gotha zogen ab 1640 die Theologen aus dem Kreis um Herzog Ernst, genannt der Fromme. Zapf ging 1643 nach Weimar. Stenger war sein Protegé und vertrat dessen Standpunkt ab 1640. Im Gegenzug lobte Zapf Stengers Werke in Gedichten.[56] Das Verhältnis zwischen Meyfart und Elsner gestaltete sich schwieriger. Über die Notwendigkeit und Form der Reformen waren sie eins. Ihre Stellung zum Rat trieb sie allmählich auseinander. Elsner suchte die Nähe des Rates, während Meyfart kirchenrechtlich eher auf einer Linie mit Stenger lag.

Ab 1640 standen Stenger und Bartholomäus Elsner in offenem Gegensatz. Ihren Streit trugen sie an vielen Fronten aus; in Anmerkung 18 werden strittige Schulfragen erwähnt. Stenger begegnete Elsner durch drei große Predigtreihen. Chronologisch kam erst die *Grund=Feste* der Augsburgischen Konfession, über zwei Jahre (1640-1641); darauf ein Jahr mit Gewissenspredigten (1642-1643) und zuletzt Wochenpredigten über das Konkordienbuch, die wohl drei Jahre beansprucht haben, bis etwa 1646.

Auf den Inhalt dieser Trilogie gehen Andreas Lindner und Ernst Koch näher ein. Die Themen waren für Wochenpredigten ungewöhnlich. Alle anderen Reihen in Erfurt in diesem Jahrzehnt folgten der traditionellen Exegese von einem biblischen Buch nach dem anderem. Die erste und die dritte Predigtreihe erläuterten die zwei dogmatischen Säulen des deutschen Luthertums. Hier wollte Stenger zeigen, wie oft Elsner sich irrte. Der mittlere Zyklus entwickelte eine Alternative zu der von Elsner vorgeschlagenen Reform.

Stengers Kampf wurde auch außerhalb Erfurts beachtet. Dies verdankte er zwei Personen. Als Mentor verband Nicolaus Zapf ihn mit auswärtigen Gleichgesinnten wie Johannes Krohmayer in Weimar, Johann Major in Jena,[57] Arnold Mengering in Altenburg und, außerhalb Mitteldeutschlands, Tobias Wagner in Ulm. Der zweite Mittler war der Verleger Johann Birckner. Ein neuer Aufsatz verdeutlicht, wie geschickt Birckner thüringische Autoren vermarktet hat. Er erkannte Stengers Marktwert und druckte 1642 eine erste Predigt.[58] Darauf folg-

---

[56] Ebd., S. *1r-*1v; Ders., Einwohnung Gottes (Anm. 58) und Ders., Tausend Zeuge (Anm. 6), S. C1v-C1r, unterschrieben: „Testificandi amoris gratia pangeb.“. Zapf übernahm 1643 die Weimarer Superintendantur von Johannes Krohmayer. Stenger hatte 1639 die Pfarrstelle von dessen Bruder, Augustin Kromayer, übernommen. Theodor Mahlmann: Johannes Kromayers Wirken für Schule und Kirche im frühen 17. Jahrhundert. In: Pietismus und Neuzeit 20 (1994), S. 28-54.

[57] Seine Luther-Predigt (Anm. 74) widmete Stenger Major, S. A2r-A2v. Stenger nutzte auch seine Beziehung zur schwedischen Garnison, um Major die Kriegssteuern zu erleichtern. Motschmann (Anm. 4), S. 577.

[58] Nicolaus Stenger: Der Hochtröstliche Artickel/ Von der Einwohnung Gottes in den Gläubigen [...]. Erfurt 1642. Ulman Weiß: Johann Birckner. Verleger und Ratsherr in der Zeit des Dreißigjährigen Krieges. In: Ders. (Hg.): Buchwesen in Spätmittelalter und Früher Neuzeit. Festschrift für Helmut Claus zum 75. Geburtstag. Epfendorf/Neckar 2008, S. 357-385. Sten-

ten Predigtreihen in vier Bänden, die rasch mehrere Auflagen erreichten. Den Anfang machte *Tausend Zeuge*, ein „Wercklein“ von gut 920 Seiten. „[A]us gewissen Vrsachen“, wie Stenger schrieb, hatte es „dem Herrn Verleger gefallen [mit] den Gewissenpredigten den Anfang zu machen“, obwohl über die Reihe *Grund=Feste* vorher gepredigt worden war; gedruckt wurde die *Grund=Feste* spätestens 1649-1653.[59] Die Meßkataloge nennen beide Reihen Jahre vor den jeweiligen erhaltenen Erstausgaben. Anscheinend ist von mehreren verschollenen Ausgaben auszugehen.[60]

Wie auch immer: Gewissenspredigten waren in Mode. Als Novum waren sie verlegerisch reizvoll. Für konservative Reformer boten solche Predigten die Möglichkeit zu zeigen, daß die Kanzel kein veraltetes Mittel der Erbauung sei, wie es Gegner feststellten. Laut Elsner seien zwar „noch etliche [Gemeindemitglieder] für handen“, die man durch Predigten erreiche.[61] Die Mehrheit bräuchte andere Mittel, wie Einzelgespräche, Bilderbücher und Fragebögen. Hier war Elsner auf einer Linie mit Meyfart und dessen bekannter Trilogie von Erbauungsbüchern über Himmel und Hölle.[62]

Reformer haben sich also für oder gegen die Predigt als Grundmittel der Erbauung entscheiden. Wer an der Predigt festhielt, mußte sich dazu noch entscheiden, wie er predigte (Punkt C). Laut der Panegyrik war Stenger „des Vaterlandes Licht, Aus dessem Munde vor dem so Milch, als Honig flosse“.[63] Das mag sein, doch auf der Kanzel hat Stenger selten derartige Worte in den Mund genommen. Es liefe „wieder das Gewissen eines Predigers/ wenn mancher mit Cantzley Teutsch einher pranget/ vnd nur prächtige Reden führet/ damit er nur seine Kunst wil[l] sehen vnd hören lassen.“ So Stenger am dritten August 1642.[64]

---

ger ließ seine ortsgebundenen Leichenpredigten weiterhin von F. M. Dedekind und Martha Spangenberg drucken.

[59] Stenger, Tausend Zeuge (Anm. 6), S. B4r (*An den Christlichen Leser*).

[60] Siehe Anm. 2.

[61] Bartholomäus Elsner: Kurtze Delineation des vnuorgreiflichen Vorschlages wegen der kirchen Visitation, Wie dieselbe [...] in den hiesigen Euangelischen kirchen, der Stadt Erffurdt [...] nutzlich konte practiciret werden [...]. Autograph, um Juni-Juli 1641. Archiv des Evangelischen Ministeriums, Signatur: A VII a 1 b, S. 60: „Es werden ja noch etliche für handen seÿn, wan[n] sie hören die [gepredigten] Vermahnung, daß sie an ihre Tauffe gedencken werden [...]“; S. 61f.: „Weil es aber Vnmöglich ist,solches alles erheben [zu] wollen mit den öffentlichen Predigten [...] so muß auch eine Generalis, specialis, ja specialissima exploration vnd Visitation angestellet werden [...]“.

[62] Erich Trunz: Johann Matthäus Meyfart. Theologe und Schriftsteller in der Zeit des Dreißigjährigen Krieges. München 1987, Kap. 6.

[63] „Daraus Gelehrsamkeit Strohmweise sich ergosse, Wenn er sein theures Amt in Kirch und Schul verricht“. So übersetzte Biantes (Anm. 2), S. 70, ein Gedicht des Samuel Bock, welches dem Porträt Stengers beigefügt ist. Das Porträt wurde nach 1655 in Kupfer gestochen und dann mehreren Exemplaren der *Grund=Feste* (Anm. 7) beigegeben, etwa in der Bibliothek des Evangelischen Ministeriums und im VD 17 3:612948T.

[64] Stenger, Tausend Zeuge (Anm. 6), Sechste Predigt, S. 126, mit einem indirekten Verweis auf Augustinus von Hippo. Allgemeiner dazu Hans-Henrik Krummacher: Der junge Gryphius

Damit war wahrscheinlich der jüngst verstorbene Meyfart gemeint. Anders als andere angehende Erfurter Theologen der 1630er Jahre, wie etwa sein Schwager Conrad Hiepe, ließ Stenger sich im Predigtstil nicht von Meyfart beeinflussen.[65] Er hatte sich Zapf angeschlossen, der als Meyfarts Gegner galt. Ihre Kritik von Prunkreden auf der Kanzel fand offenbar Resonanz. Meyfart hatte im April 1641 gegenüber seinen Kollegen ähnliche Vorwürfe beklagt. „Man carpirte seine Predigten, als wann sie Zu hoch Wären, Er brauchte keine oratorische sachen, [er] wäre mit dem malo Hypochondriaco behafftet, daß Er offt nicht meditiren könte, Sondern Wie es gott gebe, Predigen müste".[66] Statt sich also ordentlich vorzubereiten, improvisiere Meyfart auf der Kanzel. Der Senior verwende seine rhetorische Begabung, ohne vorher ihren Nutzen und Nachteil für die Zuhörer zu überlegen. Vor solchen Klagen mußte Meyfart sich oft schützen.[67] Hier klingt die zeitgenössische Variante des klassischen Streites zwischen Vertretern des hohen Stils und des einfachen Stils an. In Liedern und Gedichten ließ Stenger Affektappellen mehr Raum als in seinen Predigten. Sie wurden „angeneh[m], deutlic[h] und zugleich erbaulic[h]" vorgetragen, „sonderlich vor Ungelehrte und Einfältige".[68] Anscheinend lief ihm deshalb „das Volck mit Hauffen zu". Meyfart predigte eher für Gymnasialschüler und Studenten – nicht von ungefähr hatte er den Erfurter Lehrstuhl für Homiletik inne.

8. Zusammenfassung

Im ersten Jahrzehnt seiner Amtszeit, von 1638 bis 1649, gewann Stenger durch Streiten an Profil. Sein Predigtstil war einfach und anders als der Meyfarts, dessen Rhetorik heute mehr gewürdigt wird als zu Lebzeiten. Für Stenger war das Festhalten an der Predigt Teil seiner theologischen Botschaft: the medium was the message (M. McLuhan) gegenüber Kritikern der Predigt wie Elsner. Hier begegnen uns zwei Zweige der lutherischen Reformbewegung. Durch Nicolaus Zapf wurde Stenger im Laufe der 1640er Jahre mit auswärtigen Gleichgesinnten verbunden. Er traf, vermittelt über ihre Schriften, auf Gestalten wie Johann Major in Jena und Tobias Wagner in Ulm. Seine Briefe sollen weitere Kontakte belegt haben.[69] So gelang es Stenger, den eigenen intellektuellen Horizont trotz seiner provinziellen Ausbildung zu erweitern.

---

und die Tradition. Studien zu den Perikopensonetten und Passionsliedern. München 1976, S. 416-428.

[65] Johannes Henricus: Frommer Diener Christi Seelige Friedens-Fahrt [...]. Erfurt 1676, S. E1v. Hiepe heiratete 1643 Barbara Stenger.

[66] StAE 1-1/10A-I-1a, S. 72r.

[67] Johann Matthäus Meyfart: Teutsche Rhetorica oder Redekunst. Hg. von Erich Trunz. Tübingen 1977, S. 228-230 (Deutsche Neudrucke. Reihe Barock, 25); Trunz, Meyfart (Anm. 62), S. 202f.; August Tholuck: Lebenszeugen der lutherischen Kirche aus allen Ständen vor und während der Zeit des dreißigjährigen Krieges. Berlin 1859, S. 213f.

[68] Motschmann (Anm. 4), S. 575; das folgende Zitat aus Biantes (Anm. 2), S. 73.

[69] Motschmann (Anm. 4), S. 577.

In seiner Eschatologie unterschied sich Stenger von seinem Kommilitonen Hogel, der eine radikal-apokalyptische Linie vertrat.[70] Stenger nahm damit Abstand von politischen Kommentaren zu dem fortdauernden großen Krieg. Der Streit mit Elsner bot Anlaß, die eigene Lehre strikt auf das transzendentale Heil zu fokussieren. Hogel versprach eine universelle Erlösung in wenigen Jahren oder höchstens Jahrzehnten. Elsner hat, etwas bescheidener, ein Ende des langwierigen Krieges in Aussicht gestellt, weil Reformen Buße und Besserung beibringen würden. Theologisch lag er damit recht nahe am sogenannten deuteronomistischen Geschichtswerk (E. Würthwein). Stenger orientierte sich eher an Augustins Gottesstaat (*De civitate dei*). Eines von vielen Augustin-Zitaten in Stengers Predigten *Vom Ewigen Leben* (1644) lautet: „Was ist lange Leben anders / als lange Geqvelet werden? Was ists anders/lange Leben/als böse Tage mit bösen Tagen häuffen?“[71] Eine Verbesserung werde es erst im Himmel geben.

In den ersten zwei Jahrzenten seines Berufslebens lernte Stenger also Position zu beziehen und sie theoretisch zu untermauern. Diese universitär geprägte, aber breiter ausgerichtete Herangehensweise behielt er später bei: die Augsburger Konfession ließ er Studenten in Disputationen debattieren. Bedenklichen Neuerscheinungen hat er 1663 schließlich durch ein eigenes Gesangbuch entgegnet.[72]

Wer sich auf Streit einläßt, kann mit geschärftem Profil herauskommen, aber auch mit Verbitterung. Dies führte Hogel und Elsner zu direkten öffentlichen Angriffen auf ihre Gegner. Beide isolierten sich: Elsner innerhalb der Pfarrerschaft, und Hogel gegenüber dem Rat. Stenger wurde davor bewahrt, teils durch das Festhalten an einer unpersönlich formulierten Kontroverse und, laut Motschmann, vor allem durch die besondere Gabe, „die verdrüßlichsten Sachen mit gröster Freundlichkeit“ vortragen zu können. Er versöhnte sich mit Elsner in den 1650er Jahren und trug ihm auf, seinen Sohn zu unterrichten.[73] Als Aufsteiger wußte Stenger, wann und wie er den Stadtrat und die schwedischen Besatzer tadeln durfte. Seine Kritik an den Westfälischen Friedensverhandlungen ist symptomatisch: sie zielte bloß auf auswärtige Kalvinisten und deren Einschluß in

---

[70] Dieses blieb lange ein inhaltlicher Unterschied ohne größere persönliche Konsequenzen. Die beiden standen einander in den Studienjahren recht nahe und trugen weiterhin mit Gedichten zu ihren jeweiligen Werken bei, bis zu dem Bruch der späten 1660er Jahren, z. B. Stenger zu Hogels Hochzeit 1636 (Bauer, Personalschriften [Anm. 25], S. 211, Nr. 383); Hogel zu der Hochzeit Stengers 1632 (Anm. 28) sowie in Stenger, Tausend Zeuge (Anm. 6), S. C4R-C4V, und zur Rektoratswahl von 1664 (VD17 547:697592F). Hogel fehlte allerdings bei den Gratulanten zur Rektoratswahl 1657 (VD17 1:623087V).

[71] „Fragt vnd Klagt der alte Lehrer Augustin“, Nicolaus Stenger: Zwo Christliche Predigten Vom Ewigen Leben/ aus der Historia von der Verklärung Christi/ Matth. 17 v. 1-9. [...]. Erfurt 1644, Erste Predigt, S. [C4v]-D1v, hier C4v (Bibliothek des Evangelischen Ministerium, Signatur: Eh 12a [4]).

[72] Siehe Biantes (Anm. 2), S. 77, und den Beitrag von Markus Rathey in diesem Band.

[73] Udo Sträter: Philipp Jakob Spener und der „Stengersche Streit“. In: Pietismus und Neuzeit 18 (1992), S. 40-79, hier S. 44, und Berg, Occupation (Anm. 2), S. 177.

den Religionsfrieden von 1555.[74] Der pointierte und dennoch taktvolle Mann war imstande, sich den Respekt von Rat, Gemeinde und Kollegen zu bewahren. In den autonomen lutherischen Städten des Reiches konnten solche Pfarrer es weit bringen.

9. Ausblick

Mit vierzig Jahren war der Weg für den weiteren Aufstieg bereitet, der hier besprochen werden soll, um die biographische Skizze abzurunden. Diese Zeit bietet Anlaß für eine Bewertung der persönlichen Integrität Stengers und liefert Stoff für mehrere Einzelstudien. Künftige Studien sollten auf die harmonisierenden Tendenzen bei Biantes und Motschmann achten. Die Biographen schrieben, als der Enkel und einflußreiche Nestor der Universität, Volckmar Stenger (1656-1731), noch lebte.[75]

Nicolaus Stenger wurde 1654 Professor und leitete 1657 zum ersten Mal die Universität als Rektor.[76] 1661 zum Senior ernannt, wurde er im Jahr darauf offiziell in das Amt eingeführt. Er hielt an allen Ämtern auch nach dem politischen Umbruch 1664 fest.

Gegenüber diesen beruflichen Erfolgen stehen Unruhen in der eigenen Familie. Sie verursachte während der 1650er und 60er Jahre wiederholt Skandale. Dreimal gelang es dem gut verknüpften Pfarrer, diese zu beheben. Das vierte und letzte Mal entstand dauerhafter Schaden für den Stengerschen Namen.

Ein Skandal hing mit Stengers Heirat mit einer Katholikin zusammen. Bei bikonfessionellen Ehen konvertierte in Erfurt fast immer die Frau. Jesuiten griffen solche Ehen gerne von der Kanzel an.[77] Anfang der 1650er Jahre richtete Pater Johannes Kreihing zudem die Feder gegen Maria Apollonia, diese besondere Abtrünnige aus dem Nonnenkloster. Einige Jahre davor, in den späten Kriegsjahren, als Kreihing nach Erfurt kam, war die Hochzeit von 1632 noch viel besprochen worden. 1658, ein Jahr nach der Ernennung Stengers zum Rektor, ließ

---

[74] Die Predigt wurde 1646 gehalten, bei einer vom Rat verordneten Luther-Gedenkfeier anläßlich der Abreise der städtischen Delegation nach Westfalen. Veröffentlich wurde die Predigt aber erst zwei Jahre später, wenige Wochen nach dem Westfälischen Friedensschluß. Nicolaus Stenger: PARENTATIO LUTHERI SECULARIS: Christ-Schuldiges Ehren-Gedächtniß des [...] DOCTORIS MARTINI LUTHERI [...]. Jena 1648 (Vorrede S. A2r-A2v, datiert 15. November). Vgl. den Beitrag von Christoph Bultmann in diesem Band und die gleichzeitige Suada von Zacharias Hogel: Der Weise Gamaliel [...] Jst der Rath oder das Werck auß Menschen/ so wird es untergehen [...] Jn einem Prognostischen Discurs von der vorstehenden Zurstörung [sic] der Stadt Rom/ Auff den Osnabrückische[n] FriedenSchluß [...] gezogen [...]. [S. l.] 1649 (Vorrede datiert 10. November 1648).

[75] Lobend zu ihm Motschmann (Anm. 4), S. 525-527.

[76] Dazu Kleineidam, Universitas Studii Erfordensis (Anm. 15), Tl. 4: Die Universität Erfurt und ihre theologische Fakultät von 1633 bis zum Untergang 1816. Leipzig 1981, S. 12-14, 20, 23f. (Erfurter Theologische Studien, 47).

[77] Siehe das Beispiel in Berg, Occupation (Anm. 2), S. 116f., Fußnote 187.

Kreihing nicht weniger als 15 seiner epigrammatischen Schmähgedichte drukken.[78] Er beschrieb eine regelrechte Entführung aus dem Kloster. Seine Gedichte bewegten noch vor der Drucklegung die Gemüter in der Stadt und vor allem in der Universität, doch sie ließen sich leicht als Konfessionskontroverse erklären und wurden von vielen einheimischen Katholiken ungünstig aufgenommen; Kreihing hatte Erfurt bereits 1653 verlassen.[79] Außerdem hielten Stenger und seine Stützen seit Jahren Gegenargumente bereit: Maria Apollonia hatte als Sechzehnjährige, nach lutherischer Lesart, das Gelübde viel zu früh geleistet,[80] und zwar gegen den Willen ihrer Mutter, auf Anraten eines ordinierten Onkels.[81] Die Hochzeit sei mustergültig abgelaufen, unter Einbeziehung der neuen schwedischen Obrigkeit: „Wenn […] zwey junge Hertzen […] einander in Ehren begehrten", aber „ohne erhebliche Vrsache" auf Widerstand bei „jhren Eltern oder Verwandten" stoßen, „siehe so könten Kinder solches mit gutem Gewissen jhrer geistlichen vnd weltlichen Oberkeit anzeigen", predigte Stenger acht Jahre später. Bei fortdauerndem Widerstand „trit[t] die Oberkeit an der Eltern stadt […] und richtet also die Sache dahin/ daß die beyde Personen zusammen kommen."[82]

Problematischer war es Anfang der 1650er Jahre gewesen. Damals sorgte Stengers erstgeborener Sohn Wilhelm Hieronymus für Kontroversen, als er eine außereheliche Beziehung anfing und diese bekannt wurde. Wer seine Partnerin war, läßt sich heute aus guten Gründen schwer feststellen. Nicolaus war Mitglied der Kommission für solche Angelegenheiten und sorgte dafür, daß der Fall verheimlicht und in „Wachs gedruckt" wurde.[83] Wilhelm Hieronymus verzog sich nach Korbach im Siegerland, nicht weit von den Verwandten des Großvaters aus Laasphe. Einige Jahre unterrichtete er dort am Gymnasium, bis er, mit

---

[78] Johannes Kreihing: Poemata Aposcholasmatica, Sive Otiosarum Exercitationum Libri VI. [...]. Frankfurt a. M. 1658, hier Liber Primus, S. 8, Nr. 20; Liber Secundus, S. 48, Nr 34; S. 49f., Nr. 35-36; S. 54, Nr. 54; S. 63, Nr. 72; S. 66f., Nr. 81-82; S. 75, Nr. 111-112; Liber Tertius, S. 81, Nr. 3; S. 93, Nr. 29; S. 107-111, Nr. 75-77; S. 118, Nr. 89; S. 120-121, Nr. 108-109. Vielleicht ist das Ehepaar Stenger auch das Ziel von S. 111f., Nr. 78-79; S. 113, Nr. 83; S. 124, Nr. 112-113 u. S. 126, Nr. 120.

[79] Kleineidam, Universitas Studii Erfordensis Tl. 4 (Anm. 76), S. 12f.

[80] Das Tridentinische Konzil (1545-1563) habe 16 Jahre als das niedrigste Alter festgelegt. Dies verwarf Stenger, Grund=Feste (Anm. 7), Bd. 2, S. 1268f. Für Frauen schlug er 40 Jahre als Untergrenze der Keuschheitsgelübde vor, für Männer seien 25 Jahre zulässig.

[81] Stenger, Secta (Anm.29), S. D3r.

[82] Vgl. Stenger, Tausend Zeuge (Anm. 6), S. 246 mit [Anon.]: Erffurdtische Chronica. StAE 5/100-33, S. 597f.

[83] „alium [filium] verò Gymnasii Professorem cum alterius conjuge clam abiisse, sed intercessione Parentis non solum adulterii veniam, verùm Scholæ etiam in patria Rectoratum esse adeptum meminimus." Johann Micraelius/Daniel Hartnack: SYNTAGMA HISTORIARUM ECCLESIÆ OMNIUM [...]. EDITIO QVARTA: CUM CONTINUATIONE DANIELIS HARTNACCII, qva novas Sectas [...] recensuit [...]. Leipzig/Magdeburg 1679, hier nach der zweiten Hartnack-Ausgabe 1699 mit dem Titel *Historia Ecclesiastica*, S. 1656. Diese Angaben wurden korrigiert, aber nicht zurückgewiesen von Stenger, Secta (Anm.29), S. D4v. Eine spätere Chronik, die hier wohl auf Angaben von Zacharias Hogel fußt, nennt als Partnerin die Tochter eines Herrn Ossius, StAE 5/101-3, Bd. 1, S. 276 (Zitat).

neuer Ehefrau und „durch die Fürsprache seines Vaters", nach Erfurt zurückkehren konnte und zum Rektor der Schule in der Kaufmannsgemeinde ernannt wurde.[84] Anstatt der Ehekommission beschrieben gegnerische Chronikschreiber den Ablauf. Aus diesen und aus ähnlichen Fällen, welche die Kommissare ordnungsgemäßer protokollierten, wird deutlich, wie pragmatisch Nicolaus mittlerweile die außerehelichen Beziehungen angesehener Männer beurteilte. Einen Pfarrer aus Andisleben, dem Vergewaltigung vorgeworfen wurde, hat er 1663 mit einer Zwangsversetzung gerügt, und das erst nach Einholung von Gutachten und auf Druck der Klägerin und ihrer Verwandtschaft.[85] Anfang der 1640er Jahre hatte Stenger noch oft gegen die lasche Ahndung der „Hurerey" gepredigt, die „heut zu Tage gar ein gemein Laster ist". „[V]on der Obrigkeit" müsse sie „mit viel grösserm Ernst bestrafft werden/als leider! geschicht."[86] Ab 1661 wuchs Nicolaus in die Rolle des Seniors hinein und vertiefte, um es positiv zu sagen, seine „Prudence, Moderation u.[nd] Erfahrenheit in Consistorialibus".[87]

Der dritte Skandal wurde von dem zweitgeborenen Sohn ausgelöst. Auch Georg Nicolaus scheint in „schlammigen pfützen" gebadet zu haben, wie sein Vater es früher in einer ähnlichen Verbindung formulierte.[88] Ansonsten läßt sich schwerlich erklären weshalb der versprechende Student Erfurt plötzlich verließ und sich in die Dienste der verruchten Vereinigten Ostindischen Kompanie begab. Wie viele andere starb Georg Nicolaus unterwegs von den Niederlanden in die überseeischen Kolonien.[89] Immerhin gelang es dem katholischen Universitätskollegen Jakob Heun, eine würdevolle Biographie des Pfarrersohnes zu liefern. Dieser Verwandte von Urbanus Heun stellte die Versuchung als einen natürlichen Teil des menschlichen Lebensweges dar.[90]

---

[84] Anm. 83: „intercessione Parentis". 1666 verlieh die Universität Wilhelm Hieronymus eine Professur – ausgerechnet für Ethik und Politik. Vgl. Anm. 83 (Zitat) mit Bauer, Personalschriften (Anm. 25), S. 449.

[85] Vgl. Bauer, Theologen (Anm. 21), S. 302 mit Archiv des Evangelischen Ministeriums, Signatur: A II a 2, 30. Juli, 17. u. 20. August sowie 17. September u. 15. Oktober (Eva Bockelin vs. Johann Stärcker).

[86] Stenger, Grund=Feste (Anm. 7), Bd. 2, S. 627; ähnlich in Bd. 1, S. 469 u. Bd. 3, S. 1043, 1359.

[87] Biantes (Anm. 2), S. 74.

[88] Stenger, Tausend Zeuge (Anm. 6), S. 234; siehe auch Ders., Grund=Feste (Anm. 7), Bd. 1, S. 26; Bd. 3, S. 1061.

[89] Roelof van Gelder: Das ostindische Abenteuer. Deutsche in Diensten der Vereinigten Ostindischen Kompanie der Niederlande (VOC) 1600-1800. Hamburg 2004, S. 125-128 (Schriften des Deutschen Schiffahrtsmuseums, 61). Georg Nicolaus war ein typischer deutschsprachiger Neuangestellter: als unverheirateter Lutheraner in seinen Zwanzigern (S. 55) wurde auch er nicht aus Armut, sondern wegen Normenbruch zur Kompanie getrieben (S. 92f.). Womöglich kannte er den VOC-Veteran aus Thüringen, Caspar Schmalkalden (S. 97).

[90] Jacob Heun: Rector almae [...] Universitatis Erfurtensis [...] Academicis Omnibus & Singulis [...] ob praematurum ex hac vita discessum Viri-Iuvenis [...] Dni. Georgii Nicolai Stengeri [...] luctum indicit [...]. Erfurt 1661, S. A3v-A4r: „6. Tentatus" war die vorletzte der sieben Stationen von 1. „Natus" bis 7. „Denatus".

Dreimal hat Nicolaus also Skandale in der Familie gemeistert, dank der Verbindungen, die er seit seinen jungen Jahren vielerorts aufgebaut hatte, etwa in der Gemeinde und an der Universität. Bei dem vierten Fall mißlang dies und er mußte dauerhaften Schaden für den Stengerschen Namen hinnehmen. Eine Ursache war wohl, daß in diesem Fall sein Sohn Johann Melchior sich nicht in der Sittlichkeit, sondern in der Religionslehre versah. Die Etappen und theologischen Implikationen dieses „Stengerschen Streites“ wurden zu seiner Zeit sehr ausführlich dokumentiert und sind von Udo Sträter gut zusammengefaßt worden.[91] Der Einfluß des Vaters, Nicolaus, verdient aber mehr Aufmerksamkeit.

Johann Melchior schuldete seinen Eltern einiges. Diese hatten ihren Sohn nach Möglichkeiten gefördert und seine zeitlich wie geographisch ausgedehnten Studien finanziert. Nicolaus war fünf Jahre an der heimischen Universität eingeschrieben gewesen; Johann Melchior verbrachte mehr als die doppelte Zeit an Fakultäten zwischen Wittenberg und Straßburg. Diese Studiendauer warf ihm seine besorgte Mutter, Maria Apollonia, vor.[92] Als er 1665 endlich nach Erfurt zurückkehrte, verschaffte Nicolaus ihm eine Probepredigt. Der Senior und Schneidersohn ließ zuversichtlich den Priesterrock für seinen Sohn nähen. Eine Pfarrerdynastie war im Entstehen.

Von Nicolaus hat Johann Melchior also Einiges an Einfluß geerbt – aber auch an Feindschaften. Der Pfarrer Michael Hertz hat über den Sohn so manche Rechnungen beglichen, die zwischen ihm und Nicolaus seit den theologischen Streiten der 1640er Jahre offen standen.[93] Daß Hertz diese Rechnungen seinem Diakon Johann Melchior zu Last legte, lag wohl an dessen Wahl einer Gattin. Johann Melchior hat, wie Nicolaus, der Logik des Einschwägerns etwas getrotzt. Nach Johann Melchiors Selbstdarstellung habe er nach dem Herz geheiratet, statt die Tochter von Michael Hertz zu nehmen.[94]

Ein Persönlichkeitszug wurde jedoch mit Sicherheit nicht vom Vater an den Sohn vererbt: die Kompromißbereitschaft. Deshalb weitete sich der Streit um eine Predigtsammlung mit bedenklicher Bußlehre ab 1669 von Erfurt aus und erreichte die Zentren der lutherischen Theologie. Obwohl nur Diakon, ließ Johann Melchior sich von seinen Obern nicht zu Recht setzen, von seinem Pfarrer Hertz genausowenig wie von den Fakultäten in Jena, Leipzig und Wittenberg. Bei jeder Auseinandersetzung hat Nicolaus sich voll für seinen Sohn eingesetzt. Die strittige Predigtsammlung hat der Senior anfangs „alß ordentlicher Censor“ bei wiederholten Durchgängen gegen die Einwände anderer Pfarrer, „für orthodox“ angesehen.[95]

---

[91] Sträter (Anm. 73).

[92] Stenger, Secta (Anm.29), S. E2r: „sumtus in studia profusos exprobrare.“ Zum folgenden Ders., Palinodia (Anm. 25), S. 22.

[93] Vgl. Stenger, Palinodia (Anm. 25), S. 26, mit Berg, Occupation (Anm. 2), S. 158, Fußnoten 146 u. 160f.

[94] Stenger, Palinodia (Anm. 25), S. 20-23; siehe aber Anm. 25 oben.

[95] Stenger, Palinodia (Anm. 25), S. 9f. (Zitat), 23-26.

Als die örtlichen Gegner erst die Mehrheit im Rat und dann auswärtige Gutachter auf ihre Seite holten, mußte Nicolaus alle Kontakte nutzen. Er mobilisierte nun die Patrizier, mit welchen er sich durch die Auswahl von Paten und Partnern für seine Kinder verknüpft hatte. Der „Herr Pahte“ Johann Melchior Förster spielte dabei dank seiner Stellung im Rat und seines Schwiegersohns Johannes Musaeus, Professor der Theologischen Fakultät in Jena, eine Hauptrolle.[96]

Gute Verbindungen, schriftliche Empfehlungen und reitende Boten haben schließlich nichts genützt. 1670 wurde Johann Melchior, wohl als erster Geistlicher in Erfurt seit Jahrzehnten, seines Amtes förmlich enthoben. Nicolaus versuchte, wieder vergebens, seinem Sohn ein neues Diakonat in der Stadt zu verschaffen oder zumindest eine Stelle im ländlichen Umfeld.[97] Johann Melchior mußte schließlich Erfurt verlassen. In gedruckten Schriften kehrte er oft zu den Erfurter Ereignissen zurück. Der Streit hatte sich bereits in Erfurt zu einer Druckfehde erweitert, als ein örtlicher Schullehrer, Daniel Hartnack, einbezogen wurde. Ihr gegenseitiger „hart-näckige[r]“ Schriftwechsel ist für die Geschichte der Familie Stenger heute zwar von Interesse; zu der Zeit jedoch schadete die Fehde dem Stengerschen Namen. Die Vergehen von Johann Melchiors Brüdern und seinen Eltern wurden nun noch breiter debattiert. Bald war schwarz auf weiß in der Neuausgabe eines kirchenhistorischen Standardwerkes von der „Stengerschen Sekte“ zu lesen – als Inbegriff aller bisherigen Sekten.[98]

Diesen Tiefpunkt erlebte Nicolaus 1679, ein Jahr vor seinem Tod. Seine vehemente Unterstützung des Sohnes wirkte sich bereits vorher auf sein Ansehen als Senior aus. Das Verhältnis zu auswärtigen Fakultäten strapazierte er, und die Erfurter Pfarrerschaft war verbittert. Dies liefert anscheinend einen Grund für den Bruch mit dem Jugendfreund Zacharias Hogel. 1642 hatte Nicolaus als Pfarrer indirekt aber deutlich den eigenwilligen Führungsstil des damaligen Seniors Elsner moniert. Pfarrer sollten als „Brüder einträchtig bey einander wohnen“ (Ps. 133, 1), doch „die Erfahrung [...] bezeugets noch auff den heutigen Tag / wie mancher gefaehrlicher Streit und Disputation in Glaubenssachen ist erreget worden/durch zancksuechtige Gemuether“. Er warnte vor einem „hitzige[n] eigensinnige[n]“ Kopf, der „sich absondert [und] suchet was jhn geluestet“ (Sprüche 18, 1).[99] Ende der 1660er Jahre benahm sich Stenger als Senior ähnlich selbstherrlich in Ministerialsitzungen.[100] Wie oben bei seiner Handhabung der

---

[96] Vgl. ebd. S. 32, 56, 61-63 mit Anm. 53 oben.

[97] Ebd. S. 59-61, 64f.; Micraelius/Hartnack, Historia Ecclesiastica 1699 (Anm. 83), S. 1672-1678.

[98] „ARTICULUS XII. DE CONFLUXU SECTARUM FERE OMNIUM IN SECTAM STENGERORUM [...]“. In: Micraelius/Hartnack (Anm. 83). Die unmittelbare Replik war Stenger, Secta (Anm. 29), hier besonders S. D3r-D3v.

[99] Stenger, Tausend Zeuge (Anm. 6), S. 130f. und Ders., Grund=Feste (Anm. 7), S. 1356.

[100] Micraelius/Hartnack, Historia Ecclesiastica (Anm. 83), S. 1658f., Anm. [k]; Stenger, Palinodia (Anm. 25), S. 36, 53f., 63f., 66f. Die Lücken in den Protokollen der wöchentlichen Kommissionssitzungen sind wieder auffällig. Der Streit wird hier nirgends erwähnt. Hat Nicolaus auch diesen Fall „in Wachs gedruckt“ (Anm. 83)? Ähnliche Fälle wurden gelegentlich verzeichnet. 1662 wurde etwa der Pfarrer von Berlstedt, Laurentius Hausen, „beharrlicher

außerehelichen Affären weiterer Söhne, hat er erneut nicht nach der Ethik gehandelt, die er früher predigte.

Stenger gefährdete auch sein Verhältnis zu den Ratsherren, dem zweiten der drei Geflechte. Gegen den Willen des Rates versuchte er den Mainzer Vizedom und die Jenenser Fakultät für seinen Sohn einzuschalten. Eigenständige Einberufungen des Ministeriums und die Behauptung seiner Vorrechte als Senior ließen den Streit um kirchenrechtliche Kompetenzen wieder auflodern.[101]

Nur eine Körperschaft hielt ihm in diesem Streit durchweg die Treue: seine Gemeinde. Für ihre Mitglieder war er über Jahrzehnte „eine starke Kirchen=Seule“, wie es in der Leichenpredigt hieß.[102] Mit dem prominenten Grab am Altar und dem späten, noch erhaltenen Ölgemälde, erhielt Stenger einen festen Platz in der Kaufmannskirche. So sicherte er, daß „sein Gedaechtniß“ Jahrzehnte später „noch immer bey denen Erffurthern ein süsser Geruch“ war.[103] Es ist kein Zufall, daß gerade ihm ein ganzer Tagungsband gewidmet wird. Dieser behandelt nahezu ausschließlich den jungen Stenger. Das Familienleben und die weiteren Aspekte des alten Stenger – seine Rolle als Senior und Professor – bleiben der weiteren Forschung vorbehalten.

---

obstinacität wegen“ zeitweilig suspendiert. Archiv des Evangelischen Ministeriums, Signatur: A II a 2, 5. Juni, 10. Juli (Zitat) u. 17. Juli 1662.

[101] Stenger, Palinodia (Anm. 25), S. 44f., 48, 54, 62f.

[102] Haberkorn (Anm. 30), S.)4(. Den einzigen bekannten Streit erläutert Weiß, Wirren (Anm. 24), S. 55; er fand im Jahr 1664 statt.

[103] So Biantes (Anm. 2), S. 75.

ULMAN WEISS

Nicolaus Stenger und Ezechiel Meth im Jahre 1640. Des Pfarrers Versehgang bei einem Verirrten

Eines Morgens im Oktober 1640 kam Dr. Johann Rehefeldt zu Nicolaus Stenger in das Haus Zur Lerche in der Johannesgasse, um ihn zu einem Patienten zu rufen, den er in seinem Hause Zur Wachsenburg in der Futtergasse behandelte: Ezechiel Meth begehre des Pfarrers Beistand. Das war nicht ungewöhnlich. Im Gegenteil. Ein pflichtbewußter Pfarrer, der Stenger ohne Frage war, ließ sich nicht zweimal rufen. Ungewöhnlich war, daß Stenger, bevor er zu dem Kranken ging, mit einem ältern Amtsbruder sich besprach, noch ungewöhnlicher, daß er das Gespräch mit dem Kranken in Gegenwart von Zeugen führte, daß er es protokollieren und nachmals publizieren ließ. Der Grund: Ezechiel Meth hatte vor Jahren in der Stadt, im Land, im ganzen Reich Aufsehen erregt als chiliastisch gestimmter Spiritualist.

Auch in Erfurt waren ihm Menschen zugefallen. Das war um so weniger verwunderlich gewesen, als hier der Spiritualismus seit langem eine heimliche Heimstatt hatte.[1] Vermutlich hatte er sie bei Juristen, Ärzten, Kaufleuten (von denen einige dem Rate, einige der Universität angehörten) finden können, weil sie das Pochen auf den Buchstaben, das Beharren auf bestimmten Punkten, von denen das Seelenheil abhängen sollte, je länger je mehr verdroß. Weniger die Lehre, das Leben war ihnen wichtig: eine gelebte Frömmigkeit, zu der sie eher gelangten, wenn sie der göttlichen Stimme in ihrem Innern nachfolgten. Sie lasen pseudonyme oder anonyme Handschriften spiritualistischen Charakters, darunter Schriften von Paracelsus und von Valentin Weigel, noch ehe einige von ihnen gedruckt und dann sofort angegriffen wurden. Später lasen sie Schriften von Rosenkreuzern, von Esajas Stiefel, von Jakob Böhme und von andern Dissidenten. Sie reichten sie von Hand zu Hand, schrieben sie ab oder ließen sie abschreiben. In gewissem Sinne bildeten diese Männer eine Gesinnungsgemeinschaft, die mit gleichgearteten Gemeinschaften andernorts in geschlossenem Kontakt stand: ein Knoten im nonkonformistischen, reichsweit geknüpften Netz. Einen geregelten Gesprächskreis, gar ein Konventikel gab es wohl nicht. Auch fehlte es nicht an guter Kirchlichkeit. Doch während einige Männer in ihrer Kirchgemeinde als Altaristen und Älteste amtierten, demonstrierten andre eine deutliche Distanz, indem sie der Beichte und dem Abendmahl fernblieben. Mitunter kam es vor, daß der Pfarrer solche „Sakramentsverächter" nicht mit christlichen Ehren bestatten wollte, ansonsten blieben sie unbehelligt. Daher wagte es mancher Drucker in der Stadt, spiritualistische Schriften unter die Presse zu nehmen, wenngleich es ihm gelegentlich geraten schien, das Impressum zu fin-

[1] Zum folgenden Ulman Weiß: Die Lebenswelten des Esajas Stiefel oder Vom Umgang mit Dissidenten. Stuttgart 2007, S. 211-221 (Friedenstein-Forschungen, 1).

gieren. Daß gegen diese Schriften, die in der Stadt begierig und beifällig gelesen wurden, eine breite publizistische Polemik begonnen wurde, dürfte der Rat untersagt haben.[2] Das hatte mit seinem *respublica*-Verständnis und den beherrschenden, von den Kardinaltugenden bestimmten politischen Prinzipien zu tun; zu ihnen gehörte die *temperantia*. Sie hatte einst den Kaufmann Esajas Stiefel, dem der kursächsische Konfessionalismus mitgespielt, vor den Toren der Stadt eine Bleibe gegeben und ihn dann in die Stadt eingelassen, wo er Bürger und Biereige, sogar Altarist in der Kaufmannskirche geworden war, das Gespräch mit Gleichgesinnten gepflegt, mit ihnen spiritualistische Schriften getauscht, seine eignen ihnen zum Lesen gegeben und Anklang, aber auch Ablehnung gefunden hatte. Er war, als seine massive Sozialkritik von sich reden gemacht hatte, verhaftet und ausgewiesen, nach einiger Zeit indes wieder angenommen, später erneut verhaftet und schließlich, als er nach einem weitern Widerruf im August 1627 gestorben war, christlich begraben worden. Mit ihm, schien es, war auch der *Stifelianismus* gestorben.

Über alldies wußte Stenger, Pfarrer der Kaufmannskirche, nur vom Hörensagen. Als Stiefel in Gispersleben ein Gut gekauft, war er gerade geboren worden, als Ezechiel Meth im *lectorio* der Universität seine Traktate verteilt, war er Schüler der Michaelisschule gewesen, als Stiefel gestorben war, hatte er sich erst an der Universität immatrikuliert. So begegnete er dem *Stifelianismo* und *Methismo* zum ersten Mal *in persona*, als er im Oktober 1640 an das Krankenbett von Ezechiel Meth gerufen wurde.

Er war der Neffe des Kaufmannes Stiefel und stammte wie dieser aus Langensalza. Hier war sein Vater Rektor der Lateinschule gewesen. Den beiden Söhnen, die als *alumni* nach Pforta gegangen waren, wird er eine Karriere im kursächsischen Dienst zugedacht haben, doch war Gabriel, der ältere, schon als Student gestorben und Ezechiel hatte sich nur schwer ins Leben schicken können. Während andre *alumni*, die mit ihm in Pforta gewesen, bereits Bakkalar und Magister geworden und in Schule und Kirche auf eine erste Stelle gerufen worden waren, hatte er immer noch nach einer Wegleitung gesucht. Die hatte er schließlich im Spiritualismus seines Onkels gefunden. Sehr schnell war er dessen Adept geworden. Wie der Onkel hatte er sich als einen Wiedergebornen von christusgleicher Qualität begriffen, er hatte mit Eifer geschrieben und geworben, Genossen um sich geschart und der von ihm kabbalistisch berechneten Wiederkehr Christi entgegengefiebert, wo er gemeinsam mit andern wahren Christen (zu denen der Onkel und alle Gleichgesinnten gehörten) helfen würde, das Reich

---

[2] DYAS MYSTICA || [...] || Ein nutzbares Zwiefaches Tra=||cta(e)tlein/ so einem einfeltigen Christlichen Hertzen || den Weg weiset Zur ewigen Seeligkeit/ [...] || Per || CHRISTIANUM THEOPHILUM, [...] || CHRISTIANOPOLI, ANNO M.DC.XX. [Erfurt: Johann Bischoff] (FB Gotha, Signatur: Theol. 4^0 528a/2 [10]). Dagegen: TRIAS || QVAESTIONUM CON-||TROVERSARVM. || [...] || Opposita DYADI MYSTICA || [...] || a || M. VALENTINO WALLENBEGERO ER-||furten: Regularium Diacono. || Erfurt: Johann Röhbock 1621 (HAB Wolfenbüttel, Signatur: 249 Theol [4]) mit der aufschlußreichen Vorrede *Ad germanum Lectorem germanice*, in der der Anklang der *Wigelianischen* Schrift des Theophilus getadelt und begründet wird, warum die Entgegnung nicht auf deutsch, sondern lateinisch erfolgt ($A4^a$ f.).

des Friedens und der Gerechtigkeit zu errichten. Als sein törichtes Treiben ruchbar geworden, war er monatelang eingekerkert, nach Widerruf freigelassen und zeitlebens aus Kursachsen ausgewiesen worden. Ein Mandat des Kurfürsten hatte im Jahre 1614 vor ihm und seinen Lehren gewarnt, etliche Publikationen hatten ihn als falschen Propheten und den *Methismus* als ganz gefährliche Ketzerei gegeißelt.[3] In der Folgezeit war er unstet durch die Lande gezogen, oft bei seinem Onkel in Erfurt gewesen, nach dessen Tod jedoch nur ein einziges Mal in die Stadt gekommen. Nun war er zurückgekehrt als Sterbenskranker.

Zurückgekehrt war er im Dienste der schwedischen Armee, die seit Dezember 1636 in der Stadt wieder die Besatzungsmacht war. Zu Rehefeldt als Arzt war er gegangen, weil er ihn kannte; auch sein Onkel hatte ihn gekannt, ihn als einen Gleichgesinnten, mit dem er oft und erbaulich geredet, sehr geschätzt, bis er sich über den Grundgedanken seiner Christologie, den Rehefeldt kritisiert, mit ihm entzweit hatte.[4] Rehefeldt besaß mancherlei religiöse Traktate und mancherlei *documenta* der Auseinandersetzung mit dem Kaufmann Stiefel und dessen Neffen. Dieser hatte Rehefeldt Schwachheit halber um seinen ärztlichen Rat und um Herberge für ein paar Tage gebeten, er hatte aber, sobald er sich niedergelegt, nicht mehr aufstehen können. Beiden, dem Arzt und seinem Patienten, war nicht zweifelhaft, daß weniger ärztlicher als geistlicher Rat vonnöten war.

Eine Stunde nachdem Rehefeldt den Pfarrer an diesem Morgen im Oktober gerufen und ihm einige *documenta* gezeigt, denen er entnommen, was für eine Bewandtnis es mit dem Patienten hatte, stand er am Krankenbett und sah sich von Ezechiel Meth sehr freundlich gegrüßt.[5] Doch Stenger, viel weniger freundlich, hielt ihm vor Augen, daß er als Schwärmer in dem Ruf stehe, viele Leute zu verderblichen Phantastereien verführt zu haben. Ob er tatsächlich sein Amt wünsche? „Ja/ von Hertzen." Ob er seine Irrtümer bereue? „Ja." Er habe ihnen gleich nach seines Onkels Tod abgesagt. Und zur Bekräftigung zeigte er dem Pfarrer Briefe, die Andreas Merck, der Superintendent in Halle, an Johann Gerhard, den Professor der Theologie in Jena, und an Georg Silberschlag, den Senior des Evangelischen Ministeriums in Erfurt, geschrieben hatte, ebenso Briefe von Polycarp Leyser, dem Professor der Theologie in Leipzig, an Johann Gerhard in Jena und von diesem an Johann Schmidt, dem Ratsherrn in Erfurt. In all diesen Briefen aus den Jahren 1627 und 1628 drehte es sich, kurz gesagt, um Ezechiel Meths Resozialisierung. Stenger kannte die Briefe nicht. Während er sie las, erläuterte ihm Ezechiel Meth den Zusammenhang.

---

3 Weiß, Lebenswelten (Anm. 1), S. 319-322, 368-376.

4 Zu Dr. med. Johann Rehefeldt (1589-1648) ebd. besonders S. 453.

5 Zum folgenden En to || onomati || kai eis doxan || tou theou ! [griech.] || Wahrhafftiger vnd eigentlicher || Bericht/ || was mit || Ezechiel Methen || von Langen Saltza/ || in puncto Confessionis || [...] || kurtz vor seinem Ende || zu Erffurth || am 24. Octobr. Anno 1640. || vorgangen/ || Damahls beschrieben/ || vnd nunmehr || Mit E. Ehrw. Ministerij Vorbewust || vnd Einwilligung || zum Druck verfertiget/ || von M. Nicolao Stengern/ || [...] || Erfurt: Friedrich Melchior Dedekind, 1644 (Bibliothek des Evangelischen Ministeriums Erfurt [im folgenden: BEM Erfurt], Signatur: Eh 12a [9]) sowie Weiß, Lebenswelten (Anm. 1), S. 509f.

ἐν τῷ
ὀνόματι
καὶ εἰς δόξαν
τοῦ Θεοῦ!
Wahrhafftiger vnd eigentlicher
Bericht/
was mit
Ezechiel Mehten
von Langen Saltza/
in puncto Confessionis
ὀρθοδοξίας
kurtz vor seinem Ende
zu Erffurth
am 24. Octobr. Anno 1640.
vorgangen/
Damahls beschrieben/
vnd nunmehr
Mit E. Ehrw. Ministerij Vorbewust
vnd Einwilligung
zum Druck verfertiget/
von
M. Nicolao Stengern/
Pfarrern zu Kauffmanns-
kirchen in Erffurth.
Gedruckt bey Friederich Melchior Dedekinden/ im Jahr 1644.

Nicolaus Stenger, *Wahrhafftiger vnd eigentlicher Bericht* (1644), Titelblatt

Gleich nach dem Tode des Onkels, noch Ende August 1627, war er nach Halle zu Merck gereist, um sich mit ihm zu unterreden.[6] Bis dahin hatten die beiden einander publizistisch befehdet: Merck hatte im *Methismo* die Grundsuppe aller paracelsistischen, weigelianischen und sonstigen Verirrungen gesehen, und Ezechiel Meth hatte Merck vorgeworfen, falsch Zeugnis zu verbreiten, woraufhin Merck ihn weigelianischer Verstellung bezichtigt hatte. Daß er sich getäuscht, hatte Merck bemerkt, als er Ezechiel Meth von Angesicht kennengelernt und nach Wochen langer Gespräche in sein Inneres hatte schauen können. Nachdem er seine *Confession* aufgesetzt hatte, war der Superintendent bereit gewesen, ihn als verlorenes Schaf wieder aufzunehmen, doch hatte er von Gerhard in Jena wissen wollen, ob die *Confession* genüge. Sie war weder von ihm noch von den Theologen in Leipzig und in Wittenberg, denen er sie außerdem geschickt hatte, bemängelt worden. Daher hatte Merck gewünscht, daß sie gedruckt und gerade „in denen Gemeinden/ so er am meisten geärgert", bekannt gemacht würde.[7] Also auch in Erfurt. Doch dazu war es nicht gekommen. Trotzdem hatte Merck später an Silberschlag geschrieben, und Leyser hatte an Gerhard und dieser an Schmidt geschrieben, weil ihnen allen darum zu tun gewesen war, daß Ezechiel Meth, da er seinen Sinn gewandelt hatte, ferner sein Fortkommen fand. Das hätte er finden können mit einem kleinen „Vnterhalt" aus den seinerzeit vom Erfurter Rat „confiscirten Güthern". Um dies zu befördern, war Ezechiel Meth im Sommer 1628, als Merck und Gerhard ihre Briefe nach Erfurt geschrieben hatten, selbst in die Stadt gekommen. Ein „Vnterhalt" war ihm zwar versagt, aber in seiner Bekehrung war er gestärkt worden, nachdem ihn der Diakon der Andreaskirche, Magister Starckloff, auf das *Collegium antienthusiasticum* des Jenaer Theologen Johannes Himmel hingewiesen hatte.

Dieses Buch, erklärte Ezechiel Meth Pfarrer Stenger, schätze er seither als sein „täglich Handbuch", als sein „Confessional".[8] Das mochte es um so mehr sein, als es die Grundgedanken des Spiritualismus, wie ihn in der Gegenwart nicht zum geringsten Stiefel und Weigel gelehrt hatten, in zehn akademischen Disputationen behandelte. In der ersten, *De natura Enthusiasmi* betitelt, wurden die vornehmsten zeitgenössischen „Enthusiastae" vorgestellt, unter ihnen Ezechiel Meth.[9] Die andern Disputationen widmeten sich der Person Christi, der Verderbtheit des Menschen, den Sakramenten, der Rechtfertigung oder der Wiedergeburt. Den zitierten Positionen von Stiefel, Weigel und andern Spiritualisten widersprachen die bibelbegründeten Positionen Himmels. Stenger kannte

---

[6] Hierzu Weiß, Lebenswelten (Anm. 1), S. 449-451.

[7] Stenger, Bericht (Anm.5), B1^{b} (A. Merck an G. Silberschlag, 1.7.1628); abgedruckt sind auch die Briefe von A. Merck an J. Gerhard (31.10.1627), von P. Leyser an J. Gerhard (3.7.1628) und von J. Gerhard an J. Schmidt (6.7.1628) (B1^{a}-B2^{a}).

[8] Stenger, Bericht (Anm.5), B2^{a}. Gemeint ist Enthusiasmus || Seu || COLLEGIUM ANTI-||ENTHUSIASTICUM || Quo || Mataelogia Enthusiastica Di-||sputationibus X. methodicè ex Scriptis Enthu-||siastarum [...] collecta proponitur, || & succinctè refutatur: || AUCTORE ET PRAESIDE || JOHANNE HIMMELIO || [...] || Jena: Johann Weidner, 1627 (UB Erfurt, Signatur: T. pol. 4^{0} 221).

[9] Himmel, Collegium (Anm. 8), S. 10.

das Buch. In ihm, sagte er, sind die „Colluvies vnd Lerna“ der spiritualistischen Ansichten aus dem Grunde, nämlich aus Gottes Wort, widerlegt. Es wäre mit ihm, dem Kranken, nicht lang und breit zu reden, wenn er noch einmal allen in Himmels *Collegium antienthusiasticum* aufgeführten Irrtümern absagte, sie aus tiefster Seele verachtete und „mit Hertzen vnd Mund“ zur Heiligen Schrift sich bekannte. Das wollte Ezechiel Meth gern tun, und ein längeres Gespräch entspann sich. Schließlich frug ihn Stenger, was er von Stiefel und seinem Schwarm halte? „Was soll ich“, antwortete er, „von der Gestorbenen Vnsterbligkeit halten?“[10] Stenger verwies wieder auf das *Collegium antienthusiasticum* und auf Verse in der Bibel, um endlich auf ihn, den Kranken selbst, zu verweisen: seine eigne Erfahrung lehre, daß der Tod zu allen komme. Damit schied der Pfarrer; denn es war bereits nach elf, und er mußte, wie jeden Sonnabend um diese Zeit, zum Beichthören in die Kirche. Doch versprach er, am Nachmittag, wenn die Kirchengeschäfte erledigt seien, wiederzukommen und dann auch sein Exemplar von Himmels *Collegium antienthusiasticum* mitzubringen.

Stenger kam, begleitet von Diakon Johann Christoph Alberti, Kirchner Heinrich Dörfeld, dem Hausherrn Rehefeldt, dessen ältestem, gerade fünfzehnjährigen Sohn Johann Jacob und seinem Bruder, dem *medicus* Mauricius Rehefeldt. Die Gegenwart dieser Männer sollte dem „Actui zu mehrer Begläubigung“ gereichen. Eingangs warnte Stenger eindringlich vor einer häretischen Heuchelei, wie sie Weigel angeraten, indem er zwischen dem äußern und dem innern Menschen unterschieden hatte: Nur jener sollte, so es not war, beichten oder bekennen, dieser aber von alledem unberührt bleiben. Stenger las die Stelle aus der *Kirchen Oder Hauspostill*, die Himmels *Collegium antienthusiasticum* zitierte, vor und schloß die Mahnung von Jesus Sirach und von Hiob an: „Siehe zu, daß deine Gottesfurcht nicht Heuchelei sei, und diene ihm nicht mit falschem Herzen. Denn es kommt kein Ruchloser vor Gott.“[11] So eingestimmt beschwor der Pfarrer den Prinzipalpunkt, den der *methische* und der *stifelische* schändliche Schwarm auszeichnete: die Einwohnung Christi in den Gläubigen, die *essentialiter*, also wesentlich, sei, so daß ein Wiedergeborner sowohl eine geistiggeistliche als körperliche neue, unsterbliche, christuskonforme Qualität erhalte. Der Kranke pflichtete ihm bei: „Seqvntur haec omnia“, sagte er, das *Collegium antienthusiasticum* zitierend, „ex falsa illa hypothesi. Da steckt es alles miteinander.“[12] Denn alle fernern, so verhängnisvollen und verderblichen Vorstellungen folgten aus diesem einen falschen Wahn. Die Leute, sagte Ezechiel Meth, bildeten sich ein, wesentlich Christus, mithin, wie Christus, von durch und durch heiliger Substanz, kurzum, heilig zu sein. Wer so etwas sich einbilde, bedürfe keines Predigtamts, da er selbst Christus sei, er bedürfe auch keiner Obrigkeit, da er selbst Christus sei, ja, er achte weder diese noch einen andern Stand, da er selbst Christus sei. Er, Ezechiel Meth, habe solche Vorstellungen fahrenlassen, er ehre wieder, wie es sich gebühre, die geistliche und die weltliche Obrigkeit

---

[10] Stenger, Bericht (Anm.5), B3[a].
[11] Sir 1, 34; Hi 13, 16.
[12] Stenger, Bericht (Anm.5), B4[a].

und jeden gottgesetzten Stand. Dies und andres, was der Kranke, dem das Sprechen schwer zu werden begann, sagte, hörte der Pfarrer „mit Verwunderung". Mit Verwunderung mochte er auch vernommen haben, was Ezechiel Meth über sein Leben, über die Schul- und Universitätszeit sagte. Am Ende ergriff er selbst das Wort: Keinen Zweifel, begann Stenger, setze er in das Zeugnis von Merck, Gerhard und Leyser über die schon vor mehr als zehn Jahren erfolgte Bekehrung, keinen Zweifel hege er selbst an seiner, des Kranken, Ehrlichkeit, dennoch, um die Zweifel, die manche noch beherrschen mögen, zu zerstreuen, und um seinem, des Pfarrers, Zeugnis, ein größeres Gewicht zu geben, möge er in Gegenwart aller „im Namen vnd an statt Gottes antworten, ob er allen vnd jeden Wiedertäufferischen/ Enthusiastischen/ Paracelsistischen/ Weigelianischen/ Stiefelischen/ vnd andern dergleichen Jrrthumen vnd Fantastereyen" im Innersten, „von Hertzen Grund", absage und sich zur Kirche Augsburgischer Konfession und deren Symbolischen Büchern bekenne und darauf beharren werde bis an sein Ende? „Ja/ Ja/ darbey solls bleiben", sprach Ezechiel Meth und hob beide Hände, „die Jrrthumer sind alle dahin/ ich bleibe bey der rechten Wahrheit."[13]

Als Stenger später den *Bericht* für die Publikation bearbeitete, war ihm wichtig, die Freude zu betonen, die alle Anwesenden nach den mühsam gesprochenen Worten des Kranken empfunden hatten. Stenger absolvierte ihn und reichte ihm das Abendmahl. Dann nahm er seinen Abschied, nicht ohne noch einmal zur Beständigkeit bis ans Ende ermahnt zu haben. Zwei Tage später, am 26. Oktober, starb Ezechiel Meth „seelig vnd sanft" - auch dies zu betonen war Stenger wichtig. Am andern Tag wurde er auf dem Friedhof der Kaufmannsgemeinde begraben.

Soweit der Hergang. Und soweit hätte es gut sein können. Und vorerst war es das auch. Das Protokoll war „in den beyden Originalien oder ersten Concepten" unterschrieben worden von Johann Rehefeldt und dessen Bruder, von Diakon Alberti, Kirchner Dörfeld sowie von dem jungen Johann Jacob Rehefeldt. Ein Original lag in Rehefeldts Haus Zur Wachsenburg, das andre in der Kaufmannskirche. Der Tote, über den die Gemeinde und die ganze Kommune noch geredet haben mochte, war tot, seine Gedanken indes, die er einst verfochten und dann verraten hatte, waren es nicht. In verwässerter Form, gelöst von seinem und seines Onkels Namen, liefen sie um.

Stenger blieb das nicht verborgen. Seinen Predigten, soweit sie gedruckt wurden, ist zu entnehmen, daß er, wo immer Bezüge sich boten, vor verderblicher Verirrung warnte. Er begnügte sich nicht mit pauschalen Parolen. Er zitierte und argumentierte; nur so glaubte er, Verirrten oder sich Verirrenden ihre Verirrung vor Augen halten und sie zurückführen zu können. Zu diesem Zweck hatte er „schandbücher" wie Weigels *Kirchen Oder Hauspostill* oder die *Trewhertzige Erinnerung* eines Anonymus gründlich gelesen.[14] Das zeigten den Lesern seiner

---

[13] Stenger, Bericht (Anm.5), C2[a].

[14] Kirchen || Oder Hauspostill || [...] || Durch || M. Valentinum VVeigelium, [...] || Neustadt: Johann Knuber, 1617 (VD 17 23:631309U) sowie Trewhertzige || Erjnnerung/ || An Die Evangelische || Priesterschafft || Jn Deutschland. || Gestellet im Jahr 1623. || Jetzt aber || [...] wol-

Predigten die genauen Verweise, die seine Ausführungen als Marginalien begleiteten, doch meinte er, ihnen überdies eigens versichern zu müssen, daß er die genannten Werke wirklich nachgeschlagen habe - nicht nur die „schandbücher", sondern auch die Widerlegungswerke, namentlich die *Trewhertzige Wächterstimme* von Nicolaus Zapf sowie das *Collegium antienthusiasticum* von Himmel.[15] Dazu Schriften von Luther. Stenger führte sie an, um den Strom sichtbar werden zu lassen, der mal stark, mal schwach durch die Jahrzehnte sich ergoß: Karlstadt, Müntzer, Schwenckfeld, Weigel, Stiefel, Meth und jetzt der „lichtschewende Newling", der die *Trewhertzige Erinnerung* verfaßt hatte - sie waren alle einer Art. Wie seinerzeit Müntzer und „sein Hauffe" das Predigtamt und jedes andre obrigkeitliche Amt verachtet hatten, taten es heutzutage die gar nicht wenigen „Weigelianer".[16] Stenger hatte also Grund genug, vor ihren falschen Vorstellungen zu warnen.

Er tat dies während der Jahre 1640 bis 1643 in den Wochenpredigten über die als *Grund=Feste* verstandene Augsburgische Konfession oder in den Wochenpredigten über das Gewissen des Menschen.[17] Zweimal wählte er zudem phantastische „figmenta" als Thema von Predigten: einmal, an den drei Pfingsttagen 1642, die Vergottung des Menschen, das andre Mal, im April 1644, das Einsprechen des Heiligen Geistes in den Gläubigen. Zwar hatten Ezechiel Meth und sein Onkel stets zwischen Gott und der Göttlichkeit der Wiedergebornen unterschieden, so daß der Vorwurf der Selbstvergottung, der verschiedentlich erhoben worden, ein falscher, vielleicht ein vorsätzlich falscher gewesen war, aber ihr Gedanke der essentiellen Einheit zwischen Gott und dem Gläubigen war auf jeden Fall nicht kirchenkonform gewesen. Dabei war er attraktiv. Wem es ernst war mit der Rechtfertigung, wie sie seit Luther gelehrt wurde, mochte ein Ungenügen darüber verspüren, daß der Gerechtmachung des Menschen seine Heili-

---

mei=||nend in Druck verfertiget. Anno 1637 (VD 17 23:650939Y). Stenger bezieht sich auf eine dem VD 17 unbekannte Ausgabe der *Postille* „bei Knuber 1618" (Tausend Zeüge || nemlich || Das Gewissen || des Menschen || Nach anleitung heiliger go(e)ttlicher Schrifft || [...] || Jn vier vnd dreyssig Predigten/ [...] || [...] || vorgestellet/ gepru(e)fet/ berichtet vnd || [...] || herausgegeben/ || Durch | M. NICOLAUM Stenger/ || Erfurt: Johann Birckner, 1647 [BEM Erfurt, Signatur: Tp 4e:118], S. 886). Zur Charakteristik von Stengers Predigttätigkeit am Beispiel der sogenannten Gewissenspredigten Holger Berg: Military Occupation under the Eyes of the Lord. Studies in Erfurt during the Thirty Years War. Göttingen 2010, S. 169-177 (Forschungen zur Kirchen- und Dogmengeschichte, 103).

[15] Trewhertzige || Wa(e)chterstimme/ || Wegen der || An manchem Orte der Stadt Gottes || [...] || Einschleichenden/ Weigeliani=||schen Mordtbrenner; || [...] Erschollen von || NICOLAO Zapffen/ [...] || Ulm: Balthasar Kühn, 1639 (VD 17 12:114550Q).

[16] Grund=Feste || Der | Augspurgischen CON=FESSION, || [...] || Jn zwey und sechszig Predigten || o(e)ffentlich dargethan/ || Vnd nunmehr || [...] || [...] ausgefertiget/ || [...] || Durch || M. NICOLAUM Stenger/ [...] || Jena/Erfurt: Johann Birckner, 1649, 1652, 1654 [T. 1-3 in einem Bd.] (BEM Erfurt, Signatur: V b 9), S. 668, 1170 sowie Stenger, Zeüge (Anm. 14), S. 115, 140, 157.

[17] Stenger, Grund=Feste (Anm. 16), besonders S. 206f., 1170f., 731-734 sowie Stenger, Zeüge (Anm. 14), besonders S. 94, 115, 472f., 719. Siehe zu diesen Predigtbüchern die Beiträge von Andreas Lindner und Ernst Koch in diesem Band.

gung durch die Nachfolge fehlte. Nach ihr, der Heiligung, trachteten ernstgerichtete Christen um so mehr, als sie mit ihr nicht nur die persönliche geistig-geistliche Gemeinschaft mit Christus verbanden, sondern auch die äußerliche des tagtäglichen Lebensvollzugs, indem Christus mit ihnen aufstand, mit ihnen aß, mit ihnen arbeitete, mit ihnen reiste, mit ihnen zu Bett sich begab: Unter den Zumutungen der Zeit, die manche zu zerbrechen schienen, gab ebendiese Gemeinschaft mit Christus Kraft und die Gewißheit, geborgen zu sein. Daß der Gedanke der essentiellen Einheit bereits eine ketzergeschichtliche Karriere gemacht hatte und in der Gegenwart nicht nur von Ezechiel Meth und seinem Onkel, sondern sehr wirkungsvoll auch von Weigel vertreten worden war, gab ihm ein zusätzliches Gewicht.

Dem Lutheraner Stenger war nicht zweifelhaft, daß die dreieinige Gottheit nur mit rechtgläubigen (nicht mit katholischen oder calvinistischen) Christen sich vereinigte und auch nur mit solchen, die christlicher Tugenden sich befleißigten.[18] In seiner Predigt zu Pfingsten 1642 erklärte er es im einzelnen, ehe er erläuterte, auf welche Weise die Vereinigung, die ein „Geheimnis" war, vor sich ging. Sicher nicht so, daß Gottes Gaben den Christen zuteil wurden, wie die unveränderlich am Himmel stehende Sonne die Erde erleuchtete und ihre Strahlen sie erwärmten. Denn Gott hatte gesagt, er wolle in den Menschen wohnen. Wenn es, sagte Stenger, durch Gottes Zulassung geschehe, daß der Teufel in manche Menschen fahre und sie leibhaftig besitze, sei es ihm erst recht möglich, „mit seiner Wesentlichen Einwohnung die Gläubigen zu erfüllen".[19] Doch sei diese Einwohnung nicht so zu denken, daß der Gläubige nun in ein andres Wesen, in Gott, ja in Christi Substanz mit Fleisch und Blut verwandelt werde. Wer das sage, gehe zu weit und nehme das Maul zu voll.[20] Wohl aber wohne Gott mit seiner Substanz im Gläubigen, wenngleich nicht derart, daß er eine Substanz mit dem Gläubigen werde; denn das wäre eine Vermischung, keine Vereinigung, nein, die Einwohnung Gottes geschehe wie die Einwohnung eines Menschen in einem Hause: er wohne in ihm, ohne doch dessen Substanz anzunehmen oder in diese verwandelt zu werden. Im übrigen habe Paulus gesagt, daß, wer dem Herrn anhänge, ein Geist mit ihm werde, nicht eine Person, auch nicht ein Wesen. An dieser Stelle, wie auch sonst, erinnerte Stenger daran, daß die Kanzel kein Katheder war; den Einfältigen, denen er predigte, genügte zu wissen, daß

[18] Der || Hochtro(e)stliche Artickel/ || Von der Einwohnung Gottes || in den Gla(e)ubigen/ || oder: || Von der Gla(e)ubigen Vereinigung || mit GOTT, || Wie solchen in dreyen Predigten || auß den Ordentlichen Evangelien auff || das Heilge PfingstFest deß 1642 Jahres der || Gemeinde Gottes zur Kauffmanns||Kirchen [...] || [...] erkla(e)ret/ || Vnd nunmehr/ auff begehren/ zum Truck || u(e)bergeben hat M. NICOLAUS Stenger/ [...] || Erfurt: Johann Birckner 1642 (BEM Erfurt, Signatur: Eh 12a [2]), A4^{b}-B4^{b}; Weiß, Lebenswelten (Anm. 1), S. 510f. Den zeitgenössischen, handschriftlichen Eintrag auf dem Titelblatt („Extat altera editio harum concionum A. 1658.") bestätigt das VD 17 nicht.

[19] Stenger, Artickel (Anm. 18), C1^{b} mit Verweis auf 1 Petr. 1,4; Joh 14,17, 2 Kor 13,5.

[20] In der Marginalie: „qvoad Osiandristae, Schwenckfeldiani & Weigeliani volunt", dazu Verweis auf die *Kirchen Oder Hauspostill* von Valentin Weigel part. 3. p. 16. (Stenger, Artickel [Anm. 18], C2^{a}).

der Gläubige durch Gottes Einwohnung zu dessen Tempel wurde; er war ein „Newer Mensch/ nicht dem Wesen/ sondern den Eigenschaften nach“.[21] So erhebend dies war, so ermahnend mußte sein, was nachfolgte. Auch ein „Newer Mensch“, sagte Stenger, sei nicht ohne Sünde, selbst Paulus, wie sein Zusammenstoß mit Barnabas zeige, sei es nicht gewesen. Insofern sei die Sündlosigkeit, von der vermeinte „Propheten“ redeten, ein Hirngespinst. Allerdings sei ein „Newer Mensch“ ohne Todsünde, obschon er keineswegs gewiß sein könne, ihr nicht wieder zu verfallen und der Einwohnung Gottes verlustig zu gehen. Darum müsse, wer ein „Newer Mensch“ bleiben wolle, in die Kirche gehen, die Predigt hören und das Abendmahl nehmen. Das richtete sich gegen die vermeinten „Propheten“, die vorgaben, ein „Newer Mensch“, der mit Christus eins sei, bedürfe keiner Predigt, keines Abendmahls.[22]

Darüber predigte Stenger am Sonntag Judika 1644, als er aus dem Evangeliumstext den Vers wählte, daß, wer Jesu Wort halte, den Tod nicht sehen werde in Ewigkeit.[23] Auf diesen Vers hatten Ezechiel Meth und sein Onkel sich berufen, als sie davon gesprochen, daß ein Mensch, in dem Christus wohne, keinen Sündentod sterben könne. Doch nicht in diesem Sinne, sondern als verworrene Vorstellung von Unsterblichkeit war es mit Vorsatz falsch verstanden und als ein *figmentum* verlacht worden. Stenger unterließ das. Ihm ging es um das ewige Wort Christi, das er die einzige Arznei nannte, dem Tod zu entgehen. Dieses Wort, sagte er, werde den Gläubigen nicht inwendig durch „sonderbare entzükkung“ zuteil, wie „Schwindelgeister“ sich verlauten ließen.[24] Sie bewiesen, wenn sie so redeten, ein völlig falsches Verständnis der Schrift, von der sie die Menschen ebenso wegzuführen suchten wie vom gepredigten Wort. Beide, das Schriftwort und das Predigtwort, verachteten sie als äußeres Wort, dem das innere, das die Gläubigen durch das Einsprechen des Geistes in sich vernähmen, vorgeordnet sei. Nur dieses innere Wort, behaupteten sie mit Paulus, mache lebendig, während das äußere töte. In Wirklichkeit habe Paulus vom tötenden Gesetz und dem lebendigmachenden Evangelium gesprochen.[25] Nein, es sei das äußere, das gepredigte Wort, mit dem, einem Wagen gleich, die Dreieinigkeit zu den Gläubigen komme und in ihren Herzen Wohnung nehme. Dieses Wort sei die zum ewigen Leben führende geistliche Arznei, die in der geistlichen Apotheke, in der Kirche, vorgetragen und in der Predigt und im Abendmahl überreich ausgeteilt werde. Nur ein „Schwindelgeist“ könne daher sagen, daß es an

[21] Stenger, Artickel (Anm. 18), C2^{b}.
[22] Stenger, Artickel (Anm. 18), G1^{b}f. (mit Bezug zu Apg 15, 39), J3^{b}-L1^{a}.
[23] Praesentssimum [!] & Certissimum || Mortis Antidotum, || Das ist/ || Die Allerkra(e)fftigste vnd Vbergewisse || Artzney wieder den Todt/ || [...] || von M. NICOLAO Stengern/ || [...] || Erfurt: Martha Spangenberg Witwe, 1644 (BEM Erfurt, Signatur: Eh 12a [5]); siehe Joh 8, 51.
[24] Hierzu auch Zwo || Christliche Predigten || Vom Ewigen Leben/ || [...] || Von || M. NICOLAO Stengern/ || Erfurt: Martha Spangenberg, 1643 (BEM Erfurt, Signatur: Eh 12a [4]), D3^{b} sowie Stenger, Grund=Feste (Anm. 16), S. 1170, wo das Warten auf „Entzückungen oder Eingebungen“ als Vorwand, Predigt und Abendmahl zu verachten, mit Bezug auf die sogenannten Himmlischen Propheten und Müntzer und „sein Hauffe“ kritisiert wird.
[25] Stenger, Mortis Antidotum (Anm. 23), B4^{b}; siehe 2 Kor 3,6.

geistlicher Arznei mangele. Sie sei vorhanden, doch müsse der Gläubige sie auch einnehmen, wenn der geistliche Arzt, der Pfarrer, sie ihm reiche. Es genüge nicht, wenn man Gottes Wort in Büchern habe, man müsse es auch lesen; es genüge nicht, wenn sein Wort gepredigt werde, man müsse es auch hören. „Was", rief Stenger,

> kann ich darzu/ vnd was kan Christus darzu/ wenn die Leut fürsetzlicherweise die Kirche verseumen/ zur Predigt vnd zum Sacrament sich nicht einstellen? Jch kan niemand herein tragen/ sondern wenn ich anhalte mit Vermahnen vnd Warnen/ vnd es wil denn nicht helffen/ so bin ich Entschuldiget/ vnd werde auch am Jüngsten Tage Entschuldiget seyn.[26]

Wer dies am Sonntag Judika in der Kaufmannskirche gehört hatte und es im selben Jahr noch las, verstand, gegen wen der Pfarrer sich wandte: gegen jene Amtsbrüder um Senior Elsner, die gleich dem Namenlosen, der vor Jahren die *Trewhertzige Erjnnerung* hatte ausgehen lassen, von den Gebrechen in der Kirche redeten und auf Mittel sannen, ihrer Herr zu werden. Sie redeten, wie zur gleichen Zeit Herzog Ernst in Gotha, von Reform und meinten Visitation, Katechismuslehre, Hausbesuche und andres. Offensichtlich begriffen sie sich als Reformer von Kirche und Gesellschaft. Was Stenger davon hielt, enthüllt die absichtsvoll-abwertende Apostrophierung des Anonymus als „Reformant";[27] aber ein solcher war er gar nicht, vielmehr ein „Schwindelgeist" und verborgner Weigelianer. Versteckten Weigelianismus sah Stenger bei Ämtlingen um den Herzog und bei Amtsbrüdern um den Senior. Er sah ihn nicht als einziger, auch nicht als erster: Schon vor einigen Jahren hatte Nicolaus Zapf in öffentlicher Predigt verschiedene Pfarrer, namentlich seinen Beichtvater, den Senior Matthäus Meyfart, gewarnt, einschleichenden weigelianischen Vorstellungen nachzugeben, er hatte an Stiefel und seinen Anhang, an Ezechiel Meth und an die von Amtsvorgängern angelegten „weitleuffigen Acten" erinnert, die voll waren von den „Schwermereyen", und hatte es darüber zum Bruch kommen lassen; eine Zeitlang war ihm die Kanzel der Predigerkirche versperrt worden, schließlich war er aus der Stadt weggegangen.[28] Streitbar wie Zapf war Stenger nicht. Er gehörte auch nicht zu denen, die im kleinen Kreis oder auf der Kanzel spit-

---

[26] Stenger, Mortis Antidotum (Anm. 23), C3[a] (bemerkenswerte typographische Hervorhebung dieses Abschnitts, in dem Stenger die Metaphorik der anonymen *Erjnnerung* [Anm. 14] aufnimmt, aber umkehrt; ebenso noch Stenger, Zeüge [Anm. 14], S. 140).

[27] Stenger, Mortis Antidotum (Anm. 23), B4[a]. Gemeint ist Erjnnerung (Anm. 14). Hiergegen der von Stenger sehr geschätzte Nicolaus Zapf (Wa(e)chterstimme [Anm. 15]). Nach Erscheinen der Gewissenspredigten von Stenger (Anm. 14) hielt es der Erfurter Rat aufgrund eines Schreibens von Herzog Ernst für nötig, diesem zu versichern, daß Stengers Absicht nicht gewesen sei, des Herzogs „Christliche außalten zu perstringiren", andernfalls hätte er die Drucklegung nicht genehmigt (StAE 1-1 XXI 1a Bd. 23, 188f. [5.9.1646; Konzept]; das ausgegangene Schreiben mit der beiliegenden Stellungnahme Stengers scheint ebenso verlorengegangen zu sein wie das Schreiben des Herzogs). Ausführlich zu den unterschiedlichen Konzeptionen der Erfurter Geistlichkeit Berg, Occupation (Anm. 14) S. 152-169.

[28] ThStA Gotha Geheimes Archiv XX III Nr. 8 Bl. 58[a]f. (11.5.1637).

zelten und stichelten.[29] Wie Stenger dachte, wußte der Senior. Während dieser meinte, man müsse jene, die der Predigt fernblieben, zuhaus aufsuchen, um sie zu einem gottgefälligen Leben zu bekehren, meinte Stenger, daß er mit der Predigt seinem Mahn- und Wächteramt gerecht werde. Er verstand sich, bibelbildlich gesagt, anscheinend nicht als einen Hirten, der einem verirrten Schaf solange nachging, bis er es gefunden hatte und zum Stall zurückführen konnte. Er nahm es hin, daß ein Schaf verlorenging, wie er es hinnahm, daß der Hirte schwach und der Stall schadhaft war. Zu tief war seine Einsicht in die Unzulänglichkeit alles Menschlichen. Dies unterschied ihn von den *Reformanten* um ihn herum, zu denen, wie er sehr wohl wußte, nicht wenige namhafte Männer seiner Gemeinde zählten.[30]

Gewiß ist es kein zeitlicher Zufall, daß Stenger in diesem Jahr 1644, nachdem die Judika-Predigt erschienen war, daran ging, die Begebenheiten mit Ezechiel Meth zwei Tage vor seinem Tode in einem besondern *Bericht* zu publizieren. Er tat es mit Wissen und Willen des Evangelischen Ministeriums. Immerhin war es in der Vergangenheit, bevor Stenger ihm angehört, mehrfach mit dem *Stifelianismo* und *Methismo* befaßt gewesen, hatte Ezechiel Meth, seinen Onkel und beider Gesinnungsgenossen des öftern verhört und zuletzt, im Jahre 1628, für gut gehalten, die *Confession* Ezechiel Meths nicht im Druck ausgehen zu lassen. Dies nachträglich zu tun wurde auch jetzt nicht für gut gehalten. Vielleicht fürchteten Stenger und die Amtsbrüder, manche bekämen, wenn sie die *Confession* lesen, überhaupt erst eine genauere Kenntnis der damals von Ezechiel Meth als falsch verworfenen Ansichten. Aber sie waren nach wie vor aktuell. Daher sollte allen, die in diesem „Methischen/ Stieflischen/ Weigelianischen/ Fantastischen Schwarm“ offen oder verborgen, in Erfurt oder anderswo, steckten und „grosse Stücke auff solche Fantasterey“ hielten, am Beispiel Ezechiel Meths nahegelegt werden, sich beizeiten zu bekehren.[31] Ganz in diesem seelsorgerlichen Sinne bearbeitete der Pfarrer das Protokoll. Die wörtliche Rede gab er dem Kranken nur für die entscheidenden, im Druck durch größere Typen hervorgehobenen Sätze über die Unsterblichkeit der Gläubigen und über die wesentliche Einwohnung Christi in den Gläubigen. Nur diese Gegenstände der Gespräche am Vormittag und am Nachmittag stellte er ausführlich dar; es waren genau die Gegenstände, über die seiner Gemeinde zu predigen er nicht nur einmal sich gedrängt sah. Doch damit ließ es Stenger nicht bewenden. Wichtig war ihm wohl auch, über die gleich nach des Onkels Tod begonnene Bekehrung, von der die

---

[29] Aufschlußreich für die kritische Beurteilung der von verschiedenen Erfurter Pfarrern als „weigelianisch“ verdächtigten gothaischen Katechismuslehre ist das Schreiben des Erfurter Rates an Herzog Ernst (28.2.1644) (StAE 1-1 XXI 1a Bd. 23 Bl. 101[b]-103[a]).

[30] Deutlich zeigt dies der Kreis „Fautorum & Amicorum“, aus dem zu den Predigten über die Einwohnung Gottes in den Gläubigen, die Stenger seiner Gemeinde gewidmet hatte, Epigramme beigesteuert wurden; von Männern aus der Gemeinde war nur der Ratsherr Rudolf Geißler beteiligt (Stenger, Artickel [Anm. 18], [6-8]; zu Geißler siehe Martin Bauer: Erfurter Ratsherren und ihre Familien im 17. Jahrhundert. Neustadt a. d. Aisch 1989, Nr. 187 [Schriftenreihe der Stiftung Stoye, 19]).

[31] Stenger, Bericht (Anm.5), A3[a].

wenigsten ein Wissen hatten, anhand der beigedruckten Briefe von Merck, Leyser und Gerhard zu berichten. Weniger wichtig hingegen waren ihm die biographischen Umstände, über die der Kranke gesprochen hatte. Zwar hatte sich die Wahrheit des Gesagten später in den nachgelassenen Papieren gefunden, aber diese Wahrheit zu verbreiten, gäbe dem Bekehrten zuviel Bedeutung. Stenger beschränkte sich daher auf die vortrefflichen väterlichen Vorfahren, den Großvater Wenzeslaus, der in Wittenberg Student und Luthers Famulus und später Pfarrer in Senftenberg gewesen war, und den Vater Matthias, einen rechtschaffenen Arzt, Architekten und Rektor in Langensalza. Über die Mutter und den Bruder kein Wort. Und über ihn, Ezechiel Meth, nur kurz und knapp, wo er zur Schule und zur Universität gegangen, wann er zur paracelsistischen Alchemie und, sehr folgerichtig, zum *Stifelianismo* verführt worden war.[32] Am Ende dann die pastorale Bitte, auf der rechten Bahn bewahrt oder, wenn man abgekommen war, zu ihr zurückgebracht zu werden. Darunter die Namen der Zeugen. Nachdem der *Bericht*, für den Stenger die schriftliche Hinterlassenschaft Ezechiel Meths ausgewertet hatte, erschienen war, wird er sie vernichtet haben: Ihren Zweck hatte sie erfüllt.

[32] Stenger, Bericht (Anm.5), A2[a]. Damit ergänzte Stenger die spärlichen Angaben von Johannes Himmel (Collegium [Anm. 7], S. 10) und korrigierte sie unausgesprochen.

MARKUS RATHEY

„Die Heiligkeit der edlen Musik". Frömmigkeit und musikalische Praxis im Werk Nicolaus Stengers

Martin Luther wurde nicht müde herauszustellen, daß der Musik neben der Theologie der Rang der höchsten Kunst zukam.[1] Die hohe Wertschätzung des Reformators für die Musik wird auch in zahlreichen seiner Schriften deutlich, in denen diese Kunst nicht nur theologisch legitimiert wird, sondern ebenfalls im praktischen Vollzug eine wichtige Rolle in der Verkündigung in Kirche, Schule und christlichem Haus spielt. Luthers enthusiastische Unterstützung der Musik (was neben dem einfachen Choralgesang auch die anspruchsvolle Kunstmusik einschließt) sollte die Musikausübung in der lutherischen Kirche in den folgenden Jahrhunderten entscheidend prägen.[2]

Die enge Verknüpfung von Musik und Theologie manifestiert sich auch darin, daß während des 16., 17. und frühen 18. Jahrhunderts zahlreiche Theologen auf dem Weg von der Universität zum Pfarramt mehrere Jahre als Kantoren wirkten und damit sowohl Musiklehrer an der lokalen Schule waren als auch die Verantwortung für die Musik im Gottesdienst trugen. Nicht ohne Grund bestand etwa Luthers Mitarbeiter Philipp Melanchthon darauf, daß Musikunterricht zum unaufgebbaren Grundbestand schulischer Bildung gehörte, regelmässig gelehrt werden sollte.[3] Schulische Bildung, musikalische Fähigkeiten und religiöse Unterweisung waren so in der frühen Neuzeit eng mit einander verzahnt.

Aus Erfurt sind einige Fälle bekannt, in denen die Konvergenz von Theologie, Schule und Musik reiche Früchte getragen hat. Ein Beispiel dafür aus der ersten Hälfte des 17. Jahrhunderts ist Michael Altenburg (1584-1640), der über mehrere Jahre als Kantor an mehreren Erfurter Kirchen wirkte und in dieser Position zahlreiche Kompositionen schuf, bevor er schließlich ein Pfarramt antrat.[4] Man kann ohne Übertreibung sagen, daß seine historische Bedeutung als Musiker grösser war als die als Theologe.

Ein Musiker-Theologe, dessen Bedeutung mehr im Bereich der Theologie liegt, ist dagegen Nicolaus Stenger, ohne daß allerdings seine musikhistorische

---

[1] Siehe den Brief Martin Luthers an den Münchner Komponisten Ludwig Senfl aus dem Jahre 1530. In: Martin Luther: Werke. Kritische Gesamtausgabe (Weimarer Ausgabe, im folgenden: WA). Briefwechsel 5 (1934), S. 635-640, Nr. 1727.

[2] Siehe dazu zuletzt den Überblick bei Joseph Herl: Worship Wars in Early Lutheranism. Choir, Congregation, and Three Centuries of Conflict. Oxford 2004.

[3] Vgl. Heinz Scheible: Melanchthon. Eine Biographie. München 1997, S. 43-45.

[4] Vgl. zur Biographie Altenburgs Karl H. Schubert: Michael Altenburg (1584–1640). Leben und Werk. In: Die Bibliothek des Evangelischen Ministeriums zu Erfurt. Geschichte, Bestände, Forschungsbereiche. Hg. von Michael Ludscheidt. Bucha bei Jena 1998, S. 80-96 (Palmbaum Texte. Kulturgeschichte, 2) sowie Markus Rathey: Gaudium Christianum. Michael Altenburg und das Reformationsjubiläum 1617. In: Schütz-Jahrbuch 20 (1998), S. 107-122.

Bedeutung als gering zu veranschlagen wäre.[5] Ab 1631 war er Schulkollege und Organist an der Erfurter Thomaskirche und versah daneben den Organistendienst am Neuwerks-Nonnenkloster. Von 1632 bis 1635 war Stenger Kantor an der Predigerkirche. Danach endeten seine musikalischen Aufgaben und er wurde 1635 zunächst zum Diakonus und 1638 schließlich zum Pfarrer an der Kaufmannskirche gewählt. In den drei Jahren, in denen er als Kantor an der Predigerkirche wirkte, verfaßte er ein Musikkompendium für den schulischen Unterricht, das 1635 in erster Auflage erschien und dann in der kommenden Jahrzehnten mehrfach neu aufgelegt wurde. Es war für längere Zeit das verpflichtende Lehrbuch an Erfurter Schulen.[6] Noch weitreichender war sein Einfluß als Herausgeber der Erfurter Gesangbuchs vom 1663, das sowohl text- als auch melodiegeschichtlich zu den einflußreicheren Gesangbüchern in der zweiten Hälfte des 17. Jahrhunderts zählte. Erwähnenswert sind zudem seine Äußerungen zur Musik, die in seinen Predigten und theologischen Schriften zu finden sind, und die Auskunft über das Erfurter Musikleben der Zeit geben, wie auch die theologische Verortung der Musik im mitteldeutschen Barock deutlich machen. Die Schriften lassen erahnen, daß es u. a. Stengers Einfluß zu verdanken ist, daß die Musik in Erfurt im 17. Jahrhundert eine Blüte erlebte, war er doch als Pfarrer und als Senior des Evangelischen Ministeriums in der Lage, organisatorische wie liturgische Weichenstellungen vorzunehmen, von denen auch die Musik profitierte.

Zu seiner Rektoratswahl 1664 brachten ihm die Studenten ein Lied dar, in dessen Text sich die vielfältigen Begabungen Stengers spiegeln und das ihn u.a. als einen erfahrenen Lautenisten ausweist. Auch nach Abzug der zeitüblichen Panegyrik bleibt das Bild Stengers als das eines kunst- und vor allem musikliebenden Theologen:

> Er spielt süßer / als du nie / dich deiner Lauten unterwunden /
> So herzverzuckert hastu nie / ein Kunstgedicht als Er gebunden.
> Zehn Sprachen sind / darinn er uns / die Seinen lehrt /
> die Du kaum ein / Elender Künste Gott / gehört.[7]

---

[5] Vgl. zu Stengers Musikanschauung: Markus Rathey: „Die Lieblichkeit der Stimmen ist eine Gabe Gottes ...“ – Zur Musikanschauung des Erfurter Theologen Nicolaus Stenger. In: Mitteilungen des Vereins für die Geschichte und Altertumskunde von Erfurt 61 (2000), S. 59-74.

[6] Vgl. etwa die Schulordnung von 1659: „Da denn der erste Weg zum *Figural*singen aus den *Choral* Gesängen genommen wird / als die den Kindern bekandt / und desto leichter sind; Darneben aber werden Sie an das vorhandene *Music* Büchlein gewiesen / daraus das Nothwendigste zulernen.“ (Archiv des Evangelischen Ministeriums Erfurt, Signatur: A X a 1: Verordnungen betr. Organisten, Lehramt und Besuch der Schulen [1620-1775], Christliche Lehr-Ahrt und Verordnung E.E. und Hochw. Rahts der Stadt Erffuhrt / wie es hinfüro in den Schulen auf denen Dorffschaften / Erffurtischen Gebiehts / gehalten werden solle. *Publicirt* am 23. *Martii*, 1660, § 11,2); siehe auch: Markus Rathey: Johann Rudolph Ahle. 1625–1673. Lebensweg und Schaffen. Eisenach 1999, S. 117f.

[7] Zitiert nach Helga Brück: Kantoren und Organisten des 16.-19. Jahrhunderts in Erfurt. In: Die Bibliothek des Evangelischen Ministeriums (Anm. 4), S. 97-125, hier S. 103.

1. Stenger als Lernender

Über Stengers musikalische Ausbildung sind wir kaum informiert; allerdings gilt dies in ähnlicher Weise auch für zahlreiche professionelle Musiker der Zeit. Es ist anzunehmen, daß er die üblichen Stationen musikalischer Sozialisation im 17. Jahrhundert durchlief: Bereits als Kind sang er zu Hause geistliche Lieder, dann später an der Michaelisschule übte er sich weiter im Choralgesang, im Singen mehrstimmiger Sätze und in den theoretischen Grundlagen der Musik. Dies wurde vertieft während seiner Zeit als Schüler am Ratsgymnasium. Stenger war als Alumnus Mitglied eines der Chöre; es ist auch möglich, daß er Präfekt war, und so an der Spitze eines der vier Chöre bereits eine musikalische Leitungsfunktion ausübte.[8] Während seiner Schulzeit muß er auch Unterricht im Orgelspiel erhalten und Kenntnisse im Spielen der Laute erworben haben.

Auch während seines Studiums an der Erfurter Universität wird Stenger weiter gesungen und gespielt haben, wie so viele Studenten seiner Zeit. Das studentische Musikleben in Erfurt im 17. Jahrhundert dürfte (wie an anderen Orten auch) sehr vielfältig gewesen sein. Allerdings ist die Quellenlage äußerst dürftig, was vor allem an der mangelnden institutionellen Verankerung der studentischen Musizierpraxis liegt. Während wir im kirchlichen Bereich durch Bestallungsurkunden und Rechnungsbücher gut über Aufgaben und Tätigkeiten der Musiker, wie Organist und Kantor, unterrichtet sind, ist die sich primär auf Privatinitiativen gründende Musikpraxis im Umkreis der Universität nur vereinzelt durch Quellen belegt.

Im Leben einer Universität boten sich vielfältige Anlässe zum Musizieren: der Tag der Universitätsgründung, das Namensfest der Schutzpatrone der Fakultäten, die Wahl eines neuen Rektors[9] oder dessen Amtseinführung, sowie die feierliche Promotion junger Akademiker.[10] Außerdem bot das private Leben der Studenten einige Gelegenheiten zur musikalischen Betätigung. So gibt etwa der Musiktheoretiker Michael Praetorius die folgende Erläuterung des Begriffs „Serenata“, in dem sich eine von vielen Facetten studentischen Musizierens widerspiegelt:

> SERENATA Ist ein Abendsgesang mit dreyen oder mehr Stimmen / Wenn man des Abends vff der Gassen spatzieren / oder Gassaten gehet / vnd wie es vff Vniversiteten

---

[8] Siehe Ulman Weiß: Der *chorus musicus* des Evangelischen Ratsgymnasiums. In: Erfurter Musikkultur im Barock. Erfurt 2000, S. 25-42, hier 29f. (Kleine Schriften des Vereins für die Geschichte und Altertumskunde von Erfurt e. V., 4). Die Präfektenlisten sind unvollständig, daher sind wir über die Namen der Präfekten zu Stengers Zeit nicht informiert.

[9] Vgl. das zu dieser Gelegenheit entstandene Carmen aus dem Jahre 1664, s. o.

[10] Siehe zum gesamten Komplex universitären Musizierens Emil Platen: Art. „Universität und Musik“. In: Die Musik in Geschichte und Gegenwart. 2. Aufl. Sachteil 9. Kassel/Stuttgart 1998, Sp. 1169.

> genennet wird / den Jungfern ein Ständichen oder Hoferecht macht / vnd die Ritornello dazwischen musicirt werden [...].[11]

Bei privaten studentischen Zusammenkünften erklangen vorzugsweise mehrstimmige deutsche Chorlieder[12] mit einer melodiösen Oberstimme, die von einem vokal oder instrumental auszuführenden, harmonisch zumeist einfach gehaltenen Satz begleitet wird. Zum Teil sind die Stücke auch mit instrumentalen Zwischenspielen versehen. Die Texte der Lieder befassen sich vorzugsweise mit Themen aus dem studentischen Alltag: „Studium, Trinkgelage, Liebesgetändel".[13] Zu diesem Typus gehört auch eine heute verschollene Sammlung des Erfurter Druckers und Dichter-Komponisten Friedrich-Melchior Dedekind, die 1627 erschienen ist:[14] *Studentenleben, darin allerlei akademische Studentenhändel mit deutschen poetischen Farben entworfen, mit 5 Stimmen gesetzt von Musophilus Dedekind, Erfurt 1627.*

Neben den zahlreichen Vokalwerken entstanden auch einige Instrumentalsammlungen, die in ihrem Titel bereits auf eine Verbindung zur studentischen Musizierpraxis verweisen, wie Johann Erasmus Kindermanns *Deliciae studiosorum* (1640-1643)[15] oder Johann Rosenmüllers *Studenten-Music* (1654).[16] Die Vorrede zu der letztgenannten Sammlung verortet die Stücke im musikalischen Leben der Stadt Leipzig:

> Diese gegenwärtige Sachen seynd von mir anfänglich nicht zu dem Ende gemacht, daß sie in öffentlichen Druck kommen sollten, sondern meistentheils auf freundliches Begehren und Ansuchen denen Herren Studenten zu Dienst und Gefallen, wenn sie etwanen vornehme Herren und Standspersonen mit einer Nachtmusic beehren wollen.[17]

Eine Sammlung mit Instrumentalsätzen, die vermutlich für ähnliche studentische Abendmusiken in Erfurt enstanden ist, ist eine Sammlung mit Tanzsätzen, die der Mühlhäuser Komponist Johann Rudolph Ahle (1625-1673) 1650 zum Ab-

---

[11] Michael Praetorius: Syntagma musicum III. Wolfenbüttel 1619. Faksimile-Nachdruck. Hg. von Willibald Gurlitt. Kassel 1958, S. 18 (Documenta Musicologica. 1. Reihe: Druckschriften-Faksimiles, XV).

[12] Vgl. Platen (Anm. 10), Sp. 1178.

[13] Ebd., Sp. 1179.

[14] Albert Göhler: Verzeichnis der in den Frankfurter und Leipziger Meßkatalogen der Jahre 1564 bis 1759 angezeigten Musikalien. Tl. II. Leipzig 1902, Nr. 321.

[15] Johann Erasmus Kindermann: Deliciae studiosorum von allerhand Alemanden, Balleten, Serenaden, Intraden, Sarabanden und Couranten mit zweyen Discantviolen oder 2 Flöten, und einer Baßviol. 4 Tle. Nürnberg 1640-1643.

[16] Johann Rosenmüller: Studenten-Music, Darinnen zu befinden Allerhand Sachen Mit drey und fünff Violen oder andern Instrumenten zu spielen. Leipzig 1654.

[17] Zitiert nach Karl Nef: Zur Geschichte der deutschen Instrumentalmusik in der zweiten Hälfte des 17. Jahrhunderts. Leipzig 1902, S. 4 (Publikationen der Internationalen Musikgesellschaft. Beihefte. F. 1; 5).

schluß seiner Studentenzeit in Erfurt herausgegeben hat.[18] Es handelt sich um 31 einfach strukturierte Tanzsätze für drei bis fünf Instrumente, die denen in den oben genannten Sammlungen von Kindermann und Hammerschmidt recht ähnlich sind.

Es ist anzunehmen, daß sich Stenger während seines Studiums an musikalischen Aktivitäten beteiligt hat, sei es mit dem Singen von Studentenliedern oder dem Spielen der Laute. Möglicherweise hat er sogar Lieder aus Dedekinds *Studentenleben* gesungen, das 1627, also während Stengers Studienzeit, erschienen ist. Nach Abschluß seines Studiums im Jahre 1629 hatte er zumindest genügend musikalische Kenntnisse erworben, um eine Anstellung als Organist und Kantor zu übernehmen.

Leichter zu rekonstruieren als die Details seiner musikalischen Ausbildung und Sozialisation ist die geistliche Musik, die er im Laufe seiner Zeit in Erfurt kennengelernt hat, denn über das an den Erfurter Kirchen gepflegte Musikalienrepertoire sind wir recht gut informiert.[19] Das Repertoire umfaßt als älteste Schicht Kompositionen der späten franko-flämischen Vokalpolyphonie, vor allem Werke von Orlando di Lasso (~ 1530-1594) und Komponisten, die im weitesten Sinn seiner Schule zuzurechnen sind, wie etwa Hans Leo Hassler (1564-1612) und Adam Gumpelzhaimer (1559-1625). Zum typischen Repertoire mitteldeutscher Kantoreien im frühen 17. Jahrhundert gehören auch die Sammeldrucke mit Mottetten, herausgegeben von Abraham Schadaeus (1566-1626) und Erhard Bodenschatz (1576-1636).[20] Wir wissen von anderen Orten, daß diese Motettendrucke noch bis weit in das 18. Jahrhundert verwendet wurden, und es besteht kein Grund anzunehmen, daß dies nicht auch in Erfurt der Fall war.

Ein modernerer Concerto Stil ist durch die späteren Drucke von Michael Praetorius (~ 1571-1621) vertreten, sowie die Konzerte von Johann Hermann Schein (1586-1630), Samuel Scheidt (1587-1654) und natürlich Heinrich Schütz (1685-1672). Daneben finden sich auch umfangreiche Sammlungen mit Gebrauchsmusik für die Verwendung im Gottesdienst von Komponisten wie Wolf-

---

[18] Vgl. dazu Markus Rathey: Johann Rudolph Ahle und seine Beziehungen zu Erfurt. In: Die Bibliothek des Evangelischen Ministeriums (Anm. 4) 68-79 sowie Rathey, Ahle (Anm. 6), S. 209-223.

[19] Siehe dazu vor allem Ulman Weiß: Ein Chorbuch der Erfurter Kaufmannskirche aus der Bachzeit. In: Erfurter Musikkultur im Barock (Anm. 8), S. 81-114 sowie Elisabeth Noack: Die Bibliothek der Michaeliskirche zu Erfurt. Ein Beitrag zur Geschichte der musikalischen Formen und der Aufführungspraxis in der zweiten Hälfte des 17. Jahrhunderts. In: Archiv für Musikwissenschaft 7 (1925), S. 65-116.

[20] Zum Kontext der Motettensammlungen von Schadaeus und Bodenschatz siehe Susan Lewis Hammond: Editing Music in Early Modern Germany. Aldershot 2007, 13-44, vor allem S. 23-24 sowie Holger Eichhorn: Ein Sammeldruck vom Beginn des Dreißigjährigen Krieges: Das Florilegium Portense. In: Musik zwischen Leipzig und Dresden: Geschichte der Kantoreigesellschaft Mügeln 1571-1996. Hg. von Michael Heinemann u. Peter Wollny. Oschersleben 1996, S. 60-84 (Schriftenreihe zur mitteldeutschen Musikgeschichte. Serie Forschungsbeiträge, 2.2).

gang Carl Briegel (1626-1712), Johann Rudolph Ahle (1625-1673) und Andreas Hammerschmidt (1611-1675).

Nennenswert in unserem Zusammenhang sind mehrere Bände mit Drucken von Ambrosius Profe (1589-1661) aus der Mitte des 17. Jahrhunderts. Profe hatte Kompositionen zeitgenössischer italienischer Komponisten (unter ihnen unter anderem zahlreiche Madrigale von Claudio Monteverdi) mit deutschen oder lateinischen geistlichen Texten versehen und so die modernste italienische Musik für den Gebrauch im lutherischen Gottesdienst nutzbar gemacht.[21]

Das Inventar von 1692 informiert uns auch darüber, daß Stenger der Kaufmannskirche 1650 einen Druck des Nürnberger Komponisten Johann Staden (1581-1634) geschenkt hat.[22] Der Druck war bereits 1632 erschienen und enthält geistliche Konzerte für 1-12 Stimmen, für Vokalisten und Instrumente. Die Stücke repräsentieren eine Verschmelzung des italienischen Konzertstils mit deutscher Polyphonie. Es ist einer der seltenen Fälle, in denen wir den Namen Stengers direkt mit einer Komposition in Verbindung bringen können, und wir dürfen annehmen, daß die Musik von Staden Stengers Vorstellungen von guter Kirchenmusik entsprochen hat – ohne daß damit andere Komponisten und Stile ausgeschlossen wären. Wir werden jedoch bei unserer Untersuchung von Stengers Musikanschauung sehen, daß Stadens Kompositionen die musikotheologischen Ideale des Erfurter Theologen recht gut repräsentieren.

Da das Inventar von 1692 nur die Drucke ausführlicher beschreibt und Handschriften nur kursorisch abhandelt, haben wir kein vollständiges Bild von sämtlichen vorhandenen Musikalien. Allerdings wird deutlich, daß Stenger mit der deutschen Musik seiner Zeit recht gut vertraut gewesen sein dürfte und auch einige neuere Werke italienischer Komponisten (z. T. in geistlichen Parodien) kannte. Der Chor der Kaufmannskirche verfügte über ein reiches Reperoire an polyphonen Motetten (die wohl auch weiterhin musiziert wurden), jedoch konnte sich auch der neue Konzertstil bald durchsetzen.

Vor diesem Hintergrund ist es bemerkenswert, daß Stengers Schulmusikkompendium, selbst in seinen späteren Auflagen aus den 1660er Jahren, keine Anzeichen der stilistischen Umbrüche im 17. Jahrhundert widerspiegelt. Es fehlen Erläuterungen der neueren italienischen Termini (allegro, da capo, lento, etc.) sowie auch Anmerkungen zur musikalischen Aufführungspraxis, wie sie zu dieser Zeit gelegentlich Eingang in Musiklehren für den schulischen Unterricht fanden. Mit anderen Worten, Stengers Musiklehre bot den Schülern eine musikalische Zeichenlehre, die zwar auch die Grundlagen für das Musizieren neuerer Musik abdeckte, sie jedoch nicht spezifisch auf die Musik vorbereitete; sieht man einmal von der Besprechung kleinerer Notenwerte wie den 32stel-Noten ab, die in der älteren Musik nicht vorkamen.

---

[21] Siehe Kristin M. Sponheim: The Anthologies of Ambrosius Profe (1589-1661) and the Transmission of Italian Music in Germany. Phil. Diss. Yale University 1995.

[22] Weiß, Ein Chorbuch (Anm. 19), S. 111.

2. Stenger als Lehrender

Die erste Auflage seiner musiktheoretischen Schrift entstand während Stengers Dienst als Kantor – und damit in der Funktion eines Musiklehrers – an der Predigerkirche und trug den Titel *Manuductio ad Musicam Theoreticam. Das ist / kurtze Anleitung zur Singekunst.* In der Vorrede der 1666 erschienenen überarbeiteten Ausgabe seiner *Manuductio* schreibt er, er habe das 1635 erstmals in den Druck gegebene Schulkompendium für seinen eigenen Kantorendienst verfaßt. Stengers Kompendium bietet die elementaren Grundlagen des schulischen Musikunterrichts und verzichtet auf weitergehende Erläuterungen oder Wertungen. Es handelt sich bei Stengers Musiklehre ausschließlich um eine musikalische Zeichenlehre: Notenzeichen, Taktzeichen etc. Es fehlen eine Erörterung der Intervalle, die sich in anderen zeitgenössischen Gesangslehren findet, wie auch Angaben zur Aufführungspraxis (wie etwa vokale Verzierungen), die sich in der 2. Hälfte des 17. Jahrhunderts ebenfalls gelegentlich in Musikbüchern für den schulischen Unterricht finden. Stenger ändert den Text des Kompendiums auch in den folgenden Auflagen kaum und bringt gegenüber der Erstfassung nur einige orthographische Korrekturen an und erweitert geringfügig den Umfang des Anhangs mit Kanons. Das Kompendium ist in die folgenden Kapitel unterteilt:

I. Vom Gesange
II. Von den *Clavibus* oder Music-Schlüsseln
III. Von denen Figuren / so am aller Nothwendigsten zum Gesang gehören
  I. Von den Noten [inkl. Ligaturen]
  II. Von den Pausen
IV. Von den Figuren / welche nicht so gar Nothwendig zum Gesang gehören / daß man ohne dieselben nicht singen könne [insbes. Takt, Proportionen, Custoden, Bindebögen]
V. Von denen *Vocibus* oder Musicalischen ausreden [= Solmisationssilben]

„Folgen nun etliche *Fugen* aus berümten *Musicis colligiret* vnd zusammen getragen“ [= eine Reihe von Kanons, die Stenger jedoch nicht selbst komponiert, sondern aus verschiedenen Musikkompendien kompiliert hat.]

Kompendien für den Musikunterricht in der frühen Neuzeit strebten nicht nach Originalität. Vielmehr ging es den Autoren (zumeist selbst als Kantoren für den Musikunterricht verantwortlich) darum, musikalisches Grundwissen in knapper und leicht memorierbarer Weise aufzubereiten. Die Schulmusikkompendien des 16. und 17. Jahrhunderts unterscheiden sich daher in ihrer Auswahl und Darbietung des Stoffes nur gering voneinander. Das dargestellte Material wurde zwar immer wieder der musikalischen Entwicklung angepaßt, jedoch waren die Kompendien keineswegs ein Ort der Innovation, sondern reflektierten die Anforderungen des von den Schulchören gepflegten Repertoires – und dieses war ebenfalls eher konservativ ausgerichtet.

Stengers *Singekunst* stellt hierin keine Ausnahme dar. Der von ihm dargebotene Stoff deckt sich mit dem anderer in Erfurt geläufigen Kompenien, wie etwa der 1625 hier gedruckten Ausgabe von Cyriacus Schneegaß' *Deutschen Musica für die Kinder* (Erfurt: Wittel, 1625; erste Auflage Erfurt 1592). Ähnlich wie Stenger bietet Schneegaß eine ausführliche musikalische Zeichenlehre und ergänzt diese durch eine Sammlung von Musikbeispielen zur Übung von Solmisation und dem Singen von Kanons. Eine direkte Abhängigkeit zwischen den Musikbüchern von Stenger und Schneegaß besteht nicht; weder beim Text noch in den Musikbeispielen finden sich wörtliche Übernahmen. Jedoch machen gelegentliche Übereinstimmungen im Wortlaut die Konventionalität des Genres offensichtlich. Dies zeigt sich etwa in der Definition des Begriffs „Noten":

Schneegaß	Stenger
Was sind die Noten? Noten sind Zeichen des Singens. [...]	Was ist eine Nota? Nota ist ein Zeichen des Singens: Oder, wo eine Nota stehet/ da muß man singen.
Wie viel sind Mensural Noten? Acht [...]	Wie viele sind Noten? Der Noten sind am aller gebreuchlichsten achte [...]

Aussagekräftiger sind dagegen Parallelen zwischen Stengers *Anleitung zur Singekunst* und einem Kompendium des Weimarer Kantors Melchior Vulpius (~ 1570-1615), aus dem Stenger mehrere Kanons sowie einige Abschnitte des Textes wörtlich übernommen hat. Stenger weist selbst zu Beginn der Musikbeispiele darauf hin, daß diese „aus berühmten *Musicis colligi*ret vnd zusammen getragen" seien.

Bei Vulpius' Text handelt es sich jedoch ebenfalls nicht um einen originalen Beitrag, sondern um eine erweiterte und mit einer deutschen Übersetzung versehene Ausgabe eines Schulmusikkompendiums von Heinrich Faber (~ 1500-1552).[23] Der lateinische und deutsche Text erscheint dabei jeweils auf gegenüberliegenden Seiten. Fabers *Compendiolum musicae pro incipientibus* (Leipzig 1551) war das erfolgreichste und am weitesten verbreitete Musikbuch seiner Zeit, das allein bis 1617 in 45 Auflagen erschien und das außerdem während des 16. und frühen 17. Jahrhunderts mehrfach ins Deutsche übersetzt wurde.

Die Ausgabe von Vulpius erschien erstmals 1608 in Jena und Erfurt; weitere Auflagen folgten, so etwa eine in unmittelbarer zeitlicher Nähe zu Stengers Kompendium in 1636, gedruckt bei Weidner in Jena und verlegt durch den Erfurter Buchhändler Johann Birckner. Es ist daher kaum eine Überraschung, daß Stenger Vulpius' Text gekannt und als eine seiner Quellen herangezogen hat. Die Stengersche *Anleitung zur Singekunst* reicht damit in ihrem Grundbestand (über Vulpius und Faber) bis in die Mitte des 16. Jahrhunderts zurück. Es ist

[23] Siehe zu Faber P. Christoph Stroux: Die Musica des Magisters Heinrich Faber. Phil. Diss. Albert-Ludwigs-Universität Freiburg im Breisgau 1967.

überdies anzunehmen, daß er noch weiteres Material (sowohl Kanons als auch Textfragmente) aus anderen zeitgenössischen Musikbüchern übernommen hat.[24]

Als Beispiele für Übernahmen von Vulpius/Faber durch Stenger seien hier die Definition des Begriffs ‚Clavis' (Schüssel) sowie die Unterscheidung zwischen *musica choralis* und *musica figuralis* zitiert:

Vulpius/Faber	**Stenger**
Wie viel sind *Claves*? Sieben: Als die erste sieben Buchstaben im A/ B/ C/ vnd werden aus nachfolgender Tafel/ welche gemeiniglich *Scale* genennet wird/ erkant [es folgt eine Tabelle mit den Buchstaben A, B, C, D, E, F und G][25]	Wie viel sind Claves? *Claves* sind Sieben/ nemlich die sieben vordersten Buchstaben im A-be-ce; als A. B. C. D. E. F. G.

Vulpius/Faber	**Stenger**
Wie vielerley ist die Musica? Zweierley: Choralis und Figuralis.	Wie vielerley ist aber der Gesang? Der Gesang ist zweierley: Choral und Figural.
Was ist die Musica Choralis? Welche einen schlechten Tact in ihren Noten helt. Oder: Da eine Nota so viel gilt als die ander.	Was ist der Choral-Gesang? Der Choral-Gesang ist/ der mit einer Stimmen alleine (oder doch mit gleichlautenden) schlecht und einfeltig/ jedoch aber recht vnd wohl gesungen wird/ vnd mit einen schlechten gleichen Tact in den Noten helt. Oder da eine Nota so viel gilt als die ander.
Was ist die Musica Figuralis? Welche eine vngleiche Grösse und Geltung der Noten/ Puncten und Pausen hat. nach den mancherley vorgeschriebenen Zeichen.	Was ist denn der Figural-Gesang? Der Figural-Gesang ist/ welcher mit mehren vnterschiedlichen Stimmen/ die auff vielerley art lieblich zusammen klingen/ gesungen werden kan/ und eine vngleiche Geltung der Noten in sich helt.
Oder: Da eine Nota mehr gilt als die ander.[26]	Oder da eine Nota mehr gilt als die andere.

[24] Eine systematische Durchsicht zeitgenössischer Schulmusikkompendien würde zweifellos mehr Vorbilder zutage bringen.

[25] Melchior Vulpius: Musicae Compendium Latino-Germanicum, M. Heinrici Fabri, Pro Tyronibus huius artis, ad maiorem discentium commodaditatem aliquantulum variatum ac dispositum, cum facili brevique de Modis tractatu per Melchiorem Vulpium, Vinariensium Cantorem. [Erfurt]: Birckner; Jena: Weidner, 1636, S. VII.

[26] Ebd., S. III.

Stenger übernimmt auch das Notenbeipiel, das Vulpius zur Demonstration der Choralnotation abdruckt, jedoch statt des lateinischen *Veni sancte Spiritus* verwendet er dessen deutsches Äquivalent *Komm, heiliger Geist.*

Vulpius	**Stenger**

Die beiden obigen Zitate machen einerseits deutlich, daß Stenger das Kompendium von Vulpius als eine Quelle verwendet hat; sie zeigen jedoch auch, daß der Erfurter Theologe dabei recht frei mit seiner Vorlage umgegangen ist. Es zeigt sich auch, daß Stenger mehr Gewicht auf die ästhetische Wirkung von Musik legt („wohl gesungen", „lieblich") als Vulpius, der sich ausschießlich auf die technischen Aspekte der Musiklehre konzentriert.

Vor diesem Hintergrund sind jene Abschnitte signifikant, in denen sich Stenger von seinem Vorbild löst und ein Reflexionsniveau an den Tag legt, das über das herkömmlicher Kompendien hinausgeht. Dies wird bereits zu Beginn des Buches deutlich. Schulmusikkompendien begannen zumeist mit einer allgemeinen Wesensbestimmung der Musik und der Frage „Was ist die Musica?", oder in Fabers lateinischem Original, „Quid est Musica?"[27] Die Antwort lautet „Est bene canendi scientia", bzw. in Vulpius' Übersetzung, „Sie ist die Kunst recht vnd wohl zu singen."[28] Die Antwort findet sich in der Formulierung „musica est ars bene canendi" bereits in den Schulkompendien des 16. und frühen 17. Jahrhunderts und geht auf Augustins Traktat *De Musica* zurück, in dem die Musik als „scientia bene moduladi"[29] definiert ist. Stenger schließt sich seinen Vorbildern zwar an, jedoch erweitert er die konventionelle Frage durch das Wort „alhier". Nicht die Musik als ganze ist es, die Stenger zu definieren versucht, sondern nur ein eng umgrenzter Teil, eben jener, mit dem sich die Schulknaben theoretisch wie praktisch auseinanderzusetzen hatten: die Vokalmusik, und auch nur die Musik als praktische Kunst. Ausgeklammert sind explizit die sich zu dieser Zeit mehr und mehr emanzipierende Instrumentalmusik, wie auch die Musiktheorie und die Theologie der Musik.

Ein weiteres Beispiel, in dem Stenger die bloße Zeichenlehre seines Vorbilds verläßt, ist seine Erläuterung der Generalpausen. Während Vulpius nur allgemein die drei Typen der Generalpause vorstellt (unterschieden durch ihre Plazie-

[27] Vgl. zur Wesensbestimmung der Musik in Traktaten des 17. Jahrhunderts Werner Braun: Deutsche Musiktheorie des 15. bis 17. Jahrhunderts. Zweiter Teil: Von Calvisius bis Mattheson. Darmstadt 1994, S. 39-42 (Geschichte der Musiktheorie, 8/II).

[28] Vulpius, Musicae Compendium (Anm. 25), S. III.

[29] Zitiert in Margaretha Landwehr von Pragenau: Schriften zur ARS MUSICA. Ausschnitte aus Traktaten des 5.-11. Jahrhunderts lateinisch und deutsch. Wilhelmshaven 1986, S. 18.

rung innerhalb des musikalischen Satzes), macht Stengers Darstellung auf die semantische und affektive Funktion der Pausen aufmerksam:

Vulpius	**Stenger**
Was ist die Pausa generalis am Anfang des Gesangs?	Es werden aber solche Pausen auff zweierley art gebrauchet/ nemlich *I. Speciatim* [...] *II. Generatim,* ins gemein/ da alle Stimmen zugleich schweigen müssen: Vnd solches geschicht entweder
Wann im Anfange eines Gesangs diese [...] *Pausa* vorhanden/ anzeigend/ daß alle Stimmen zugleich wider den Tact müssen anfahen.[30]	Erstlich/ zu anfang des Gesanges/ auff daß der schlag erfüllet werde:
Was ist die Pausa generalis in der Mitten des Gesangs? Wann ein halber Cickel mit einem Punct vber oder vnter die Noten geschrieben/ oder ein Strich durch alle Linien vnd *Spacia* gezogen wird/ allen Stimmen gleiche Stillschweigung bringet.	Zum andern/ auch wohl in der Mittel des Gesanges/ zur zierde/ oder einen sonderlichen *affect* zu erwecken:
Wann ist die Pausa generalis am Ende des Gesangs? Fast eben wie sie in der Mitten des Gesangs gewesen/ ohn allein daß für die *Breves Longae* gesetzt? vnd durch die Linien vnd *Spacia* bißweilen zwey Strichlein gezogen werden.[31]	Zum dritten/ zu ende des Gesanges/ vnd solches abermal aus einer sonderlichen vrsache/ wiewohl es nicht so gar offt vorkömbt.

Stengers Betonung der affektiven Funktion der Pause deckt sich mit dem oben hervorgehobenen Interesse an den ästhetischen und funktionalen Aspekten der Musik.

Ich möchte den Blick im folgenden auf zwei Aspekte lenken, die in der Musiklehre angedeutet, jedoch nicht weiter ausgeführt werden: Das Verhältnis von Vokal- und Instrumentalmusik (vor allem im Bereich der geistlichen Musik) sowie die Wirkung von Musik auf den Hörer. Beide Fragen werden von Stenger ausführlich erörtert in einer 1647 gedruckten Predigt über den Text Kol. 3, 16[32]

[30] Vulpius, Musicae Compendium (Anm. 25), S. LXV.

[31] Ebd., S. LXVII.

[32] Die Predigt erschien in der Sammlung *Tausend Zeüge nemlich Das Gewissen des Menschen Nach anleitung heiliger göttlicher Schrifft des alten und newen Testaments* (Erfurt 1647), einer von Stengers zahlreichen Predigtsammlungen, die er während seiner Amtszeit drucken ließ. Predigtsammlungen dieser Art dienten im 17. Jahrhundert sowohl als Hilfsmittel für andere Prediger als auch als Andachtsbücher für die häusliche Frömmigkeit. Siehe dazu Thomas Kaufmann: Lutherische Predigt im Krieg und zum Friedensschluss. In: 1648. Krieg und Frieden in Europa. Textband I. Münster 1998, S. 246; vgl. außerdem Dieter Breuer: Der Prediger als Erfolgsautor. Zur Funktion der Predigt im 17. Jahrhundert. In: Beiträge zur Geschichte der Predigt. Vorträge und Abhandlungen. Hg. von Heimo Reinitzer. Hamburg 1981, S. 31-48 (Vestigia Bibliae, 3).

sowie in der Vorrede des 1663 in erster Auflage erschienen Gesangbuchs. Stengers Musikanschauung ist keineswegs außergewöhnlich oder einmalig. Vielmehr spiegelt sich in ihr die typische lutherische Musiktheologie des 17. Jahrhunderts. Allerdings treffen wir bei Stenger auf einen Theologen, der diese Konzepte sorgfältig durchdacht und systematisch dargestellt hat. Zudem sind seine Schriften von lokaler Bedeutung als Quellen zum Erfurter Musikleben des 17. Jahrhunderts.

3. Die Heiligkeit der Musik

Zu Beginn seiner Predigt entwirft Stenger eine Ontologie der Musik. Die Antwort der Musiklehre konnte dabei keineswegs ausreichend sein, und Stengers Formulierung („alhier“) zeigte ja bereits, daß das ‚rechte und gute Singen‘ nur ein Teilaspekt der Musik war. In der Predigt geht er daher darüber hinaus und betont die Heiligkeit der Musik:

> Vor allen dingen aber muß von jedermänniglich ins gemein / vnd also auch von Cantoribus vnd Musicanten insonderheit in Acht genommen werden die Heiligkeit der edlen Music. Damit ja nicht jemand auff die Gedancken gerathe / als ob das singen vnd musiciren ein vergeblich / vnnütz / vnd vngeistlich Werck vnd Thun sey / wie es je zu Zeiten solche melancholische Sawrheiligen gegeben / die das singen vnd spielen auff allerhand musicalischen Instrumenten verachtet vnd vernichtet haben.[33]

Stenger wendet sich im weiteren dezidiert gegen die Reformatoren Zwingli und Karlstadt, die das figurale Musizieren im Gottesdienst abgelehnt hatten. Für zeitgenössische Predigthörer und -leser war die Nennung dieser beiden Namen mehr als eine Reminiszenz an das Reformationsjahrhundert, sondern sie personifizierten – pars pro toto – reformierte und schwärmerische Musikanschauung.

Die Musik gilt Stenger als heilig, da sie Teil der göttlichen Schöpfungsordnung ist. Er ist sich mit Martin Luther einig, daß die Musik keine Erfindung des Menschen nach dem Sündenfall ist, sondern zu den ursprünglichen Schöpfungsgaben Gottes zählt, und damit unter dem Prädikat „und es war sehr gut“ steht.[34] Ausgangspunkt ist der Gedanke, daß das Singen und Musizieren Teil des Gotteslobes sei, das der Mensch seinem Schöpfer schulde:

> Es ist bey uns Christen bekandt/ und außer allem Zweifel/ daß das Musiciren und Singen ein gutes/ und wohl angenehmes Werck und Stück sey des nohtwendigen Dienstes/ welchem wir Gott unserem Schöpfer/ Erlöser/ und Heiligmacher zu leisten und zu erzeigen schuldig und verpflichtet sind. Inmassen nicht allein die sieben heiligen Engel uns hierinnen mit ihrem Exempel vorgehen/ als welche von anbeginn ihrer Erschaf-

[33] Stenger, Tausend Zeüge (Anm. 32), S. 558.

[34] Zur Verortung der Musik in Luthers Schöpfungstheologie siehe Christoph Krummacher: Musik als Praxis Pietatis. Zum Selbstverständnis evangelischer Kirchenmusik. Göttingen 1994, S. 14-21 (Veröffentlichungen zur Liturgik, Hymnologie und theologischen Kirchenmusikforschung, 27).

> fung Gott den HERRN mit Singen loben/ und Ihm jauchzen/ wie Gott selbst zum Job davon redet/ und spricht: Wo warestu/ da Ich die Erde gründet/ da mich die Morgen Sterne mit einander lobeten/ und jauchzten alle Kinder Gottes? Job. am 38. v. 4. & 7.[35]

Es entspricht Lutherischem Denken, wenn Stenger hier die Musik als Teil der göttlichen Schöpfung beschreibt und damit als gut und nützlich qualifizert; es ist damit, wie Luther etwa in seiner Vorrede zu Rhaus *Symphoniae Iocundae* von 1538 hervorhebt, dem Menschen selbst überlassen, ob er die Musik gut oder schlecht verwendet.

4. Apologie der Instrumentalmusik

Eine in der Schöpfungstheologie verortete Ontologie der Musik erweist sich vor allem dort als notwending, wo es nicht nur um geistliche Vokalmusik geht, die ja zumindest durch ihren Text eindeutig als „geistlich“ qualifiziert wird, sondern um Instrumentalmusik, und hier vor allem um Instrumentalmusik im liturgischen Kontext. Ein neuralgischer Punkt, der nicht nur zwischen Lutheranern und Reformierten kontrovers diskutiert wurde, sondern der auch innerhalb des Luthertums nicht unumstritten war, war die Verwendung von Instrumenten während des Gottesdienstes, und insbesondere der Orgel. Der Prediger Stenger malt seinen Zuhörern die Orgelfeindlichkeit niederländischer Reformierter plastisch vor Augen und wendet sich, mit Rückbezug auf den Predigttext, gegen diese Form des Ikonoklasmus:

> Ja es haben etliche mit Vngestüm zugefahren / Seile vnd Ketten vmb die Orgeln in der Kirche gezogen / Pferde angespannet / vnd also die Orgeln mit gewalt herab gerissen / [...] / So ist auch etwa noch in Gebrauch / daß mann die Orgeln / da sie gleich dieselbe in den Kirchen behalten / doch nicht vnter währendem Gottesdienst / sondern etwa auff die Wercktage zu gewisser Stunde schlagen lässet / da die Kauffleute vnter dessen in der Kirchen auff vnd abgehen / vnd darinnen ihr Gewerb vnd Parthiererey treiben / wie in Holland bräuchlich seyn soll. Aber wieder solche Sonderlinge streitet / was der Apostel in vnserm Text meldet / vnd befiehlet / daß die Christen sollen mit Psalmen vnd Lobgesängen vnd geistlichen Liedern dem HErren singen. Da denn / wie aus dem Text vorgenommen / die Figural vnd InstrumentalMusic nicht verboten / sondern vilmehr mit eingeschlossen vnd gebilliget wird.[36]

Da der Apostel Paulus jedoch zu der Frage der Instrumentalmusik keine Stellung bezieht und es Stenger offensichtlich nicht bei seinem argumentum ex silentio belassen will, bedient er sich einer im 17. Jahrhundert gängigen Beweisführung, indem er sich auf das Alte Testament und insbesondere auf König Da-

---

[35] Christlich- neuvermehrt- und gebessertes GESANGBUCH / Darinnen D. Martin Luthers / und viel anderer Gottseliggelehrten Leute Geistliche Lieder und Psalmen [...] sammt denen darzu gehörigen lang gewüschten Melodeyen Mit besondern Fleiß zusammen getragen [...]. Erfurt 1663, fol. III^{r}.
[36] Stenger, Tausend Zeüge (Anm. 32), S. 559f.

vid als Sänger des Psalters bezieht. Stenger weist darauf hin, daß das Wort ‚Psalm' von ‚Psalter' herzuleiten sei, und dies bezeichne ein Instrument, nämlich die Harfe.[37] Wenn jedoch bereits die Psalmen, die als Ur- und Vorbild gottesdienstlichen Singens galten, mit Instrumentalbegleitung vorgetragen worden seien, so sei auch Instrumentalmusik zu gestatten. Psalm 150 fordere sogar dezidiert dazu auf, Gott mit Instrumenten zu loben.[38] Auf biblischem Fundament befindet sich Stenger auch, wenn er nach der Wirkung von instrumentaler Musik fragt. Mit einem Verweis auf die Besänftigung des tobenden Königs Saul (1. Sam. 16, 23), hält er den Kritikern der Musik entgegen: „Ja / was wollen die Musicverächter darzu sagen? Daß durch den Klang vnd Hall der instrumental Music der böse Geist vertrieben wird / wie aus Sauls Exempel klärlich erscheinet"[39].

5. Von der Wirkung der Musik

Stengers Verweis auf die Wirkung von Instrumentalmusik bringt uns zu einem zweiten Aspekt seiner Musiktheologie, der Wirkung von Musik auf den Hörer. Stenger greift hier wiederum ein geläufiges Denkmodell auf, das bereits im Reformationsjahrhundert zur Legitimierung liturgischer wie außerliturgischer Musik gedient hatte. Besondere Kraft erhielt das Modell dadurch, daß sich hier das biblische Zeugnis der Theologen und die klassischen Quellen der Humanisten zu ergänzen schienen. Platos Charakterisierung der Musik in der *politeia* als ethisch bildende Kraft[40] und das biblische Beispiel Sauls führten etwa Luther zu dem folgenden Lob der Musik:

> [Es ist] nichts so billig und so hoch zu rühmen und zu loben, als eben die Musica, nämlich aus der Ursache, daß sie aller Bewegung des menschlichen Herzens [...] eine Regiererin, ihr mächtig und gewaltig ist, durch welche doch oftmals die Menschen gleich als von ihrem Herrn regieret und überwunden werden. Denn nichts auf Erden kräftiger ist, die Traurigen fröhlich, die Fröhlichen traurig, die Verzagten herzenhaftig zu machen, die Hoffärtigen zur Demut zu reizen, die hitzige und übermäßige Liebe zu stillen und zu dämpfen, den Neid und Haß zu mindern [...] denn die Musica.[41]

[37] Ebd., S. 559.
[38] Ebd., S. 561. Der Psalm fordert u. a. „Lobet ihn mit Posaunen, lobet ihn mit Psalter und Harfen" (Ps. 150, 2). Michael Praetorius widmet der Apologie instrumentaler Kirchenmusik in *Syntagma musicum* I (Wolfenbüttel 1615; Faksimile. Hg. von Wilibald Gurlitt. Kassel 1959 [Documenta Musicologica. 1. Reihe. Druckschriften-Faksimiles, XXI]), einen umfangreichen Abschnitt, der vor allem der Kapelle König Davids gewidmet ist; siehe dazu Dietlind Möller-Weiser: Untersuchungen zum I. Band des Syntagma Musicum von Michael Praetorius. Kassel u. a. 1993, S. 57-65 (Detmold-Paderborner Beiträge zur Musikwissenschaft, 3).
[39] Stenger, Tausend Zeüge (Anm. 32), S. 561.
[40] Vgl. etwa Platon: Politeia III, 399a-c.
[41] Martin Luther: Vorrede zu Georg Rhaws *Symphoniae iucundae* (1538) in der freien Übertragung Johann Walters *Lob und Preis der himmlischen Kunst Musica* (1564). Zitiert nach Christhard Mahrenholz: Luther und die Kirchenmusik. Kassel 1937, S. 7.

Es ist von zentraler Bedeutung für Stengers Musikanschauung, daß er sich nicht mit Geschmacksurteilen begnügt oder auf einige biblische Zitate hinweist, in denen von der Kraft der Musik gesprochen wird, sondern daß er eine argumentativ klar konturierte Ontologie der Musik vorlegt: Musik ist Teil der guten Schöpfung Gottes, womit nicht nur die geistliche Vokalmusik legitimiert ist, sondern auch die Instrumentalmusik. Musik ist von Gott mit einer besonderen Kraft ausgestattet worden, die es ihr ermöglicht, die Affekte der Menschen zu steuern. Auch hier beschränkt sich Stenger nicht auf die geistliche Musik, sondern spricht von der Musik als ganzer. Mit anderen Worten, er bietet in seiner Predigt eine ausführlichere Antwort auf die im Schulkompendium gestellte Frage: Was ist die Musica?

Erst nach dieser Bestimmung der Musik im allgemeinen kommt Stenger zum Sonderfall der geistlichen und liturgischen Musik. Bereits in Stengers Apologie instrumentaler Musik hatte die Unterscheidung von geistlich und weltlich eine zentrale Rolle gespielt. Der Theologe geht in seiner Predigt auf die Konstitutiva geistlicher Musik noch detaillierter ein. Bereits in einer Predigt Luthers über denselben Text findet sich eine kurze Reflexion über die Charakteristika eines geistlichen Liedes: „[Paulus] will, das unser Liede sollen von geystlichen dingen lautten, die da tuchtig sind uns ettwas zu leren odder zu vermanen, wie er hie sagt.“[42]

Während Luther den geistlichen Charakter allein auf der Inhaltsebene und damit für ihn untrennbar verbunden, auf der Ebene der Rezeption bzw. Wirkung, ansiedelt, faßt Stenger die Konstitutiva des Geistlichen in folgendem Dreischritt:

> Solche Psalmen / Lobgesänge vnd Lieder / spricht Paulus / sollen geistlich seyn / das ist / solche Lieder / die aus des heiligen Geistes Bewegung ertichtet sind. Geistlich / die von geistlichen vnd göttlichen Sachen handeln. Geistlich / daß sie den Geist vnd das Hertz des Menschen bewegen.[43]

Neben dem geistlichen Inhalt der Lieder sind es die Aspekte Produktion und Rezeption, die ein geistliches Lied ausmachen. Einer Überprüfung erschließt sich letztlich jedoch nur der zweite Aspekt. Die Gesinnung des Dichters bleibt ebenso in vielen Fällen im Dunkeln, wie auch die Wirkung eines Liedes kaum allgemeingültig faßbar ist. Dennoch ist der dritte Aspekt sehr wichtig, da er der pastoralen Praxis Stengers entspringt: Nicht nur der Inhalt eines Liedes ist entscheidend, nicht nur seine dogmatische Korrektheit, sondern seine Wirkung auf

---

[42] WA 17.2 (1927), S. 121, 13-15.

[43] Stenger, Tausend Zeüge (Anm. 32), S. 558. Ob dieser Dreischritt auf Stenger zurückgeht oder ob er ihn selbst aus der Predigttradition des 17. Jahrhunderts übernommen hat, ließ sich nicht nachvollziehen. Eine fast gleichlautende Formulierung findet sich allerdings mehrere Jahrzehnte später in einer Predigt des Ulmer Predigers Johann Heinrich Weyhenmaier über dieselbe Perikope. Vgl. Johann Heinrich Weyhenmeier: Epistolische Pfarr- und Kirchen-Postill: in welcher alle Sonn-, Fest- und Feyertägliche Episteln artificiali methodo [...] erkläret und ausgelegt. Frankfurt 1696, S. 336. Ob er Stengers Text kannte oder beide auf einem gemeinsamen Vorbild fußen, ist nicht bekannt.

den einzelnen Menschen. Nur ein Lied, das auch „den Geist vnd das Hertz" des Singenden oder Hörenden bewegt, verdient das Attribut „geistlich". Latent schimmert hier eines der zentralen frömmigkeitsgeschichtlichen Probleme des 17. Jahrhunderts durch: Auf der einen Seite stand ein Instistieren auf dogmatische Korrektheit und die Abgrenzung gegenüber katholischen, reformierten und vor allem spiritualistischen Tendenzen; auf der anderen Seite aber die neue Frömmigkeitsbewegung, die, insbesondere inspiriert durch Johann Arndt, die Beteiligung des einzelnen Glaubenden, sein Ergriffensein und seine Entscheidung für den Glauben, in den Vordergrund stellte. Stenger macht exemplarisch am geistlichen Lied deutlich, daß beides zusammengehört, der Inhalt des Liedes wie auch seine Rezeption und Wirkung beim einzelnen Glaubenden.

Letztlich zielt für Stenger alles auf die erbauende Funktion der Musik hin. Dieser Aufgabe dienen der Inhalt eines Liedes oder Musikstücks wie auch seine Gestalt. Kunstfertigkeit ist für ihn kein Wert an sich, sondern erfüllt in diesem Zusammenhang eine spezifische Funktion:

> Die Lieblichkeit der Stimmen ist eine Gabe Gottes / vnd nicht vnrecht / wenn man dieselbe fein moduliren / vnd damit künstlich vnd anmuhtig nach musicalischen Fugen variiren kann / aber ohne das Hertz ist solches alles nicht besser / als der Papageyen vnd anderer Vögel Gesang.[44]

Und er fügt in der Vorrede des Gesangbuches hinzu, daß die Musik einerseits der Andacht nützlich sein kann, sie andererseits aber auch den Menschen gegen Anfechtungen zu stärken vermag:

> Das hat seinen mercklichen und gewaltigen Nutz / beydes das Gemüth eines Christen zu mehrer Andacht zu erwecken / und sich unter einander zu bessern; als auch des leidigen Satans traurigen Einbildungen / und gefährlichen Anläuffen desto kräftiger zu wiederstehn. [Das Gemüt des Menschen wird] durch das Musiciren und Lieder Singen gewaltig beweget / und empfindet gleichsam eine Göttliche / durchdringende Krafft und Freudigkeit / dadurch in ihm das Vertrawen und die Liebe zu Gott mercklich gestärcket wird.[45]

Notwendig für die erbauliche Vokalmusik ist überdies, daß der Text der Musik verständlich ist. Dies bedeutet, daß sowohl figurale Kompositionen als auch Choräle in einem langsamen Tempo zu singen sind, so daß der Text deutlich wahrzunehmen ist.[46] Die Virtuosität hat somit gegenüber dem Verkündigungscharakter der Musik zurückzustehen. Dies hat aber auch Auswirkungen auf die Sprache der Vokalwerke: Der lutherische Gottesdienst hatte viele lateinische Gesänge der katholischen Liturgie übernommen, und Luther hatte niemals das Ziel verfolgt, den lateinischen Gottesdienst gänzlich abzuschaffen.[47] Im Reper-

---

[44] Stenger, Tausend Zeüge (Anm. 32), S. 565.
[45] Gesangbuch (Anm. 35), fol. III^{v}.
[46] Stenger, Tausend Zeüge (Anm. 32), S. 573-574.
[47] Vgl. Martin Luther: Deudsche Messe vnd ordnung Gottisdiensts. In: Wolfgang Herbst: Evangelischer Gottesdienst. Quellen zu seiner Geschichte. Göttingen 1992, S. 71.

toire der evangelischen Kantoreien befand sich daher auch ein großer Bestand lateinischsprachiger Motetten und Konzerte, wie wir etwa bei der Übersicht über das Erfurter Repertoire im 17. Jahrhunderts gesehen haben. Im Zuge der neuen Frömmigkeitsbewegung des 17. Jahrhunderts mehrte sich jedoch die Kritik an dieser Praxis, da die Texte nicht verständlich seien und die Kompositionen somit nicht der Erbauung der Gemeinde dienen könnten.[48] So hatte der Mühlhäuser Superintendent Andreas Cramer 1632 auf die Abschaffung lateinischer Gesänge in seiner Stadt gedrungen;[49] ähnliches wurde 1646 auch in Göttingen gefordert.[50] Stenger geht nicht so weit, setzt sich aber doch für mehr deutsche Gesänge ein:

> Da dem von nöthen / daß in der Kirchen nicht allein in lateinischer Sprache gesungen werde / darauß der gemeine Mann wenig Lehre vnd Vermahnung nehmen / vnd also schlechte Besserung haben kann / weil er ja nicht verstehet / was gesungen wird [...] Welches aber nicht die meinung hat / ob solte man schlechter dinge alle lateinische schöne Moteten / Hymnos, vnd dergleichen gantz vnd gar verwerffen [...].[51]

Es ist jedoch festzuhalten, daß sich diese Forderungen nur auf die durch ihren Verkündigungsauftrag definierte liturgische Musik beziehen und keineswegs die sprachlichen wie virtuosen Möglichkeiten der Musik als ganzer beschränken sollen. Insgesamt ist festzustellen, daß Stenger im Spektrum der lutherischen Musiktheologie des 17. Jahrhunderts eine eher gemäßigte und vermittelnde Stellung einnimmt. Zum einen fußt er, wie deutliche Bezüge zu Luther und zu Theologen des späten 16. Jahrhunderts zeigen, in der Tradition der lutherischen Orthodoxie. Zum anderen partizipiert er jedoch auch an den Strömungen der neuen Frömmigkeitsbewegung und deren Forderung nach Erbaulichkeit und Innerlichkeit. Dies führt dazu, daß Stenger die alte Musikpraxis nicht verwirft, sie aber um neue Nuancen bereichern möchte, die diesem Paradigmenwechsel einen breiteren Raum verschaffen.

6. Kritik der un-heiligen Musik

Kritik ist jedoch nach Stengers Ansicht dort anzubringen, wo Musik nicht ihrem schöpfungsmäßigen Auftrag gemäß verwendet wird. Nach Luthers Theologie der Musik war die Musik als gut erschaffen worden und es lag im *usus*, im Ge-

---

[48] Vgl. den Überblick bei Joyce Irwin: German Pietists and Church Music in the Baroque Age. In: Church History 54 (1985), S. 29-40.

[49] Siehe Stadtarchiv Mühlhausen 61/24: Die Mühlhäusischen Alterthümer in einer Chronika vorgestellet zum Nützlichen Gebrauch vor die Nachkommen aus vielen Alten Chronicken und eigener Erfahrung zusammen getragen, auch mit vielen Gemählden gezieret von George Andreas Sellmann [Badersche Chronik]. Hs. Mühlhausen 1791, S. 342.

[50] Vgl. Karl Heinz Bielefeld: Zur Geschichte der evangelischen Kirchenmusik in Göttingen von den Anfängen bis zum Ende des 19. Jahrhunderts: Ein Überblick. In: 100 Jahre St. Jacobi-Kantorei Göttingen. Göttingen 1991, S. 15.

[51] Stenger, Tausend Zeüge (Anm. 32), S. 566-567.

brauch der Musik durch den Menschen, ob sie nützlich oder schädlich war. In der Predigt über Kol. 3,16 hatten die Erörterungen über das Verhältnis von erbaulicher und lasterhafter Musik einen breiten Raum eingenommen. Dieses Problem greift Stenger in seiner Gesangbuchvorrede von 1663 nochmals auf und spitzt es auf den konkreten Anlaß zu:

> Welches wir aber allein verstehen von dem Geistlichen Christlichen Singen und Musiciren / und mit nichten von der Musicâ lascivâ, damit die Welt Kinder sich suchen zu belustigen / durch freche / leichtfertige Melodeyen / und durch Lieder von Schandbaren Worten / von Buhlschaften / und anderen üppigen Dingen oder Narrentheidungen / dergleichen weder in der Kirchen Gottes gehört [werden sollen] / noch in Häusern der Christen [...].[52]

Den Abschluß von Stengers Vorrede bilden praktische Erwägungen. Zunächst verweist er darauf, daß verständlich zu singen sei, zur eigenen Erbauung wie zur Erbauung der Zuhörer.[53] Dann geht er aber auch auf die Qualität des musikalischen Vortrags ein. Unter dem Hinweis auf den Propheten Amos formuliert Stenger:

> Woraus ein ieder selbst leichtlich ermessen kann / was Tadel- und Mangelhaftiges im Singen sich ereigenen / und wie leichtlich die edle Music Kunst mißbraucht / oder sonst ein Ubelstand begangen werden kann / dadurch das Singen zum unangenehmen Geheule und Geplerr für Gott werden kann / Amos 5.v.23. wenn mann entweder die Noten und Melodeyen contra Leges musices, contra Harmoniam & Dialectum nativam verändert / und untereinander vermischet; oder im Tact nicht gebührend Gravität und Mass helt [...].[54]

Stengers Kritik an der musikalischen Praxis hatte einen konkreten Anlaß: Die vorangegangenen Erfurter Gesangbücher hatten auf den Abdruck von Noten verzichtet und nur den Text der Lieder enthalten. Dadurch war es zwar möglich, den Preis für die Gesangbücher niedrig zu halten, jedoch barg dies die Gefahr, daß aufgrund des fehlenden Korrektivs durch den Notentext, die Melodien durch Um- und Zersingen verändert wurden. Stenger weist daher darauf hin, daß er das Gesangbuch nicht nur mit Noten versehen, sondern sowohl den Lied- als auch den Notentext korrigiert habe: „weil mann zumahl gesehen und erfahren / wie in Mangelung der Noten ein ieder die Melodeyen nach seinem Kopfe gedrehet und

---

[52] Gesangbuch (Anm. 35), fol. IV^{v}.
[53] Ebd., fol. VII^{r}.
[54] Ebd., fol. VII^{r}. Stengers Umgang mit dem Prophetenwort ist auslegungsgeschichtlich recht aufschlußreich. Bei Amos steht der Satz „Tu weg von mir das Geplärr deiner Lieder; denn ich mag dein Harfenspiel nicht hören!“ im Kontext seiner harschen Sozialkritik, in der er die Diskrepanz zwischen kultischer Religiosität und mangelnder sozialer und ethischer Verantwortung anprangert. Stenger löst nun den einen Satz aus seinem Kontext und reduziert ihn auf die Nichteinhaltung musikalischer Gesetze.

gewendet / daß einer / der ein wenig des Singens erfahren / einen rechten Eckel daran empfunden."[55]

Sowohl die Qualität des Vortrags als auch die Korrektheit des zugrundeliegenden Texts sind bedingt durch Stengers zuvor dargestellte Ontologie der geistlichen Musik: Fehler im musikalischen Vortrag konnten die Wirkung der Musik auf den Hörer beeinträchtigen (oder sogar ins Gegenteil verkehren) und die Korrektheit des Textes war unerläßlich für die Verkündigungsfunktion der Musik.

In dem letzten Zitat schimmert etwas Lokalkolorit hindurch, denn die Mißstände, die der Prediger hier nennt, dürften ihm wohl in Erfurt begegnet sein. Auch in den anderen dargestellten Texten finden sich – zumeist am Rande – Bemerkungen, die Rückschlüsse auf das Erfurter Musikleben der Zeit gestatten. Einen ähnlichen Tenor wie der Schluß der Gesangbuchvorrede hat auch das Vorwort der *Manuductio*. Stenger schreibt, er habe das Kompendium verfaßt, um der eingerissenen „Unordnung im Singen"[56] abzuhelfen. Gesangbuch und Schulkompendium dienten somit – jedes auf seinem ihm eigenen Terrain – einem ähnlichen Zweck: der Hebung des Niveaus geistlicher Musik in Erfurt.

Auch wenn die Stadt für ihre lange und fruchtbare kirchenmusikalische Tradition bekannt ist, so bestand die Gemeinde nicht nur aus Musikliebhabern. In seiner Predigt über Kol. 3,16 von 1647 lenkt Stenger daher den Blick auf jene, die der Musik nur wenig Interesse entgegenbrachten:

> Wider Gewissen thun die jenigen / die das singen in der Kirchen gar verseumen / vnd bleiben so lange zu Hause / biß jetzund der Prediger auff die Cantzel gehet / alsdenn kommen sie getroffen / meinen es sey genung / wenn sie des Predigers Lehre vnd Vermahnung von der Cantzel mit anhören / das singen gehöre vor den Cantor vnd seine Schüler vnd Adjuvanten. Nein / im Text [Kol. 3,16] stehet / es sollen die Christen sich mit Psalmen und Liedersingen lehren und ermahnen.[57]

Ähnliche Formen der Gemeindeschelte gehörten zur üblichen Topik von Predigten des 17. Jahrhunderts, und es wäre verfehlt, das Zitat als getreuen Spiegel der Erfurter Verhältnisse zu lesen. Wir kennen etwa auch aus Bachs Leipzig Berichte, daß Teile der Gemeinde erst zur Predigt erschien und an der Musik (sowie am liturgischen Eingangsteil des Gottesdienstes) nur wenig Interesse hatte.[58] Andererseits wäre Stengers Kritik überflüssig, wenn sie nicht doch einen Anhalt an der Realität in Erfurt hätte.

---

[55] Gesangbuch (Anm. 35), fol. VII^{v}.

[56] Nicolaus Stenger: Manuductio ad Musicam Theoreticam. Das ist / kurtze Anleitung zur Singekunst [...]. Erfurt 1666, [Vorrede].

[57] Stenger, Tausend Zeüge (Anm. 32), S. 565.

[58] Vgl. Tanya Kevorkian: Baroque Piety: Religion, Society, and Music in Leipzig 1650–1750. Aldershot 2007, S. 33-35.

7. Musik als soziale Aufgabe

Ein weiterer Kritikpunkt, der in Auseinandersetzungen um die Musik im 17. Jahrhundert immer wieder auftaucht, sind die zunehmenden Ausgaben für Instrumente, Chöre, und vor allem für den Bau und die Unterhaltung von Orgeln. Das musikalische Budget einer Stadt oder eines mitteldeutschen Hofes im 17. und 18. Jahrhundert konnte recht beachtlich sein. Stenger äußert sich nicht dezidiert zu diesem Problem, jedoch kann eine Predigt, die er 1671 zur Einsegnung des neu gestalteten Altars in der Kaufmannskirche gehalten hat, herangezogen werden, in der er die Ausgaben für bildende Kunst legitimiert:

> Ob auch gleich iemand das einwenden und sagen wolte; 'es wäre besser/ man hette diese Unkosten/ so zum Altar ietzo verbraucht worden/ an die sämtliche Kirch= und Schuldiener/ ingleichen an das liebe Armuth/ verwendet und angelegt/ weil ja dessenthalben nicht wenig klagens gehöret wird': So antworten wir solchen Nöselern eben das/ was dort unser HErr JEsus denen antwortete. die da meineten/ das Weib/ welches das köstliche Nardenwasser dem HErrn auf sein Haupt gegossen/ hette besser gethan/wenn sie das Wasser verkaufft/ und das Geld den Armen gegeben hette: Sie hat ein gut Werck an mir gethan/ sprach der HErr: Ihr habt allezeit Armen bey euch/ mich aber habt ihr nicht allezeit. Also sagen wir auch/ daß durch diß löbliche und gute Werck/ so mit Ausstaffirung unsers Altars geschehen ist/ nicht aufgehaben wird die Guttäthigkeit gegen Kirchen und Schulen/ und gegen das rmuth; sondern wir schliessen vielmehr hierauß/ daß die Christliche Eingepfarrte/ so zur Zierde des Altars und der Kirchen sich freygebig erwiesen/ nicht unterlassen werden auch/ und noch viel mehr denen gutes zu thun/ die der Kirchen und dem Altar dienen/ und ihrer Hülffe bedürffen.[59]

Die Ausstaffierung des Altars, oder in übertragenem Sinne, die Musik, sind dann legitimiert, wenn aus ihnen zugleich eine ethische Verpflichtung zur Nächstenliebe abgeleitet wird. Erbauliche Musik ist damit kein Selbstzweck, sondern sie ist eingebunden in ein umfassendes Netz von Aufgaben, die die Gemeinde zu erfüllen hat.

8. Was ist die Musik?

Die Musik ist (allhier) eine Kunst recht und wohl zu singen. – Soweit Stengers Antwort an seine Schüler im Jahre 1635. Aber die Musik ist mehr als dies, mehr als die musikalische Zeichenlehre, wie er sie in seinem Schulkompendium präsentiert. Musik ist vor allem Teil der guten göttlichen Schöpfung und als solches ist es einerseits Aufgabe des Menschen, diese Kunst zu pflegen, andererseits ist sie jedoch auch, wie jeder Teil der Schöpfung, der Sündhaftigkeit des Menschen ausgeliefert und kann daher in schlechter Art und Weise verwendet werden. Dies ändert jedoch nichts an der positiven Einschätzung der Musik als solcher.

---

[59] Nicolaus Stenger: Christiana Altaris Dedicatio. Christliche Einweihungs- oder Einsegnungs-Predigt [...]. Erfurt [1671], fol. C2 v-C3r.

Musik wurde überdies von Gott mit einer starken Wirkung ausgestattet, die in der Lage ist, die Affekte des Menschen zu steuern, sein Herz zu ergreifen, und, wie Stenger formuliert, die Traurigen froh und die Fröhlichen traurig zu machen. Auch dies gilt von der Musik als ganzer und ist nicht auf die geistliche Musik beschränkt. Und wir wissen aus dem zuvor zitierten Gedicht zur Rektoratswahl Stengers, daß dieser gern und gut die Laute spielte, also sich selbst an dieser Eigenschaft der Musik erfreute.

Erst vor dem Hintergrund seiner allgemeinen Ontologie der Musik wird Stengers Sicht der geistlichen Musik verständlich. Durch ihr affektives Potential einerseits und durch ihre Kombination mit erbaulichen Texten andererseits ist die Musik ein ideales Vehikel zur Verkündigung. Dazu muß die Musik verständlich sein. Sie muß aber auch, und hier sehen wir den Musiker Stenger, gut sein, technisch gut ausgeführt und komponiert sein, andernfalls wird die Musik zu jenem „Geplärr“, das der Prophet Amos verwirft.

All dies steht im Dienste von Stengers Wirkungslehre der Musik. Musik ist heilig; jedoch sind ihr Nutzen und ihre Wirkung von drei Parametern abhängig: dem Produzenten, dem Inhalt, sowie, und hierin liegt Stengers wichtigster Beitrag, in der Wirkung auf den Hörer. Musik ist nur dann erbaulich, wenn der Hörer sie wirklich als solche wahrnimmt. Stengers Wirkungslehre der Musik ist eine hörerzentrierte Wirkungslehre, in der sich sichtbar die Affekttheorien (und der mit ihnen verbundene Individualismus in der Musikrezeption) des 17. und frühen 18. Jahrhunderts widerspiegeln.

MICHAEL LUDSCHEIDT

Nicolaus Stengers Epicedium auf Georg Ludwig Graf zu Löwenstein

Über den tatsächlichen Umfang der literarischen Hinterlassenschaft des Erfurter Pfarrers und Universitätsprofessors Nicolaus Stenger (1609-1680) lassen sich beim gegenwärtigen Stand ihrer bibliographischen Erfassung noch keine abschließenden Aussagen treffen. Zwar reichen die Bemühungen um ein Verzeichnis der Werke bis in das Jahr 1731 zurück, als Just Christoph Motschmann dem Stenger-Artikel in seinem Kompendium der Erfurter Gelehrtengeschichte eine Übersicht der seinerzeit bekannten Publikationen aus der Feder des Theologen anfügte.[1] Aber dieser erste, trotz einer Reihe von Unzulänglichkeiten bis heute unverzichtbare bibliographische Versuch blieb bis in die jüngste Vergangenheit hinein auch der einzige. Erst mit der Einrichtung und fortlaufenden Ergänzung des *Verzeichnisses der im deutschen Sprachraum erschienenen Drucke des 17. Jahrhunderts (VD 17)* konnten die Kenntnisse über die Schriften Stengers seit 1996 in vielerlei Hinsicht erweitert werden. Umfaßte Motschmanns Zusammenstellung lediglich dreizehn Nummern, unter denen freilich manches subsumiert ist, was dem Bearbeiter einer eigenen Erwähnung nicht wert schien (wie etwa das Gelegenheits- und Kleinschrifttum), so ergibt die Abfrage im VD 17 gegenwärtig immerhin 88 Treffer. Die Titelaufnahmen dieses retrospektiven Katalogs vermitteln damit eine ungleich genauere Vorstellung von der Quantität des Stengerschen Schaffens und haben wegen ihrer exakten Angaben zu den Erscheinungsorten und -jahren, den Druckern und Verlegern, Widmungsempfängern und Beiträgern, den verschiedenen Auflagen und nicht zuletzt zur Gattungszugehörigkeit der Werke grundlegende Bedeutung für die Erforschung und Einordnung des Œuvres. Manche in der bisherigen Literatur begegnende Fehlattribution korrigiert das VD 17 dank der autoptischen Verzeichnung der Drucke. Das betrifft auch den hier vorzustellenden Text, die *Traur= und TrostSchrifft/ Uber dem vnverhofften Tödlichen/ jedoch gantz seeligen hintrit vnd Abschied/ Des [...] Herrn Georg Ludwigen/ Grafen zu Löwenstein [...]*, der von Motschmann gar nicht erwähnt wird, in Martin Bauers Handbuch zu den Erfurter Personalschriften des 16. bis 18. Jahrhunderts aber als eine Gedenkschrift Nicolaus Stengers auf den schwedischen Kommandanten von Erfurt erscheint, der ein Trauergedicht beigegeben ist.[2] Die Inaugenscheinnahme des im Bestand

[1] Just Christoph Motschmann: M. Nicolaus Stenger. In: Ders.: Erfordia Literata oder Gelehrtes Erffurth [...]. Vierdte Sammlung. Erfurt 1731, S. 568-586, Werkverzeichnis S. 581-586. Die Bibliographie wird mit der Bemerkung eingeleitet: „Was nun endlich seine hinterlassene Schrifften anlanget, so bestehen sie aus Predigten und *Disputationibus*".

[2] Martin Bauer: Erfurter Personalschriften 1540-1800. Beiträge zur Familien- und Landesgeschichte Mitteldeutschlands. Neustadt a. d. Aisch 1998, S. 279, Nr. 514 (Schriftenreihe der Stiftung Stoye, 30).

Traur= vnd TrostSchrifft/

Vber dem vnverhofften Tödlichen / jedoch gantz
seeligen hintrit vnd Abschied /
Des Weyland
Hoch Wohlgebohrnen Grafen
vnd Herren/

Herrn Georg Ludwigen/

Grafen zu Löwenstein / Herrn zu
Scharpfeneck / &c.
Königl. Maytt. zu Schweden hoch=
löblichsten andenckens / ꝛc.
gewesenen
OBRISTEN zu Roß vnd Fueß / ꝛc.
Welcher
Nach deme Er am 20. Novemb. jüngst verwichenes 1632. Jahres / vor Chemnitz in Meissen von der Feinde geschoß troffen / durch gefehrliche zufällige Kranckheit abgemattet / seine Seele Gott seinem erlöser befohlen / den 3. Tag Januar. folgendes jetzigen 1633. Jahres / zu mittage vmb 1. vhr / alhier zu Erffurt / sanfft vnd selig im HErrn entschlaffen / vnd auß diesem hochbetrübten Jammerthal / im 46. Jahr seines Alters / seines exilij im 11. abgeschieden / vnd also neben anderen Heldmütigen Christlichen Potentaten / die sich der Ehre GOttes / seiner Kirchen / vnd deutscher Libertet rettung hertzlich vnd ernstlich annehmen / vnd ihm zum theil vorgangen / einen ewigen Nahmen / vnd vnsterblichen ruhm hinter sich gelassen /
Auß Christlicher Condolentz,
Zur bezeugung schuldiger Danckbarkeit / vor vielfeltig
erwiesene gnade gestellet /
Von
M. NICOLAO Stengern / der H. Schrifft Liebhabern.

Erffurt / bey Georg Hertz / im Jahr 1633.

Nicolaus Stenger, *Traur= vnd TrostSchrifft* (1633), Titelblatt der Bibliothek des Evangelischen Ministeriums Erfurt unter der Signatur Eh 12 a (11) vorhandenen schmalen Gelegenheitsdrucks, von dem es offenbar nur ein weiteres Exemplar in der Herzog August Bibliothek Wolfenbüttel gibt,[3] lehrt indes etwas anderes. Es handelt sich nicht, wie nach den Angaben bei Bauer zu vermuten wäre, um eine Prosaschrift mit angehängter poetischer Klage, sondern vielmehr um ein 184 paargereimte Alexandrinerverse umfassendes Epicedium, das im VD 17 zutreffend als „Gedicht" rubriziert ist.

In der spärlichen Literatur zu Nicolaus Stenger findet sich an keiner Stelle ein Hinweis darauf, daß er neben Predigten, Passionsbetrachtungen, Memorialschriften, musiktheoretischen Traktaten, akademischen Disputationen und einem Gesangbuch auch poetische Texte verfaßt hat. Just Christoph Motschmann veranschlagte den Wert dieser Hervorbringungen, wie bereits angedeutet, augenscheinlich als zu gering, um ihnen einen Platz in seinem Verzeichnis einzuräumen. Denn daß er keine Kenntnis vom Vorhandensein einiger Dutzend Kasualgedichte gehabt haben sollte, kann angesichts der in seinem Artikel dokumentierten sonstigen Vertrautheit mit der Biographie und dem Werk des Autors ausgeschlossen werden. Umgekehrt darf heute das Interesse der literaturwissenschaftlichen Frühneuzeitforschung auch an den vermeintlich ephemeren Produkten des Literaturbetriebs im 17. Jahrhundert vorausgesetzt werden,[4] dem jedoch im konkreten Fall die eingangs geschilderte unzureichende Erschließungssituation des Stengerschen Œuvres im besonderen, wie der Erfurter Gelegenheitsdichtung im allgemeinen entgegensteht. Als *Dichter* ist der lutherische Pfarrer und Gelehrte bislang also noch gar nicht wahrgenommen worden. Das Plädoyer für eine Sichtung seiner verstreuten, zumeist lateinischen Gedichte will keineswegs den Eindruck erwecken, als gälte es ein poetisches Werk von außerordentlichem Rang zu entdecken. Aber ihre Beachtung würde im Sinne der von Klaus Garber vorgeschlagenen „Ausweitung des Kanons" zu einer „Literaturgeschichte [...] der Vielen"[5] schon insofern lohnen, als sich anhand der literarischen Kommunikation beispielsweise das Netzwerk der Stengerschen Kontakte in der Erfurter respublica litteraria und darüber hinaus genauer als bisher erfassen ließe.

Eine Gesamtbetrachtung der Kasualgedichte muß selbstverständlich einer späteren Gelegenheit vorbehalten bleiben. Die Aufmerksamkeit soll zunächst ausschließlich dem Epicedium für Georg Ludwig von Löwenstein gelten, das innerhalb des gattungs- und formenreichen Stengerschen Werkes einzigartig dasteht: keinem anderen Trauerfall hat der Autor eine deutschsprachige Dichtung

[3] Signatur: QuN 321. 1 (2). VD 17: 23:660139H.

[4] Vgl. stellvertretend den Band: Göttin Gelegenheit. Das Personalschrifttums-Projekt der Forschungsstelle „Literatur der Frühen Neuzeit" der Universität Osnabrück. Hg. von der Forschungsstelle „Literatur der Frühen Neuzeit" der Universität Osnabrück unter redaktioneller Bearbeitung von Stefan Anders u. Martin Klöker. Osnabrück 2000.

[5] Klaus Garber: Stadt und Literatur im alten deutschen Sprachraum. In: Ders. (Hg.): Stadt und Literatur im deutschen Sprachraum der Frühen Neuzeit. 2 Bde. Tübingen 1998. Bd. 1, S. 3-89, hier S. 34, 30 (Frühe Neuzeit, 39).

von vergleichbarem Umfang gewidmet, sie obendrein separat publiziert und ihr allein die Gedächtnisstiftung für den Verstorbenen anvertraut. In aller Regel konstituiert sich das Totengedenken im literarischen Werk Stengers ansonsten in Form der ‚Leichenpredigt' mit ihrem charakteristischen Zusammenspiel von Predigttext, curriculum vitae und im Kontext weiterer lyrischer Beiträge stehendem Trauergedicht. Es ist daher zum einen nach den Gründen für die auffällige Abweichung von dieser Gepflogenheit zu fragen; zum anderen aber nach den Intentionen der Dichtung, deren Anliegen über die gattungsspezifischen Aspekte von lamentatio, laudatio und consolatio[6] augenscheinlich weit hinausreichen.

Der Mann, dessen Andenken der Nachwelt zu überliefern sie bestimmt ist, gehörte zu den schillerndsten Gestalten in der ersten Phase der 1618 einsetzenden konfessions- und machtpolitischen Auseinandersetzungen auf dem Boden des Heiligen Römischen Reiches deutscher Nation, von denen schon die Zeitgenossen als einem „Teutschen Krieg"[7] sprachen. Georg Ludwig von Löwenstein, über dessen Lebenslauf der Personalia-Teil in der von Georg Silberschlag (1563-1635)[8] gehaltenen Trauerpredigt Auskunft gibt, wurde im Jahr 1587 als Sproß eines „alten vornehmen Gräfflichen" Adelsgeschlechts lutherischen Bekenntnisses geboren und von Kindheit an „zur Gottesfurcht vnd anderen Christlichen Tugenden"[9] erzogen. Frühzeitig wandte er sich den humanistischen Studien zu. Dem Besuch mehrerer Hoher Schulen, darunter des Akademischen

---

6 Hans-Henrik Krummacher: Das barocke Epicedium. Rhetorische Tradition und deutsche Gelegenheitsdichtung im 17. Jahrhundert. In: Jahrbuch der deutschen Schillergesellschaft 18 (1974), S. 89-147.

7 Hans Jacob Christoph von Grimmelshausen: Der abenteuerliche Simplicissimus Teutsch. Hg. von Volker Meid. Stuttgart 2005, S. 25 (I, 4). Vgl. auch Georg Greflinger: Der Deutschen Dreyßig=Jähriger Krieg (1657). Reprographischer Nachdruck. Kommentiert u. mit einem Nachwort von Peter Michael Ehrle. München 1983 (Literatur-Kabinett. Deutsche Literatur in Reprints, 2).

8 Zu ihm vgl. die Leichenpredigt von Jeremias Alberti: Christlicher SERMON. Bey ansehnlicher vnd sehr Volckreicher versamlung Als Deß Weiland Ehrwürdigen vnd Hochgelahrten Herrn M. GEORGII Silberschlags [...] Leichnam [...] beygesetzt worden. Erfurt: Georg Hertz, 1636 (VD 17 39:108753N). Der Personalteil ist ausgewertet bei Bauer, Personalschriften (Anm. 2), S. 429f. Siehe auch den Eintrag in Ders.: Evangelische Theologen in und um Erfurt im 16. bis 18. Jahrhundert. Beiträge zur Personen- und Familiengeschichte Thüringens. Neustadt a. d. Aisch 1992, S. 295f. (Schriftenreihe der Stiftung Stoye, 22).

9 Georg Silberschlag: Christliche Leichpredigt/ Auß Esa. 56. Der Gerechte kommet vmb/ etc. Bey der hochansehnlichen Leichbestattung/ Deß Weiland Hochwolgebohrnen Grafen vnd Herrn/ Herrn Georg Ludwigen/ Grafen zu Löwenstein/ Herrn zu Scharffeneck/ etc. Königl. Maytt. zu Schweden/ etc. hochlöblichsten andenckens/ vnd der Herrschafft Venedig/ Bestalten Obristen zu Roß vnd Fuß/ etc. Mitwochs nach Mariae verkündigung/ war der 27. Martij 1633. in der Evangelischen PfarKirchen zu den Predigern in Erffurt gehalten Durch M. Georgium Silberschlagk/ Pfarrern derselbigen Christlichen Gemeine/ vnd E. E. Evangelischen Ministerij Seniorem. Erffurt bey Georg Hertz/ im Jahr 1633, G 4r. Benutzt wurde das Exemplar der Universitäts- und Forschungsbibliothek Erfurt/Gotha, Signatur: Eh 745. VD 17 39:103918P.

Gymnasiums in Straßburg,[10] schloß sich eine ausgedehnte Kavalierstour an, die ihn nach Frankreich, England und in die Niederlande führte. Nach Deutschland zurückgekehrt, fand er aufgrund seiner ausgezeichneten Sprachenkenntnisse, insbesondere des Französischen und Italienischen, als Geheimer Rat Anstellung an verschiedenen Höfen. Weil Löwenstein jedoch „die meiste beliebung zu den Waffen truge“,[11] trat er 1618 in venetianische Kriegsdienste. In diesem Zusammenhang hebt der Biograph die Tatsache hervor, daß er „mitten im Babstumb“ das „reine *Exercitium Religionis* allezeit“[12] beibehalten habe. Wenig später schloß sich Löwenstein der unter Führung des pfälzischen Kurfürsten Friedrich V. stehenden calvinistischen Partei an,[13] wurde mit der Verwaltung der Langvogtei Hagenau und des Bistums Speyer betraut und warb Söldner für den Kampf gegen die katholische Liga. Wegen des dezidiert pro-pfälzischen Engagements verlor er 1622 seine Besitzungen und mußte ins Exil gehen. Daß der aktiv an antikatholischen Unternehmungen beteiligte protestantische Graf im Anschluß an die Vertreibung aus seinen Herrschaften das Angebot erhielt, auf die habsburgische Seite überzutreten, spiegelt die mitunter paradox anmutenden Interessenkonstellationen jener Zeit wider. Löwenstein schlug einen erneuten Wechsel des konfessionspolitischen Lagers allerdings aus und begab sich statt dessen, da sein „tichten vnd trachten [...] auff erhaltung vnd fortpflantzung der reinen Evangelischen *Religion* gerichtet“[14] war, in den Dienst des Schwedenkönigs Gustav II. Adolf, der ihn im Oktober 1631 zum Kommandanten der Stadt Erfurt ernannte.[15] Nach dem Urteil seines Biographen wirkte er in dieser Funktion „mit rechtem eyffer dem gemeinen Evangelischen wesen jederzeit zum besten“.[16] Dagegen zeichnet die historische Forschung ein differenzierteres Bild, das die zahlreichen Konfliktfelder nicht ausspart, die sich im Verhältnis des Stadtkommandanten zu den eigenen Verbündeten, namentlich dem schwedischen Statthalter in Thüringen, Herzog Wilhelm IV. von Sachsen-Weimar, und dessen Räten, auftaten.[17] Löwensteins Erfurter Amtszeit blieb eine Episode. Er

[10] Vgl. dazu Anton Schindling: Humanistische Hochschule und Freie Reichsstadt. Gymnasium und Akademie in Straßburg 1538-1621. Wiesbaden 1977 (Veröffentlichungen des Instituts für Europäische Geschichte Mainz, 77).

[11] Silberschlag, Christliche Leichpredigt (Anm. 9), Hr.

[12] Ebd., H 3v.

[13] Peter Wolf u. a. (Hgg.): Der Winterkönig. Friedrich von der Pfalz. Bayern und Europa im Zeitalter des Dreißigjährigen Krieges. Stuttgart 2003.

[14] Silberschlag, Christliche Leichpredigt (Anm. 9), H 4r.

[15] Wolfgang Huschke: Herzog Wilhelm von Weimar als Statthalter Gustav Adolfs in Thüringen und schwedischer Generalleutnant 1631-1635. Jena 1936, S. 4 und passim (Beiträge zur neueren Geschichte Thüringens, 4). Vgl. auch Dieter Stievermann: Erfurt in der schwedischen Deutschlandpolitik 1631-1650. In: Mitteilungen des Vereins für die Geschichte und Altertumskunde von Erfurt 57 [N. F. 4] (1996), S. 35-68.

[16] Silberschlag, Christliche Leichpredigt (Anm. 9), H 2r. Zu den Erfurter Verhältnissen während des Dreißigjährigen Krieges vgl. jetzt vor allem die instruktive Untersuchung von Holger Berg: Military Occupation under the Eyes of the Lord. Studies in Erfurt during the Thirty Years War. Göttingen 2010 (Forschungen zur Kirchen- und Dogmengeschichte, 103).

[17] Huschke, Herzog Wilhelm (Anm. 15), S. 37.

starb bereits am 3. Januar 1633 im Alter von nur 46 Jahren an den Folgen einer Wochen zuvor während der Belagerung von Chemnitz erlittenen Verwundung und wurde am 27. März 1633 in der Predigerkirche beigesetzt.[18]

Der Tod Löwensteins fand außer in der Leichenpredigt von Georg Silberschlag und dem Epicedium von Nicolaus Stenger auch in einer Sammlung von lateinischen Trauergedichten Erfurter Geistlicher und Gelehrter literarischen Widerhall,[19] zu der Stenger ebenfalls einen Beitrag beisteuerte. In welcher zeitlichen Reihenfolge seine dem Ableben des Grafen geltenden Texte entstanden, läßt sich nicht mehr feststellen. Ebenso mangelt es an Kenntnisse darüber, ob dem zur poetischen Klage ansetzenden Autor das von Silberschlag mitgeteilte curriculum vitae des Verstorbenen vorlag. Da aber die Verfahrensweisen des Historikers – wenn man den Biographen als einen solchen versteht – und des Dichters je verschieden sind, dem einen an der Zusammenstellung und Ordnung der Fakten, dem anderen an ihrer poetischen Verdichtung und Deutung gelegen ist, spielt die Beantwortung dieser Frage für die folgenden Überlegungen nur eine untergeordnete Rolle. Was Stenger an Hinweisen auf die konkreten Lebensumstände in die literarische Vergegenwärtigung der Persönlichkeit einflicht, steht in engem Bezug zu den in der Panegyrik geläufigen Topoi, die die Einheit von ‚arma et litterae' als Leitbild des Adels beschwören. Es wäre daher verfehlt, in dem für die Mit- und Nachlebenden gezeichneten Bild des Toten ausschließlich individuelle Züge aufsuchen zu wollen. Dem Poeten kommt es vielmehr darauf an, die Biographie Löwensteins als nachahmenswertes Exempel adliger Lebensführung zu präsentieren. Damit erfüllt das Epicedium über die genuine Aufgabe der Totenehrung hinaus zugleich die Funktion eines Fürstenspiegels und erhebt dergestalt den Anspruch, den anlaßgebenden Einzelfall ins Allgemeingültige zu transponieren. Diese Perspektive unterstreicht sogleich die im Titel begegnende Formulierung, der zufolge Stenger Löwenstein in eine Reihe mit „anderen Heldmütigen Christlichen Potentaten" zu stellen beabsichtigt.

Der äußeren Form nach ist Stengers Memorialschrift dreigliedrig aufgebaut. Einen ersten eigenständigen Teil bildet das Titelblatt, das den Leser, wie im Barock üblich, durch die Nennung aller die Person und das Ereignis betreffenden Realien ausführlich über Anlaß und Inhalt der *Traur= vnd TrostSchrifft* informiert. Ihm folgt an zweiter Stelle der Abdruck von Versen aus dem Alten und Neuen Testament, die in der dargebotenen Auswahl[20] für die Funeralprogrammatik des 17. Jahrhunderts einigermaßen repräsentativ sein dürften und gedanklich vom ‚Sachteil' des Werkes zu dessen eigentlichem Zentrum, dem Alexan-

[18] Bibliothek des Evangelischen Ministeriums Erfurt [im folgenden: BEM Erfurt]: Begräbnisbuch der Predigerkirche Erfurt 1580-1672, S. 255: „Den Herrn Graffen Görge Ludwigen von Löbenstein auß DannenBerge alhier begraben. den 27. Martij."

[19] Enagismata Diis Manibus [...] Illustris Ac Generosi Comitis Ac Domini Dn. Georgii Ludovici Comitis In Lowenstein [...]. Erfurt: Georg Herz, 1633. Benutzt wurde das Exemplar der Universitäts- und Forschungsbibliothek Erfurt/Gotha, Signatur: LA. 4° 00282 (72). VD 17 547:690368R.

[20] Es handelt sich im einzelnen um Weish 3, 1-4; Tim II, 4, 7-8 u. Apk 2, 7 u. 10 sowie 14, 13.

drinergedicht, hinüberführen. Daß dieser Komposition eine emblematische Struktur zugrundeliegt, läßt sich leicht nachvollziehen.[21] Das auf der Titelseite mit wenigen Strichen entworfene Porträt Löwensteins, das als wichtigste Elemente seinen hohen Stand und gottgefälligen Lebenswandel, seine ritterlichen Taten und sein „sanfft vnd selig[es]“ Sterben benennt, ist als inscriptio zu den die Stelle der pictura vertretenden, von christlicher Heilsgewißheit kündenden Bibelworten zu lesen, deren Auslegung der poetische Text leistet, wodurch er die Gestalt einer monumentalen subscriptio gewinnt.

Dem im ganzen wohldurchdachten und aufgrund der emblematischen Anlage durchaus kunstvollen Aufbau der Stengerschen Gedenkschrift korrespondiert die Binnengliederung des Trauergedichts, die das auf antike Muster zurückgehende dreiteilige Schema mit seiner Aufeinanderfolge von Lob (des Verstorbenen), Klage (über seinen Tod) und Trost (für die Hinterbliebenen)[22] variiert und zu einer sieben Abschnitte unterschiedlicher Länge umfassenden Disposition erweitert. Um diese komplexe Form inhaltlich als ein einheitliches Ganzes auszubilden, bedarf es eines beträchtlichen künstlerischen Gestaltungsvermögens. Der Autor sichert die gedankliche Geschlossenheit der Dichtung vorab dadurch, daß er das gleich im ersten Vers exponierte Motiv der Allmacht des Todes in den einzelnen Teilen cantus-firmus-artig wiederkehren läßt. Und er akzentuiert es nicht zuletzt programmatisch genau in der Mitte des Gedichtes, wenn er den sentenzenhaften Eingang zum dritten Teil mit der Formel beschließt, daß „wieder den Todt [...] kein auffenthalt“ sei (V. 92).

Stenger eröffnet sein Epicedium nicht, wie gattungsgesetztlich zu erwarten, mit dem Lob des Toten, sondern mit einer weitausgreifenden Betrachtung der „Tyranney deß Todes“ (V. 3), der ausnahmslos alle Menschen, gleich welchen Alters (V. 31) oder Standes (V. 35), unterworfen sind. Ob seiner „grimmigkeit“ (V. 7) tatsächlich „gar nichts“ (V. 1) entgegenzusetzen sei, erwägt der vom Autor zu unterscheidende Redner in einer bis zu Vers 9 reichenden Kette rhetorischer Fragen. Die zu ihrer Beantwortung aufgerufenen Exempel aus der biblischen und profanen Geschichte (V. 13-29) bestätigen indes lediglich, was die Erfahrung ohnehin lehrt: niemand, und sei er noch so tugendhaft, gottesfürchtig, rechtgläubig oder gelehrt, vermag dem Tod zu entrinnen. Wäre dem nicht so, hielte sich der in Vers 38 erstmals als ‚Ich‘ hervortretende Sprecher der beredt geführten Klage für überhoben. Denn dann hätte der Verstorbene, dessen Gedächtnis diese Zeilen stiften, „nicht [...] also“ aus der Welt „müssen gehn“ (V. 52), da er doch in hohem Maße über jene Eigenschaften verfügte, die vermeintlich „dem Tod zur gegenwehr“ (V. 6) dienen.

Die solchergestalt im Prooemium des Textes (V. 1-52) angebahnte laudatio Löwensteins gelangt im zweiten Teil zu voller Entfaltung, indem der Redner von den zunächst allgemein als rühmenswert eingestuften Gesinnungen einige

---

[21] Zur literarischen Emblematik vgl. vor allem Albrecht Schöne: Emblematik und Drama im Zeitalter des Barock. 3. Aufl. mit Anm. München 1993.

[22] Vgl. Franz Eybl: Epicedium. In: Historisches Wörterbuch der Rhetorik 2 (1994), Sp. 1250-1251.

für den Charakter des Toten besonders kennzeichnende nochmals hervorhebt. Es sind vor allem zwei Prinzipien, denen das Denken und Handeln des Verewigten verpflichtet war. An erster Stelle nennt der Laudator die Bekenntnistreue des Grafen, die dieser auch in der ärgsten Bedrängnis, da ihm der „Feinde Schaar [...] hefftig thet nachstellen“ (V. 57), unter Einsatz von „Leib vnd Guth“ (V. 45) bewährt habe. Vornehmlich in diesem Abschnitt nähert sich die poetische Gestaltung den biographischen Fakten soweit an, daß Durchblicke auf das gelebte Leben möglich werden. Daß Löwenstein sich zu den Gegnern nicht habe „gesellen“ (V. 58), noch am „frembden Joch“ (V. 59) habe ziehen wollen, kann so als Anspielung auf die mehrfach bezeugten, stets aber fehlgeschlagenen Versuche gelesen werden, ihn zur Konversion zu bewegen. Von seinen beharrlichen Bemühungen, die „Göttlich [d. h. die evangelische!] Lehr auß[zu]breiten“ und die Verirrten (i. e. die Katholiken!) auf den rechten Weg zurückzuführen (V. 69-70), die er auch dann noch fortsetzte, als ihn das konfessionelle Engagement bereits „Leut vnd Land“ (V. 61) gekostet hatte, berichtet die in die Leichenpredigt integrierte Vita ebenfalls. Und gleichfalls nicht unerwähnt läßt das Gedicht die auch vom Biographen bewunderte Furchtlosigkeit, mit der Löwenstein im katholischen Italien seine Religion praktizierte und durch die Verbreitung von evangelischen Schriften sowie die Entsendung lutherischer Geistlicher versuchte, Einfluß auf die konfessionellen Kräfteverhältnisse zu nehmen (V. 64-66; 73-78).

Nach der eingehenden Würdigung des religiösen Profils lenkt der Text die Aufmerksamkeit auf die politische Haltung und das militärische Handeln des Verstorbenen. Ganze vier Verse genügen dem Autor, um eine hinreichend deutliche Vorstellung vom Wirken Löwensteins auf diesen Feldern zu vermitteln. In eindringlicher, durch eine Apostrophe noch gesteigerter poetischer Verdichtung ruft Stenger das Bild des Dahingeschiedenen in Erinnerung, wie es den Zeitgenossen noch lebhaft vor Augen stand:

> *Du liebes Deutsche Land* davon auch weist zu sagen/
> Wie für dein *Libertet* Er fleissig sorg getragen/
> Dabey gefürchtet nicht seins Lebens groß gefahr/
> Zum Zeugnüß Er da liegt vor dir jetzt auff der Bahr. (V. 81-84)

Die mit Bedacht unmittelbar vor dem Scheitelpunkt des Gedichts (V. 92) plazierte Apotheose Löwensteins als eines Verteidigers der lutherischen Lehre und der deutschen Freiheit, auf die der Text von Beginn an zusteuert, verfolgt mehrere Wirkungsabsichten. Ins Auge fallen zunächst zwei durch Fettdruck bzw. Antiqua (hier jeweils kursiv wiedergegeben) auch typographisch hervorgehobene Begriffe, die Leitvorstellungen des frühneuzeitlichen politischen Diskurses im Alten Reich abbilden: ‚deutsches Land‘ und ‚(deutsche) Libertät‘. Beide begegnen innerhalb des Stengerschen Textes an dieser Stelle nicht zum ersten Mal. Von „deutscher *Libertet* rettung“ ist schon auf dem Titelblatt die Rede. Und daß „Ritterliche[s] kämpfen | [...] für das Vaterland“ (V. 42, 44) unter die den Menschen auszeichnenden Eigenschaften zu rechnen sei, konstatiert das lyrische Ich gegen Ende der ersten Gedichteinheit. Die Idee einer ‚teutschen Nation‘ hatte seit dem Wormser Reichstag von 1495 an identitätsstiftender Kraft gewonnen, parallel dazu entwickelte sich im 16. Jahrhundert das Postulat einer spezifisch deutschen Freiheit.[23] In der Verbindung des Freiheitsgedankens mit nationalen Interessen, von „Deutsche[m] Land“ und deutscher „*Libertet*“, wie sie in Stengers Versen aufscheint, manifestiert sich im Horizont der zeitgenössischen Auseinandersetzungen auf politischem und konfessionellem Gebiet eine fallweise gegen äußere oder innere Kontrahenten zu instrumentalisierende „Abgrenzungsidentität“[24]. Der evangelische Theologe Stenger nutzt sie, um die Hegemonieansprüche der als „Kätzerische[] Feind“ (V. 45) titulierten katholischen Kräfte im Reich zurückzuweisen. Die Anrede an das „Deutsche Land“ meint folglich stillschweigend die evangelische deutsche Nation, für deren Libertät Löwenstein mit seinem Leben eingestanden hat. Diese Auffassung beglaubigt der Text auch auf grammatischer Ebene, indem das Personalpronomen in Vers 84 („dir“) auf das zuvor angesprochene Vaterland rückverweist, das dem im selbstlosen Einsatz für die protestantische Sache Gefallenen nun gleichsam die Totenwache hält. Man wird dieser pathosdurchdrungenen Passage wohl drei Wirkungsziele zuerkennen dürfen. Neben der panegyrischen Erhebung Löwensteins sind augenscheinlich auch die motivierende Erinnerung an den bisherigen erfolgreichen Widerstand der Protestanten gegen das katholische Vormachtstreben sowie ein aus diesem Bewußtsein gespeister Appell an die Glaubensgenossen zur Fortsetzung des Kampfes intendiert.

Wie gesehen, erreicht die Dichtung ihren inhaltlichen Höhepunkt kurz vor dem Übergang in die zweite Gedichthälfte, die aufgrund der fünfteiligen Untergliederung stärker zerklüftet wirkt als die erste. Die Gewichtung der sie formierenden Abschnitte differiert sichtlich. Zwei von ihnen tragen bloß überleitenden Charakter und bilden als verbindende Textelemente keine eigenen, für den Fortgang der Argumentation relevanten thematischen Schwerpunkte aus. Das trifft für den die Verse 89 bis 100 umfassenden dritten Teil, der die Motivik des allbeherrschenden Todes vom Beginn des Gedichts als Kommentar zur laudatio des Verstorbenen wieder aufnimmt, sowie für den als fünfte Gliederungseinheit betrachteten, nur zwölf Zeilen umgreifenden Exkurs (V. 121-132) zu, in welchem Stenger der Protektion gedenkt, derer sich Löwenstein durch Herzog Wilhelm IV. von Sachsen-Weimar erfreute:

> *Der Edle RautenKrantz* hat sich dein angenommen/
> *Der Hochgebohrne Fürst/* zu suchen deinen Frommen/
> Stelt sich gantz freundlich an/ stelt sich gar freundlich ein/

[23] Georg Schmidt: Die Idee „deutsche Freiheit“. Eine Leitvorstellung der politischen Kultur des Alten Reiches. In: Georg Schmidt/Martin van Gelderen/Christopher Snigula (Hgg.): Kollektive Freiheitsvorstellungen im frühneuzeitlichen Europa (1400-1850). Frankfurt/M. 2006, S. 159-189, insbesondere S. 160 ff.

[24] Georg Schmidt: „Teutsche Libertät“ oder „Hispanische Servitut“. Deutungsstrategien im Kampf um den evangelischen Glauben und die Reichsverfassung (1546-1552). In: Luise Schorn-Schütte (Hg.): Das Interim 1548/50. Herrschaftskrise und Glaubenskonflikt. Heidelberg 2005, S. 166-191, hier S. 169.

O Edler RautenKrantz! O Edles Löwenstein!
Auff deiner seiten steht der *Hertzog hoch gebohren/*
Das kömpt vom HERREN her/ GOtt hat jhn außerkohren/
Auff deiner Seiten steht das *RautenKräntzelein*/
Vnd nimbt sich deiner an *O Edles Löwenstein*! (V. 125-132)

Anders verhält es sich mit den drei verbleibenden Teilen, die unter dem Gesichtspunkt der geistlichen Auslegung des Stoffes als gedankliche Einheit aufgefaßt werden können. Ihnen fällt innerhalb der Gesamttektonik des Poems die wichtige Funktion der consolatio zu, und sie erfüllen zugleich in spezifischer Weise die Aufgabe, den Sinngehalt der pictura, jener dem Epicedium voranstehenden alt- und neutestamentlichen Bibelverse also, in Anwendung auf den konkreten Fall zu erschließen.

Spielt Stenger in der laudatio mit den Hinweisen auf die Glaubensfestigkeit und Bekenntnistreue des Verstorbenen insbesondere auf die Aussagen von Tim 2, 4, 7 und Apk 2, 10 an, so eröffnet er den Trostteil in Vers 101 mit einer Allusion auf Apk 14, 13 und entfaltet den dort geäußerten Gedanken von der Seligkeit der im Herrn Sterbenden zu einer ars moriendi,[25] die mit Bezug auf Weis 3, 3 den Hingang des Menschen als eine „Friedenfahrt zur frewd" (V. 104) gleich der des greisen Simeon (Lk 2, 22-32) und „seligs Stündelein" (V. 105) zu deuten vermag. Von den letzten Dingen wendet sich der Blick sodann wieder den Lebenden zu, die der „alle Morgen new" (V. 112)[26] geschenkten „gnade", „Barmhertzigkeit", „Trew" und „güt" (V. 110, 111, 115) Gottes gewiß sein dürfen. Das unbedingte Vertrauen in seine aus aller „Noth" (V. 116), „widerwertigkeit vnd angst" (V. 120) befreiende Liebe betont das lyrische Ich durch den Übergang von der Rede in der dritten Person zur direkten Ansprache an Gott (V. 111), die den Lobpreisungen seiner Allgegenwart und Allmacht außergewöhnlichen Nachdruck verleiht.

Auf die in tröstender und aufmunternder Absicht den Zurückbleibenden zugedachten Imaginationen des schützenden und helfenden Gottes folgt als zweiter Binnenteil der dreifach gestuften consolatio eine Beschreibung des himmlischen Lebens, das dem Vollendeten zu führen nunmehr vergönnt ist. Es zeichnet sich durch nicht in Worte zu fassende „Frewd vnd Wonn" (V. 134) aus, da die Seele von keiner „Plag" noch „Quahl" (V. 140) mehr weiß, wie es in Anlehnung an Weis 3, 1 heißt. Zu Beginn dieses Abschnitts (V. 133) geht das bis dahin redende Ich in einem kollektiv klagenden, reflektierenden, bittenden ‚Wir' auf, das als Sprecherinstanz die Perspektive des Textes bis zum Ende bestimmt. Sie tritt nur

---

[25] Gerd Heinz-Mohr: Art. Ars moriendi. In: TRE 4 (1979), S. 143-156, besonders S. 149-154 (II. 16.-18. Jahrhundert).

[26] In Anspielung auf Klgl 3, 21-23 und vielleicht die dichterische Gestaltung dieser Bibelstelle durch Johannes Zwick unter dem Titel *Ein Morgen gesang* („ALl morgen ist gantz frisch vnd neuw | dess Herren gnad vnd grosse treuw", um 1541). Vgl. Philipp Wackernagel: Das deutsche Kirchenlied von der ältesten Zeit bis zu Anfang des XVII. Jahrhunderts. Band III: Die Lieder des ersten Geschlechts der Reformationszeit von Martin Luther bis Nicolaus Herman 1523-1553. Leipzig 1870, S. 613f.

in jenen Passagen zurück, in denen Stenger ein Wechselgespräch zwischen Engeln, Seele und Leib inszeniert. Zunächst wenden sich die Himmelsboten an die Seele Löwensteins, die sie als eine „GottesBraut" (V. 144) und „HimmelsBürgerin" (V. 145) zum „Reich der Herrligkeit" (V. 147) geleiten wollen. Darauf ergreift die Seele selbst das Wort (V. 149-154), um in emphatischer Anrede vom Leib als ihrem bisherigen Aufenthaltsort Abschied zu nehmen und zugleich die Wiedervereinigung mit ihm am Jüngsten Tag zu antizipieren. Ihr antworten wiederum die Stimmen der Engel mit freudigen, durch eine doppelte Epanalepse (V. 155, 157) verstärkten, ihren Einzug ins Jenseits begleitenden Zurufen. Sie gipfeln in der die Worte aus der Offenbarung des Johannes (2, 10) aufnehmenden Aussage, daß die Seele um ihres Festhaltens an Gott willen nun „gekrönt" (V. 163) werde. Die in raschem Wechsel auf mehrere Sprecher verteilte, dialogisch strukturierte Rede verleiht dem die Auffahrt der Seele „auß diesem Jammerthal" (V. 147) und ihren Eingang in den himmlischen „FrewdenSaal" (V. 148) evozierenden Bericht eine geradezu dramatische Bewegtheit.

Sie erscheint am Beginn des siebenten Abschnitts der Dichtung durch exklamatorische Figuren nochmals gesteigert (V. 165), bevor der erregte Gestus des Sprechens mittels rhetorischer Fragen besänftigt und in einen von Imperativen getragenen flehenden Duktus überführt wird, der das abschließende Gebet (V. 170-184) prägt. Es ist im Unterschied zu den vorangehenden Anrufungen Gottes mit Ausnahme eines Verses (180) ausdrücklich an Christus (V. 170, 172, 175, 184) gerichtet und artikuliert durchaus ambivalente Anliegen. Denn zu den Bitten, die das die evangelisch-christliche Gemeinde repräsentierende Wir vorträgt, gehören nicht nur die in gebethaften Texten der Zeit topisch wiederkehrenden um den Erhalt von Christi Wort und Sakrament, die Zuwendung seiner Gnade und die Gewährung seines Beistandes,[27] sondern auch die offenbar alttestamentlich inspirierte um die Vernichtung der Widersacher (V. 178: „Die Feind laß kommen vmb"),[28] die mit dem Gebot der Feindesliebe (Mt 5, 44; Röm 12, 17-21) nur schwer in Einklang zu bringen ist. Überlagert wird die militante Rhetorik von den Bekundungen einer angesichts des schon anderthalb Jahrzehnte andauernden Krieges nur zu verständlichen Friedenssehnsucht (V. 180: „Gib fried O trewer Gott! Gib fried im gantzen Land!"), deren sprachli-

[27] Vgl. beispielsweise Andreas Musculus: Betbüchlein. Gemehret vnd gebessert. Leipzig 1580 (Exemplar BEM Erfurt, Signatur: V c 143; nicht im VD 16!); Andächtige/ Christliche Gebet/ Jn allerley anliegen täglich zu gebrauchen/ Von dem Durchlauchtigsten/ Hochgebornen Fürsten vnd Herrn/ Herrn FRIDERICH VVILHELM, Hertzogen zu Sachsen/ etc. selbst colligirt [...] Neben einer Vorrede Herrn D. Matthiae Hoë [...]. Leipzig: Abraham Lamberg, 1614 (VD 17 3:632412G). Vgl. dazu die Untersuchungen von Paul Althaus: Forschungen zur Evangelischen Gebetsliteratur. Gütersloh 1927 sowie Ferdinand van Ingen/Cornelia Niekus Moore (Hgg.): Gebetsliteratur der Frühen Neuzeit als Hausfrömmigkeit. Funktionen und Formen in Deutschland und den Niederlanden. Wiesbaden 2001 (Wolfenbütteler Forschungen, 92).

[28] Als mögliche Vorbilder für diese Zeile kämen auch Martin Luthers Lieder *EJn feste burg ist vnser Gott* und *ERhalt vns, HErr, bey deinem Wort* (vor allem Vers 2: „vnd steur des Bapsts vnd Türcken Mord") mit ihrer kämpferischen Rhetorik in Betracht. Vgl. Wackernagel (Anm. 26) III, S. 20 u. 26.

che Einkleidung wirkungsvoll auf die Eingangszeile eines Kirchenliedes von Cyriacus Schneegaß zurückgreift.[29] Die Schlußverse des Gedichts lenken den Blick von den irdischen wieder auf die himmlischen Friedenshoffnungen und geben einem aus der Betrachtung des Löwensteinschen Lebens und Sterbens erwachsenen Jenseitsverlangen Ausdruck (V. 181: „Vnd hohl vns endlich auch im fried von dieser Erden"), das auf die Heilszusagen der als pictura verstandenen Bibelverse gegründet ist.

Was läßt sich nach Durchmusterung der Stengerschen *Traur= und TrostSchrifft* auf den Tod des Erfurter Stadtkommandanten Graf Löwenstein über die Absichten sagen, die der Autor mit ihrer Niederschrift und Veröffentlichung verband? Weshalb beließ er es nicht bei dem mit 56 Versen gleichfalls repräsentativen lateinischen Epicedium, das er zur Sammlung poetischer Trauerzeugnisse seiner Amtskollegen beisteuerte, zumal es thematisch und motivisch eng mit dem volkssprachlichen Text verwandt ist? Zur Beantwortung dieser Fragen genügt es nicht, allein auf die persönlichen Beziehungen zu verweisen, die Stenger zu dem verstorbenen Grafen unterhielt, wenngleich sie seinen Entschluß, eine den üblichen Rahmen sprengende Dichtung zu verfassen, fraglos mitbestimmt haben dürften. Nach Auskunft von Just Christoph Motschmann ging die Bekanntschaft zwischen dem Theologen und dem Militär auf die Tätigkeit Stengers als Prediger der Schwedischen Garnison zurück.[30] Löwenstein übernahm bei der Anbahnung von Stengers Ehe mit der ehemaligen Nonne Maria Apollonia Kapp die Rolle des Vermittlers. Er veranlaßte nicht nur die Abholung der Braut aus dem Neuwerkskloster, sondern ließ das Paar am 5. Februar 1632 auch von seinem Hofprediger Joachim Krüger im gräflichen Quartier trauen,[31] wo sich die Kappin seit dem Verlassen des Ordenshauses im Dezember 1631 bereits aufgehalten hatte. Es liegt auf der Hand, daß solche lebensprägenden Ereignisse enge private Bindungen stiften. Gleichwohl reichen Stengers literarische Ambitionen über die poetische Abstattung der Dankesschuld („Zur bezeugung schuldiger Danckbarkeit/ vor vielfeltig erwiesene gnade", Titelblatt)

[29] Cyriacus Schneegaß: *Christlich Gesang, vmb Friede, wider den Turcken.* In: Wackernagel (Anm. 26) V: Die Lieder aus den Zeiten Bartholomäus Ringwalds bis zum Anfang des XVII. Jahrhunderts, 1578-1603. Leipzig 1877, S. 137. Der erste Vers lautet: „GJb fried, O fromer trewer Gott".

[30] Motschmann (Anm. 1), S. 578.

[31] Die Nachricht von der Haustrauung findet sich bei Motschmann (Anm. 1), S. 579. Eingetragen wurde die Copulation im Traubuch der Kaufmannsgemeinde 1604-1637, S. 38: „M. Nicolaus Stenger mit Maria Ampolonia Kappin eingesegnet durch Er Joachim Krüger Löwensteinischen Hofprediger den 5 Febr. [1632]" (BEM Erfurt). Anläßlich der Hochzeit erschien eine Gratulationsschrift mit poetischen Beiträgen von Brachylogus Schnell, Caspar Reichenberger, Jacob Ilgen, Zacharias Hogel und Michael Silberschlag unter dem Titel: Thalassius Genialis In festivas Purioris Veneris Noctes, quas [...] Dominus M. Nicolaus Stenger [...] ac [...] Maria Apollonia [...] Dn. Michaelis Cappii [...] Filia [...] Erffurti Ipsis Nonis Febr. paciscebantur/ iubente ita Favina, plenis buccis a Favitoribus & Amicis adbuccinatus. Erfurt: Friedrich Melchior Dedekind, [1632]. (VD 17 23:329477E)

gegenüber seinem gewesenen Gönner und die Stiftung seines Gedächtnisses erkennbar hinaus.

Da wir im Trauerredner dem Poeten begegnen, den Theologen als Dichter am Werk sehen, müssen wir nach der Eigenart des sprachlichen Kunstwerks fragen. Stengers großangelegtes Alexandrinergedicht reflektiert in literaturgeschichtlicher Perspektive einen Entwicklungsprozeß, der als Herausbildung der neueren deutschen Kunstdichtung beschrieben werden kann. Er setzte um die Wende vom 16. zum 17. Jahrhundert ein und erfuhr nach dem Erscheinen von Martin Opitz' *Buch von der deutschen Poeterey* (1624) eine enorme Dynamisierung.[32] Nach dem Vorbild anderer Nationen in der Volkssprache das zu sagen, was man bis dahin nur im fremden Idiom auszudrücken gewohnt war, stellte eine ungeheure Herausforderung für die Dichter dar, wurde aber bald auch als Chance begriffen, den kulturellen Abstand zu den westeuropäischen Ländern, insbesondere auf literarischem Gebiet, zu verringern. Es war um 1630 folglich noch keineswegs selbstverständlich, Verse in deutscher Sprache zu schreiben, und wer es tat, bekannte sich damit dezidiert zu Opitz' poetischem Regelwerk und den von ihm propagierten kulturpolitischen Zielen.

Vor diesem Hintergrund kann Stengers Epicedium in zweifacher Hinsicht als ein programmatischer Text gelesen werden. Zum einen markieren die Wahl der deutschen Sprache und des von Opitz „an statt der Griechen vnd Römer heroischen verse"[33] empfohlenen, regelmäßig alternierenden, abwechselnd weiblich und männlich kadenzierenden, paarweise gereimten Alexandriners[34] den bewußten Anschluß an die Reformbewegung des Schlesiers.[35] Das Gedicht reiht sich ein in die Bemühungen um die Erneuerung der deutschen Literatur auf volkssprachlicher Grundlage und gehört in der Literaturgeschichte Erfurts zu den frühesten Zeugnissen einer Dichtkunst nach opitzschem Muster. Zum anderen ist der Gebrauch der Muttersprache im Kontext der Kriegsgeschehnisse, zumal der die Augsburgischen Religionsverwandten traumatisierenden Erlebnisse der Eroberung Magdeburgs durch Tilly (1631)[36] und des Todes König Gustav II.

---

[32] Klaus Garber: Martin Opitz. In: Harald Steinhagen/Benno von Wiese (Hgg.): Deutsche Dichter des 17. Jahrhunderts. Ihr Leben und Werk. Berlin 1984, S. 116-184; Wilhelm Kühlmann: Martin Opitz. Deutsche Literatur und deutsche Nation. Heidelberg 2001.

[33] Martin Opitz: Buch von der Deutschen Poeterey (1624). Studienausgabe. Hg. von Herbert Jaumann. Stuttgart 2002, S. 53.

[34] Erich Trunz: Die Entwicklung des barocken Langverses. Die deutschen Alexandriner von Lobwasser bis Gryphius. In: Ders.: Deutsche Literatur zwischen Späthumanismus und Barock. Acht Studien. München 1995, S. 228-286.

[35] An Stengers Epicedium läßt sich freilich auch exemplarisch beobachten, wie schwer es den Autoren in der Frühphase der Dichtungsreform bisweilen fiel, den Opitzschen Empfehlungen in allen Belangen gerecht zu werden. So ist der Zusammenfall von Wort- und Versakzent nicht in jedem Fall beachtet, begegnen eine Reihe von unreinen Reimen sowie die von Opitz verworfenen (*Poeterey*, S. 38) nachgestellten Attribute („Die lieben Väter alt", V. 13; „Die Patriarchen Fromm", V. 17; „die König hochgebohren", V. 22).

[36] Vgl. aus der reichhaltigen Literatur Werner Lahne: Magdeburgs Zerstörung in der zeitgenössischen Publizistik. Magdeburg 1931; „... ganz verheeret!" Magdeburg und der Dreißigjährige Krieg. Beiträge zur Stadtgeschichte und Katalog zur Ausstellung des Kulturhistori-

Adolfs in der Schlacht bei Lützen (1632),[37] Ausdruck einer Rückbesinnung auf die – selbstredend immer aus evangelischem Blickwinkel definierten – nationalen Interessen (zu denen vorab die deutsche „*Libertet*" [V. 82] und der Schutz des Vaterlandes vor Fremdherrschaft [V. 44] zählen) und damit Manifest einer politischen Haltung, die sich auf der Diskursebene analog in der Stilisierung Löwensteins zum Vorkämpfer des deutschen Protestantismus widerspiegelt.

So erweist sich Nicolaus Stengers dem Gedächtnis des Erfurter Stadtkommandanten gewidmetes Epicedium als eine politische, religiöse und poetologische Aussagen ineinander verschränkende Bekenntnisdichtung, deren von polemischer Schärfe nicht gänzlich freie Argumentationsstrategie auf die Gewinnung von Parteigängern für die als gerecht empfundene Sache der Protestanten zielt, und die zugleich, indem sie eine den Regeln der Opitzschen Poetik konforme Handhabung des Deutschen vorführt, für die Etablierung einer nationalsprachlichen Literatur wirbt.

schen Museums Magdeburg im Kunstmuseum Kloster Unser Lieben Frauen 2. Oktober 1998 bis 31. Januar 1999. Hg. von Matthias Puhle. Halle 1998 (Magdeburger Museumsschriften, 6), insbesondere die Beiträge von Mathias Tullner: Das Trauma Magdeburg – Die Elbestadt im Dreißigjährigen Krieg, S. 13-24, und Martin Knauer: „... Das Mägdlein ist nicht todt, sondern es schläfft ...". Die Eroberung Magdeburgs als heilsgeschichtliches Ereignis, S. 71-79; Michael Schilling: Der Untergang Magdeburgs 1631 in der zeitgenössischen Literatur und Publizistik. In: Konfession, Krieg und Katastrophe. Magdeburgs Geschick im Dreißigjährigen Krieg. Magdeburg 2006, S. 93-111 (Schriften des Vereins für Kirchengeschichte der Kirchenprovinz Sachsen, 1).

[37] Frank Liemandt: Die zeitgenössische literarische Reaktion auf den Tod des Königs Gustav II. Adolf von Schweden. Frankfurt a. M. 1998; Gustav Adolf König von Schweden. Die Kraft der Erinnerung 1632-2007. Hg. von Maik Reichel u. Inger Schuberth. Dößel 2007.

Textedition[38]

Traur= vnd TrostSchrifft/
Uber dem vnverhofften Tödlichen/ jedoch gantz
seeligen hintrit vnd Abschied/
Des Weyland
Hoch Wohlgebohrnen Grafen
vnd Herren/
Herrn Georg Ludwigen/
Grafen zu Löwenstein/ Herrn zu
Scharpfeneck/ &c.
Königl. Maytt. zu Schweden hoch=
löblichsten andenckens/ etc.
gewesenen
OBRISTER zu Roß vnd Fueß/ etc.
Welcher
Nach deme Er am *20. Novemb.* Jüngst verwichenes 1632. Jah=
res/ vor Chemnitz in Meissen von der Feinde geschoß troffen/ durch ge=
fehrliche zufällige Kranckheit abgemattet/ seine Seele Gott seinem erlö=
ser befohlen/ den 3. Tag Januar. folgendes jetzigen 1633. Jahres/ zu mit=
tage vmb 1. vhr/ alhier zu Erffurt/ sanfft vnd selig im HErrn entschlaffen/
vnd auß diesem hochbetrübten Jammerthal/ im 46. Jahr seines Alters/
seines *exilij* im 11. abgeschieden/ vnd also neben anderen Heldmütigen
Christlichen Potentaten/ die sich der Ehre GOttes/ seiner Kirchen/ vnd
deutscher *Libertet* rettung hertzlich vnd ernstlich annehmen/ vnd ihm zum
theil vorgangen/ einen ewigen Nahmen/ vnd vnsterblichen
ruhm hinter sich gelassen/
Auß Christlicher *Condolentz,*
Zur bezeugung schuldiger Danckbarkeit/ vor vielfeltig
erwiesene gnade gestellet/
Von
M. NICOLAO Stengern/ der H. Schrifft Liebhabern.
Erffurt/ bey Georg Hertz/ im Jahr 1633.

[38] Die Wiedergabe des Textes folgt in Orthographie und Interpunktion diplomatisch dem zeitgenössischen Druck. Stillschweigend emendiert sind lediglich offenkundige Druckfehler. Abbreviaturen wurden aufgelöst. Die verschiedenen Auszeichnungsformen des Originals (Fettdruck, Antiqua usw.) erscheinen einheitlich im Kursivdruck.

Jm Buch der Weißheit
am 3. *Cap. vers. 1. 2. 3. 4.*
(1.) Der gerechten Seelen sind in Gottes Hand/ vnd keine Quahl rühret sie an. (2.) Für den vnverständigen werden sie angesehen/ als stürben sie/ vnd jhr abschied wird für eine Pein gerechnet. (3.) Vnd jhre Hinfahrt für ein verderben/ aber sie sind im Friede. (4.) Ob sie schon für den Menschen viel leiden haben/ so sind sie doch gewisser Hoffnung/ daß sie nimmermehr sterben.

Jn der 2. Epistel an Timoth.
am 4. *Cap. vers. 7. 8.*
(7.) Jch hab einen guten Kampff gekämpffet/ Jch hab Den Lauff vollendet/ Jch hab glauben behalten. (8.) Hinfort ist mir beygelegt die Krone der Gerechtigkeit/ welche mir der HErr an jenem Tage/ der gerechte Richter geben wird/ nicht mir aber allein/ sondern auch allen/ die seine erscheinung lieb haben.

Jn der Offenbahrung Johannis
am 2. *Cap. vers. 7.*
Wer vberwindet/ dem wil ich zu essen geben/ von dem Holtz deß Lebens/ das im Paradiß Gottes ist.
Vers. 10 Cap. ejusd.
Sey getrew biß an den Todt/ so wil ich dir die Krone des Lebens geben.
Cap. 14. vers. 13.
Selig sind die Todten/ die in dem HERRN sterben Von nun an.

Traur= vnd Trost=Schrifft.

SOlt' denn nun gar nichts seyn? Jst nichts alhier zu finden?
Damit man deine macht/ ô MORTA! könte binden?
Jst denn die Tyranney deß Todes also groß/
Daß niemand sich vermag davon zu machen loß?
Kan denn kein Kräutelein im gantzen Kräyß der Erden/
Dem Tod zur gegenwehr/ jemahls gefunden werden?
Muß denn so schlecht nur hin deß Todes grimmigkeit
Die Menschen fressen auff/ ohn allen vnterscheid?
Ohn allen wiederstand? Es ist ja wol zu dencken/
Wie sehr es offtmals thut ein Menschlich Hertze kräncken/

Wann fehrt auß dieser Welt also *der fromme Mann*/
Nicht weniger/ als der/ so GOtt nie lieb gewann.
Die lieben Väter alt/ die Leut von vielen Jahren
Deß Todes grawsamkeit zu letzt haben erfahren/
Sie sind gestorben all/ die *lieben Gottes Leut*/
Der Tod dieselben hat jhm auch gemacht zur Beut.
Die Patriarchen Fromm/ so GOtt nur angehangen/
Den Weg der gantzen Welt ingleichen sind gegangen/
Vnd die Propheten auch/ ohn welche Gott nichts thet/
Verkündigts jhnen vor/ so er etwas fürhet:
Der grosse Wunderman/ den GOtt selbs außerkohren/
Zum Retter seines Volcks: *die König* hochgebohren/
Die starcken Helden auch mit dir *ô Gideon*!
Gesegnet habn die Welt/ vnd sind nunmehr darvon.
Sie sind dahin/ die sich so hoch beflissen haben/
Den Künsten nachgetracht/ auch die mit hohen Gaben
NATURA selbs geziert/ daß sie berühmet weit/
Vor andern Menschen viel/ durch jhr geschickligkeit/
MORS hat sie alle nach einander auffgerieben:
Dabey es gleichwol biß anhero nicht ist blieben/
Bald groß/ bald kleine noch/ Reich/ Arme/ Jung vnd Alt
Einander folgen nach/ bald schön/ bald vngestalt.
So gar dein grawsamkeit ô MORS! gleich durch thut gehen/
Vnd keines Menschen schont/ auch achtets' kein ansehen/
Fragt nicht wes stands wir sind/ find keinen wiederstand/
Geht sicher/ vnd gantz frey/ furchtloß/ durch alle Land.
Vnd wo die Gottesfurcht vom Tode zu erretten
Jemals vermöcht/ ich weiß gewiß/ vnd könte wetten/
Der klag/ so ich hie führ/ ich vberhaben wer/
Dürfft schreiben nichts zur Traur/ noch klagen also sehr
Des Frommen Todesfall! Wann Tugend könte dämpfen/
Der MORTA grosse macht/ wann Ritterlichen kämpfen/
Vnd streiten für die *Ehr deß HErrn* im Himmel hoch/
Vnd für das Vaterland/ wieder das frembde Joch
Der Kätzerischen Feind! wann Leib vnd Guth auffsetzen
Zur rettung GOttes Ehr! wann alles nichtig schätzen
Was ist auff dieser Welt! Gott hangen an allein/
Nicht folgen falscher Lehr/ nicht folgen falschem Schein/
Vnd was an Tugend mehr auff dieser gantzen Erden/
Ja/ was Lobwürdig sonst nur kan gefunden werden/
Wann solches könte dir ô MORTA wiederstehn/
Gewiß jetzt nicht dahin hett also müssen gehen
Der so viel thewre Held/ der HErr Hoch=wolgebohren/
Deß Lob bleibt ewiglich/ deß Tugend vnverlohren/

Allzeit Er hat geliebt von Hertzen seinen Gott/
Kein gfahr/ wie groß/ geschewt/ gefürchtet keinen Todt/
Ob schon der Feinde Schaar jhm hefftig thet nachstellen/
Niemals er doch hat wölln zu jhnen sich gesellen/
Noch ziehn am frembden Joch/ an Gott er blieben fest/
Getrew biß an sein end/ biß in den Tod gewest.
Ob auch schon Leut vnd Land hat müssen drumb verlassen
Das Gräfflich HeldenHertz/ vnd ziehn deß elends strassen/
Dasselbig bawen wol/ durch etlich' Jahres frist/
JTALIA! du selbs deß auch ein Zeuge bist!
So wolt Er lieber doch der gfahr alles auffsetzen/
Als im geringsten Seel vnd Seligkeit verletzen/
O Zierd deß hohen Stams! O Löwensteinisch Blut!
O Wohlgebohrner Held! O Hochgebohrner Muth!
Das hieß ja trew seyn/ die Göttlich Lehr außbreiten/
Auch die/ so fehlen weit/ zum rechten Wege leiten/
Vnd führen sie zum Liecht/ zur rechten Lebens Pfort/
Die vns wird auffgethan in Christi wahrem Wort/
Du wirst es abermal JTALIA! beweisen/
Der Bücher grosse zahl es auch wird höchlich preisen/
Die dir hat bringen lan/ auß deutschem Lande weit/
Der Löwensteinsche Held/ gedenckstu noch der zeit?
Da Er noch bey dir war. O Tugend hoch zu loben!
So niemahls hat geschewt der Feinde grosses toben!
O Zierd deß hohen Stams! O Löwensteinisch Blut!
O Wohlgebohrner Held! O Hochgebohrner Muth!
Du liebes Deutsche Land davon auch weist zu sagen/
Wie für dein *Libertet* Er fleissig sorg getragen/
Dabey gefürchtet nicht seins Lebens groß gefahr/
Zum Zeugnüß Er da liegt vor dir jetzt auff der Bahr.
Sein Gräffliche Gemahl/ von Erpach hochgebohren/
Sein Gräfflichs Fräwlein zart/ von Tugend außerkohren/
Des *Vaters einig Frewd*/ ietzt sehr betrübet sind/
Weil seines liebsten sich jeglichs beraubet find.
So geht es/ anders nicht/ hier auff dem Kräyß der Erden/
Zum sterben sind wir reiff/ so wir gebohren werden/
Vnd ob wir leben lang/ ob wir schon werden alt/
So ist wieder den Todt jedoch kein auffenthalt.
Die Frewde dieser Welt gar leichtlich sich verkehret/
Vnd wird *Melancholey* mit trawrigkeit gemehret/
Bald *Morta* kömpt/ vnd nimbt von vnser seiten ab
Den besten liebsten Freund/ vnd führt jhn zu dem Grab/
Vnd endlich vns hernach/ eins thuts vom andern erben
Hier ist kein *Excipe*, wir müssen alle sterben/

Heut gilt es mir/ vnd dir wird's Morgen gelten auch/
Daß ist der alte Bund/ das ist des Todes brauch.
Doch selig ist der Mensch! selig ist er zu achten/
Der durch sein Lebenszeit/ nur stets dahin thut trachten/
Wie er mög fahren wol/ fein sanfft/ vnd still davon/
Ein rechte *Friedenfahrt zur frewd/* wie *Simeon.*
O seligs Stündelein! wol dem der so thut fahren!
All' sein gebein gewiß wird Gott der HErr bewahren:
Die seinen auch/ so Er allhier verlassen hat
Beschützt vor allem Leid die hoch=Göttliche gnad/
Vnd nimbt sich jhrer an/ weiß sie wol zu erhalten/
Lest vber sie sein güt vnd gnade reichlich walten/
Ja dein Barmhertzigkeit/ O Gott vnd deine Trew
Geht vber jhnen auff/ ist alle Morgen new:
Gleich wie AURORA schön ist lieblich anzusehen
Auff PHOEBUS Wagen hell/ so sie jetzt thut auffgehen;
So schickstu auch dein güt/ von oben her O Gott!
Dem das nach dir verlangt/ du hilffst dem auß der Noth
So dir vertrawt allein/ Du weist es wol zu machen
Nach deiner gütigkeit kanst richten alle sachen/
Damit die liebsten dein/ dein außerwehlte Freund/
Vor widerwertigkeit vnd angst gesichert seind.
Exempel sind bekand/ man darff nicht weiter fragen/
Wie Gott bißher gethan/ so thut er auch noch tragen
Gantz Väterliche sorg/ vor dich/ *O Löwenstein*!
Du wol gebohrner Stamm! Du grünes Zweigelein!
Der Edle RautenKrantz hat sich sein angenommen/
Der Hochgebohrne Fürst/ zu suchen deinen Frommen/
Stelt sich gantz freundlich an/ stelt sich gar freundlich ein/
O Edler RautenKrantz! O Edles Löwenstein!
Auff deiner seiten steht der *Hertzog hoch gebohren/*
Das kömpt vom HERREN her/ GOtt hat jhn außerkohren/
Auff deiner seiten steht das *RautenKräntzelein/*
Vnd nimbt sich deiner an *O Edles Löwenstein*!
Der aber/ dessen Tod wir billich jetzt beklagen/
Der lebt in Frewd vnd Wonn/ so nicht ist außzusagen/
Kein Auf hats je gesehn/ kein Ohr es je vernahm/
Jn keines Menschen Hertz auch je die Frewde kam/
Die Gott bereitet hat/ dahin ist er gelanget/
Jn eitel güldin Schmuck jetzt seine Seele pranget/
Da ist sie kommen an/ da ist sie hin geführt/
Da keine Plag sie quehlt/ da keine Quahl sie rührt.
Alß Er noch kranck allhier vnd schwach zu Bett gelegen/
Die heilig Engel Schaar thet fleissig seiner pflegen/

Sein außerwehlte Seel sie also sprachen an:
Steh auff du Gottes Braut/ vnd mach dich auff die Bahn/
Du HimmelsBürgerin/ jetzund der Tag ist kommen/
Der Tag der fröligkeit/ nun wirstu auffgenommen
Zum Reich der Herligkeit/ auß diesem Jammerthal/
Kom GottesFreundin schön kom/ zu dem FrewdenSaal!
O Leib! Nun ists an dem/ jetzund wil ich dich lassen/
Zum schönsten Vaterland fahr ich hin meine Strassen/
Geh du zu deiner Ruh! geh in dein Kämmerlein/
Mein Freund! mein lieber Freund! schlaff sanfft vnd seelig ein
Biß an den Jüngsten Tag! da wirstu wider blühen/
Bey mir/ bey Christo seyn! Zu dem wil ich jetzt ziehen.
Zeuch ein du liebe Seel! Zeuch ein du Gottes Braut!
Mit dir der HERR sich hat in ewigkeit vertrawt/
Nun hastu fröligkeit/ Nun hastu viel der frewden/
Jetzt bist' in steter ruh/ ein end hat all dein leiden/
Hier frewd ohn Trawrigkeit/ hier Tag ist ohne Nacht/
Hier kein auffhören ist/ kein scheiden wird gedacht.
Vnd weil vor Gottes Ehr du Ritterlich gestritten/
Dabey viel ungemachs/ viel vnglücks auch erlitten/
So wirstu nun gekrönt mit Frewd/ mit Ehr/ vnd Wonn/
Vnd mit gerechtigkeit/ drumb fahr frölich davon.
O glückselige Fahrt! O Frewd vnaußzusprechen!
Wenn wird der frölich Tag endlich zu vns einbrechen?
Der lang gewünschte Tag. Wann wird es doch geschehn/
Daß solche Herligkeit auch wir einst mögen sehn.
Jn dieser Welt ist zwar nur Trawrigkeit zu finden/
Kom doch HErr JEsu/ kom/ vnd hilffs vns vberwinden/
Erhalt dein liebes Wort/ dein heilig Sacrament/
Dein güt/ vnd gnad zu vns/ HErr JEsu/ reichlich wend.
Sieh doch/ wie vns die Feind so hefftig sehr nachstellen/
Erdencken arge list/ vns nur damit zu fellen/
Ach steh bey vns HErr Christ! das Wort/ die sach/ ist dein/
Drumb nim dich vnser an/ laß dirs befohlen seyn.
Beschütz die *Helden groß*/ die sich deins Worts annehmen/
Die Feind laß kommen vmb/ daß sie sich müssen schemen/
Vnd werden gar zu spott/ vnd werden gar zu schand/
Gib fried O trewer Gott! Gib fried im gantzen Land!
Vnd hohl vns endlich auch im fried von dieser Erden/
Damit wir doch der Frewd ewig theilhafftig werden/
Der außerwehlten Frewd/ mit allen Heylgen dein/
Jn ewigkeit laß vns HERR Christe bey dir seyn.
AMEN.

CHRISTOPH BULTMANN

Lutherverehrung und Pfarramtsdogmatik. Nicolaus Stengers *Parentatio Lutheri Secularis* von 1646

I.

Stenger, geboren 1609, begann sein Studium an der Universität Erfurt im Jahr 1627, demselben Jahr, in dem im fernen Marburg Balthasar Mentzer (1565-1627) starb, der als Autor eines einflußreichen, kompakten Lehrbuchs über das Augsburger Bekenntnis der Protestanten von 1530 – *Exegesis Augustanae Confessionis* (zuerst 1613) – im folgenden noch einmal zu nennen sein wird.[1] Im weniger fernen Jena dichtete Johann Gerhard (1582-1637) eine feierliche *Elegia funebris* auf diesen angesehenen hessischen Theologen, dessen engagierter lutherischer Anti-Papismus, Anti-Calvinismus und Anti-Sozinianismus für Stenger wohl eine wichtige Orientierungsfunktion gehabt haben dürfte. Gerhard bringt in seiner Elegie nicht nur die Trauer über den Tod seines geschätzten akademischen Lehrers zum Ausdruck, sondern erinnert auch noch einmal den Tod seines kurz zuvor verstorbenen Studienfreundes und Wittenberger Kollegen Balthasar Meisner (1587-1626).[2]

---

[1] Für biographische Informationen über Stenger sei auf die Einleitung und weitere Beiträge im vorliegenden Band verwiesen. Für die Geschichte der evangelischen Pfarrerschaft in der Stadt Erfurt und zugehörigen Gemeinden im Umland vgl. Martin Bauer: Evangelische Theologen in und um Erfurt im 16. bis 18. Jahrhundert. Neustadt a. d. Aisch 1992, besonders S. 25-45, und für Stenger besonders S. 301f. (Schriftenreihe der Stiftung Stoye, 22). – Für Mentzer und die im folgenden genannten Theologen sei generell auf die entsprechenden, zum Teil sehr reichhaltigen Einträge in Wilfried Härle u. Harald Wagner (Hgg.): Theologenlexikon. München ^{2}1994; Religion in Geschichte und Gegenwart (RGG). Tübingen ^{4}1998-2007; Friedrich Wilhelm Bautz u. Traugott Bautz (Hgg.): Biographisch-bibliographisches Kirchenlexikon (BBKL). Herzberg 1975-2010; Realencyklopädie für protestantische Theologie und Kirche (RE). Leipzig ^{3}1896-1913; Theologische Realenzyklopädie (TRE). Berlin 1977-2007 u. a. verwiesen. Vgl. zu Mentzers wechselvollem Weg zwischen Marburg und Gießen auch Hans Schneider: Der Spiritus rector: Balthasar Mentzer. In: Horst Carl u. a. (Hgg.), Panorama 400 Jahre Universität Gießen. Akteure, Schauplätze, Erinnerungskultur. Frankfurt a. M. 2007, S. 28-33. – Ein direkter Zeitgenosse Stengers ist Balthasar Mentzer II (1614-1679), den seine kirchliche Karriere in die Position des Oberhofpredigers und Superintendenten in Darmstadt führte, vgl. RGG^{4} Art. Mentzer (2) (Theodor Mahlmann).

[2] Hier zitiert nach dem Exemplar in der Forschungsbibliothek Gotha, Signatur: Phil 2° 00268/01[022]. Zu Gerhard vgl. über die in Anm. 1 genannten Lexika hinaus das Nachwort des Herausgebers in Johann Gerhard: Tractatus de legitima Scripturae Sacrae interpretatione (1610). Hg. von Johann Anselm Steiger. Stuttgart-Bad Cannstatt 2007, S. 486-504, besonders 490-493.

[...] *Meisnerum* Witeberga habuit, vix tempore longo
Doctrinae inveniet dexteritate parem.
Mentzerum Marburgum habuit, me judice, nunquam
Inveniet studio, dotibus, arte parem. [...]
Quid *Mentzere* tibi faciam, quo carmine dotes,
Virtutes celebrem, scripta, decusque tuum? [...]
Exuperant numerum tua scripta, per omnia mundi
Climata quae doctis nota, probata viris. [...]

Johann Gerhard als gewandter Dichter mag den akademischen Kontext der Frühzeit Stengers noch durch eine weitere, gleichfalls als Einzelblatt gedruckte Dichtung vergegenwärtigen, die im Jahr 1630 einem erfreulicheren Anlaß, der Doktorpromotion von Johannes Hülsemann (1602-1661) in Wittenberg gewidmet war. Nachfolger von Meisner war Paul Röber (1587-1651) geworden; nun wurde Hülsemann der Nachfolger des in der Geschichte der Hermeneutik nicht unbekannten Wolfgang Franz (1564-1628), und die Fakultät in Wittenberg, die „cathedra" des „divus Lutherus", hatte wieder neu Gestalt gewonnen. Gerhard beteuert in seinem *Elegidion Gratulatorium* seine Freude über die Ernennung und Promotion des jungen Kollegen und bedauert, daß es ihm nicht möglich sei, an dem Festakt, der sich noch mit der Hochzeit Hülsemanns verband, teilzunehmen.[3]

Quos mihi *Balduinus*, *Meisnerus* (Lumina quanta!)
Frantziades obitu ac *Hunniades* abitu,
Quos, inquam, mihi cordisecos peperêre dolores,
Hos tandem pr[a]esens eximit una dies.
Illa dies, *Hülsmanne*, Deo dilecte, bonisque,
Quâ levat in Cathedram Te *Witeberga* suam [...]
Quàm mihi dulce foret sacram vidisse *Quadrigam*,
Quae decorat Cathedram Dive *Luthere* tuam!
(*Martini*, *Röber*, *Liserus* [et] *Hülseemannus*,
Haec Witebergiacae est sacra Quadriga Scholae)
Lipsiaci quoque *Doctores* vidisse *Lycei*,
Eois notos, Occiduisvè plagis!
(*Liserus*, binique *Höpfneri*, *Langiades*que
Haec est *Lipsiacae* sacra Quadriga Scholae)
Quàm mihi dulce foret binam hanc vidisse Quadriga[m]
*Höeum*q[ue] chori totius esse ducem [...]

Die Verse bieten für die beiden sächsischen Universitäten Wittenberg und Leipzig gleich drei Gelehrtenlisten: die vergangene Zeit der Fakultät in Wittenberg mit Friedrich Balduin (1575-1628), Balthasar Meisner und Wolfgang Franz, aus der nur Jakob Martini (1570-1649) verblieben war,[4] und die Gegenwart des Jah-

---

[3] Hier zitiert nach dem Exemplar in der Forschungsbibliothek Gotha, Signatur: Phil 2° 00268/01[021].

[4] Die Arbeiten von Baltasar Meisner haben in jüngster Zeit wieder einige Beachtung gefunden; vgl. für seine *Philosophia Sobria* (1611-1623) Theodor Mahlmann: Doctrina im Ver-

res 1630 mit einer Quadriga aus Jakob Martini, Paul Röber, Wilhelm Leyser (1592-1649) und Johannes Hülsemann;[5] ebenso zeichnen die Verse die aktuelle Situation in Leipzig mit Polykarp Leyser (II., 1586-1633), Johannes Höpner (1582-1645), Heinrich Höpfner (1582-1642) und Christian Lange (1585-1657).[6] Darüber hinaus gibt der hier gefeierte Festakt Gerhard eine Gelegenheit dazu, dem Dresdner Oberhofprediger Matthias Hoë von Hoënegg (1580-1645) ein Kompliment zu machen, der seinerseits zwei Jahre zuvor vorgeschlagen hatte, Salomon Glassius (1593–1656) nach Leipzig zu berufen.[7] Für die Theologische Fakultät in Jena selbst ist in dieser Zeit, wie einige studentische Gedichte zeigen, von einer „Triga Theologorum excellens" zu sprechen, in der Johann Gerhard neben Johann Major (1564-1654) und Johann Himmel (1581-1642) stand;[8] sie wird wiederum von Hoë von Hoënegg in einem Epigramm gewürdigt, mit dem der Oberhofprediger 1634 die *Grammatica Sacra* (den zweiten Band der *Philologia Sacra*) von Glassius begleitet:[9]

---

ständnis nachreformatorischer lutherischer Theologen. In: Philippe Büttgen u. a. (Hgg.), Vera Doctrina. Zur Begriffsgeschichte der Lehre von Augustinus bis Descartes. Wiesbaden 2009, S. 199-264, besonders 218-230, 243-250; für seine *Anthropologia Sacra* (1619) Anselm Schubert: Das Ende der Sünde. Anthropologie und Erbsünde zwischen Reformation und Aufklärung. Göttingen 2002, S. 56-59 u. ö.; für seine *Praecognitorum theologicorum disputationes* (1625) Kenneth G. Appold: Orthodoxie als Konsensbildung. Das theologische Disputationswesen an der Universität Wittenberg zwischen 1570 und 1710. Tübingen 2004, S. 242-265, und Marcel Nieden: Die Erfindung des Theologen. Wittenberger Anweisungen zum Theologiestudium im Zeitalter von Reformation und Konfessionalisierung. Tübingen 2006, S. 186-213. – Der Hermeneutiktraktat von Wolfgang Franz ist *Tractatus Theologicus novus et perspicuus de interpretatione Sacrarum Scripturarum maxime legitima* (1619), vgl. Steiger (Anm. 2), S. 496. Zu Martini vgl. Appold, S. 265-282. Nikolaus Hunnius (1585-1643) war 1617 an die Fakultät in Wittenberg gekommen, dann aber 1624 als Superintendent nach Lübeck gegangen.

[5] Vgl. Appold (Anm. 4) sowie Ders.: ‚Extra Academiam vivere, non est vivere'. Der Theologe Paul Roeber (1587–1651) und die Frage nach dem Lebensbezug der Universität. In: Arno Sames (Hg.): 500 Jahre Theologie in Wittenberg und Halle 1502-2002. Leipzig 2003, S. 51-77.

[6] Vgl. Andreas Gößner: Personelle Struktur und Nachwuchsrekrutierung an der Theologischen Fakultät Leipzig im 17. Jahrhundert. Mit einem Anhang: Die theologischen Promotionen in Leipzig zwischen 1601 und 1701. In: Andreas Gößner (Hg.): Die Theologische Fakultät Leipzig. Personen, Profile und Perspektiven aus sechs Jahrhunderten Fakultätsgeschichte. Leipzig 2005, S. 73-112 (Anhang S. 113-161).

[7] Vgl. ebd., S. 89.

[8] Vgl. entsprechende Texte in der genannten Sammelbindung in der Forschungsbibliothek Gotha, Signatur: Phil 2° 00268/01 [054, 055, 073, 076]. Johann Major war 1605 Superintendent in Jena geworden, 1611 dort auch Professor, Johann Gerhard war 1616 nach Jena gekommen, Johann Himmel, der 1615 in Gießen, d. h. an Mentzers damaliger Fakultät, promoviert worden war, 1617.

[9] Hier zitiert nach der Ausgabe Salomon Glassius: Philologia Sacra. Leipzig 1743, S. 15 (erste Paginierung); dort auch entsprechende Epigramme von Major, Gerhard, Himmel u. a. Vgl. zu Hoë über die in Anm. 1 genannten Lexika hinaus auch Thomas Kaufmann: Dreißigjähriger Krieg und Westfälischer Friede. Kirchengeschichtliche Studien zur lutherischen Konfessionskultur. Tübingen 1998, S. 37-55.

> [...] <Grammatica> quam laudibus ornat
> Theologωn Veneranda Trias Jenensium, (et) amplis
> Elogiis decorat: quam Major, quamque Gerhardus,
> Himmeliusque, Viri tres, (et) tria lumina magna
> Concelebrare satis nequeunt [...]

Um schließlich noch eine weitere Quadriga zu nennen: Im Jahr 1646, als Stenger seine *Parentatio Lutheri S[a]ecularis* predigte, wurde Johannes Hülsemann von Wittenberg nach Leipzig berufen, um dort neben Christian Lange, Daniel Heinrici (1615-1666) und Johann Benedikt Carpzov d. Ä. (1607-1657) die Theologische Fakultät mitzutragen.[10] Wer solche Orientierung über Zeitgenossen fortsetzen will, findet z. B. für das Jahr 1664, also kurz nach Stengers Betrauung mit der Erfurter Professur der Augsburgischen Konfession, die vier Wittenberger Professoren Abrahm Calov (1612-1686), Johannes Meisner (1615-1684), Johannes Andreas Quenstedt (1617-1688) und Johannes Deutschmann (1625-1706) als Herausgeber einer Sammlung *Consilia Theologica Witebergensia* genannt.[11]

Die hier evozierte Universitätswelt von Marburg, Jena, Wittenberg und Leipzig war nicht die Welt Stengers. Er studierte ab 1627, und offenbar nur sehr kurz, an der Universität Erfurt, die zwar wenig später während der Zeit der Besetzung der Stadt durch die Schweden 1632 eine – eher virtuelle – evangelisch-theologische Fakultät erhalten sollte, die aber vor und nach diesem Zwischenspiel (1632-1635/1649) für einen evangelischen Studenten nur das Studium an der Philosophischen Fakultät und bei einem einzigen Professor A. B., dem Inhaber einer 1566 eingerichteten extrafakultären Professur des Augsburgischen Bekenntnisses, bot.[12] Als Stenger nach dem Erwerb des Grades eines Magisters der

---

[10] Vgl. Gößner (Anm. 6), S. 91. – Für ein Bild der beiden sächsischen Fakultäten mit Bezug auf die akademische Entwicklung eines jungen Theologen vgl. Andreas Stegmann: Johann Friedrich König. Seine Theologia positiva acroamatica (1664) im Rahmen des frühneuzeitlichen Theologiestudiums. Tübingen 2006, S. 7-26. Für die Theologische Fakultät der Universität Rostock läßt sich vergleichbar ein Bild gewinnen aus Thomas Kaufmann: Universität und lutherische Konfessionalisierung. Die Rostocker Theologieprofessoren und ihr Beitrag zur theologischen Bildung und kirchlichen Gestaltung im Herzogtum Mecklenburg zwischen 1550 und 1675. Gütersloh 1997, besonders Kapitel III/1, S. 253-318, u. III/4, S. 391-433, u. die Übersicht S. 715f. Für die Theologische Fakultät der Universität Königsberg vgl. Thomas Kaufmann: Königsberger Theologieprofessoren im 17. Jahrhundert. In: Dietrich Rauschning/ Donata von Nerée (Hgg.): Die Albertus-Universität zu Königsberg und ihre Professoren. Berlin 1995, S. 49-86, besonders S. 64-72 (mit Hinweisen auf Beziehungen zur Fakultät in Wittenberg).

[11] Martin Brecht: Die Consilien der Theologischen Fakultät der Universität Wittenberg. In: Irene Dingel/Günther Wartenberg (Hgg.): Die Theologische Fakultät Wittenberg. 1502–1602. Leipzig 2002, S. 201-221, besonders S. 205-207.

[12] Vgl. zur Situation in Erfurt vor allem den Beitrag von Holger Berg im vorliegenden Band sowie Ders.: Military Occupation under the Eyes of the Lord. Studies in Erfurt during the Thirty Years War. Göttingen 2010. Für die evangelische Theologie in der Universitätsgeschichte Erfurts vgl. weiter Ludolf Pelizaeus: Die Universität Erfurt zwischen den Konfessionen 1615-1655. In: Peter C. Hartmann/Ludolf Pelizaeus (Hgg.): Forschungen zu Kurmainz

Philosophischen Fakultät 1629 auch das *tentamen concionandi* bestand, war Zacharias Hogel (1574-1635) dieser Professor A. B. (und zugleich Pastor an der Augustinerkirche).[13] Alle weiteren Qualifikationen erwarb sich Stenger durch seine Berufspraxis.[14] Daß ein so kurzes Studium nicht unüblich war, ergibt sich etwa in einem Vergleich mit der Situation in Mecklenburg, die Jonathan Strom für die Inhaber von ländlichen bzw. städtischen Pfarrstellen so zusammenfaßt:

> There were few specific requirements for the theological education of a clerical candidate in the seventeenth century, but in most cases a candidate for a rural parish in Mecklenburg was required to have one or two years of study at an orthodox university and a recommendation from the faculty. A candidate for an urban parish was expected to have completed at least two to three years of study.[15]

---

und dem Reichserzkanzler. Frankfurt a. M. 2005, S. 29-50; Erich Kleineidam: Universitas Studii Erffordensis. Bd. 3. Leipzig 1980, S. 94-103, 187-191; für die 1630er Jahre Bd. 4. Leipzig 1988, S. 3-9, 57-59, 322-330; für Meyfart als Professor in dieser Zeit auch Erich Trunz: Johann Matthäus Meyfart. Theologe und Schriftsteller in der Zeit des Dreißigjährigen Krieges. München 1987, besonders S. 51-73; für Musäus als Student in dieser Zeit Harry Mathias Albrecht: Wesen und Einheit der Kirche nach der Lehre des Johannes Musäus (1613–1681). Lutherische Orthodoxie und kirchliche Wiedervereinigung. Mainz 2003, S. 85-97.

[13] Hogel hatte 1592-1597 in Jena, anschließend in Erfurt studiert und gewirkt, seit 1606 an der Augustinerkirche; die Professur hatte er 1625 übernommen, vgl. Kleineidam (Anm. 12), Bd. 3, S. 190f.; Bauer (Anm. 1), S. 195 u. jetzt Berg (Anm. 12), besonders S. 181-199. Hogels Vorgänger in der Professur war Modestinus Weidmann (1562-1625), seit 1592 an der Kaufmannskirche, seit 1606 Senior der evangelischen Pfarrer in Erfurt und Professor A. B., vgl. Kleineidam (Anm. 12), Bd. 3, S. 190; Bauer (Anm. 1), S. 327.

[14] In den „Personalia" in der Leichenpredigt auf Stenger von Johann Balthasar Haberkorn (VD 17 39:117311Y; vgl. zu Haberkorn auch Bauer [Anm. 1], S. 172) wird für den Erwerb des Grades „Artium et Philosophiae Baccalaureus" der 30. September 1628 genannt, für den Magistergrad der 10. Februar 1629, für das „tentamen concionandi" der 12. März 1629. Vgl. den Anhang zum vorliegenden Band u. vgl. für detaillierte bibliographische Angaben das VD 17.

[15] Jonathan Strom: Orthodoxy and Reform: The Clergy in Seventeenth Century Rostock. Tübingen 1999, S. 43-64, hier S. 44. Für Maßstäbe im Hinblick auf die Berufspraxis vgl. die Informationen über einen „Synodalschluß" von 1645 im Herzogtum Sachsen-Gotha bei Veronika Albrecht-Birkner: Reformation des Lebens. Die Reformen Herzog Ernsts des Frommen von Sachsen-Gotha und ihre Auswirkungen auf Frömmigkeit, Schule und Alltag im ländlichen Raum (1640–1675). Leipzig 2002, S. 480f. – Vgl. weiter zu dem Thema Kaufmann, Universität (Anm. 10), S. 307-309 sowie Kap. III/2, S. 319-365, u. Ders.: Berufskulturelle Rahmenbedingungen des lutherischen Pastorenstandes in der Frühen Neuzeit. In: Ders.: Konfession und Kultur. Lutherischer Protestantismus in der zweiten Hälfte des Reformationsjahrhunderts. Tübingen 2006, S. 303-322 (zuerst in: Scott Dixon/Luise Schorn-Schütte [Hgg.]: The Protestant Clergy in Early Modern Europe. New York 2003); Luise Schorn-Schütte: Evangelische Geistlichkeit in der Frühneuzeit. Deren Anteil an der Entfaltung frühmoderner Staatlichkeit und Gesellschaft. Gütersloh 1996, Kap. IIIB, S. 159-225, besonders 191f., 213f.; Marcel Nieden: Rationes studii theologici. Über den bildungsgeschichtlichen Quellenwert der Anweisungen zum Theologiestudium. In: Herman J. Selderhuis/Markus Wriedt (Hgg.): Bildung und Konfession. Theologenausbildung im Zeitalter der Konfessionalisierung. Tübingen 2006, S. 211-230.

II.

In die Zeit des Dreißigjährigen Krieges, genauer in die Zeit zwischen dem Prager Frieden von 1635 und dem Westfälischen Frieden von 1648, fiel der 100. Jahrestag von Luthers Tod 1546. Auf der evangelisch-kirchlichen Seite in Erfurt war seit 1642 Bartholomäus Elsner (1596-1662) der Senior des Evangelischen Ministeriums (und Pastor an der Barfüßerkirche), auf der evangelisch-universitären Seite war gleichfalls Elsner der Professor A. B. Elsner hatte den schwedisch-evangelischen Aufbruch 1632/33 miterlebt und war in dieser Phase zum Doktor der Theologie promoviert worden; nach dem Tod von Johann Matthäus Meyfart (1590-1642; auch Pastor an der Predigerkirche) wurde er dessen Nachfolger als evangelisch-theologischer Professor primarius, tatsächlich sehr bald wieder als der einzige und dann wieder extrafakultäre Professor A. B.[16] Warum nicht Elsner, der 1643 einen vielhundertseitigen *Gründlichen Bericht von allen nothwendigen Artickelen oder Stücken der allein seligmachenden Evangelischen Religion*, mit einer Vorrede des Gothaer Generalsuperintendenten Salomon Glassius publiziert hatte,[17] die Erfurter Luthergedenkrede 1646 hielt, sondern dies dem Pastor an der Kaufmannskirche überließ, muß hier offen bleiben.[18]

Eine *parentatio* ist eine rituelle Darbringung zu Ehren eines verstorbenen Verwandten, auf den lateinischen Begriff kommt es aber wohl nur als ein Schmuckelement an. Wichtiger ist, daß das konfessionelle Gedenken im bikonfessionellen Erfurt als ein „Christ-Schuldiges Ehren-Gedächtniß" interpretiert und in einer „Schrifftmässigen Predigt" absolviert wird.[19] Inwiefern Stenger da-

---

[16] „Personalia" zu Elsner, der nach einer ausgedehnten „peregrinatio academica" (Oxford, Leiden, Kopenhagen, Königsberg u. a.) seit 1624 an der Barfüßerkirche wirkte, finden sich in der Leichenpredigt von Nicolaus Stenger (VD 17 39:111092R); vgl. Kleineidam (Anm. 12), Bd. 4, S. 3-9, 322-326; Bauer (Anm. 1), S. 135f. (zu Elsner), S. 229f. (zu Meyfart[h]); Trunz (Anm. 12); ferner zu Elsner besonders Johannes Wallmann: Erfurt und der Pietismus im 17. Jahrhundert. In: Ulman Weiß (Hg.): Erfurt 742-1992. Stadtgeschichte. Universitätsgeschichte. Weimar 1992, S. 403-422, besonders S. 404-407.

[17] Zweite Auflage 1687 unter dem Titel *Der Allersicherste Himmels-Weeg. Das ist: Grundrichtige Vorstellung aller zur Erlangung der ewigen Seeligkeit höchstdienlicher Lehr-Stücken.* Elsner war mit der Glossierung von Levitikus und Numeri einer der Beiträger zum sogenannten Weimarer Bibelwerk, dessen Herausgabe Glassius als Generalsuperintendent des Herzogtums Gotha übernommen hatte, vgl. Albrecht-Birkner (Anm. 15), S. 462-465, besonders S. 463.

[18] Im Text der Predigt ist davon die Rede, daß die Predigt „angeordnet" worden sei (S. 26) – durch wen, wenn nicht den Senior Elsner? Vgl. aber den Hinweis auf eine Chronik („Voigteybuch") bei Berg (Anm. 12), S. 225, Anm. 125 bzw. App. I. 17 (S. 314f.), in der von einer Ratsverordnung die Rede ist.

[19] Parentatio Lutheri Secularis: Christ-Schuldiges Ehren-Gedächtniß des Weiland Hocherleuchteten nunmehro Seeligen Mannes Gottes Doctoris Martini Lutheri: Im Jahr Christi 1646 [...] in einer Schrifftmäßigen Predigt bey sehr Volckreicher Versamlung gehalten in der Kauffmanns Kirchen zu Erffurt [...]. Jena 1648 (VD 17 3:007412F; online verfügbar). Eine zweite Auflage erschien in Jena 1686 (online verfügbar).

PARENTATIO LUTHERI
SECULARIS:
Christ-Schuldiges Ehren-Gedächtniß
des
Weiland Hocherleuchteten nunmehro See-
ligen Mannes Gottes
DOCTORIS MARTINI
LUTHERI,
Im Jahr CHRISTI 1646.
Mittwochs nach Invocavit,
Am Tage Concordiæ, war der 18. des Hornungs / an wel-
chem der thewre Mann vor hundert Jahren zu Eißleben
im HERRN entschlaffen/
In einer Schrifftmässigen Predigt
Bey sehr Volckreicher Versamlung gehalten
in der Kauffmanns Kirchen zu Erffurt
von
M. NICOLAO Stengern / bey
gedachter Kirchen Ordentlichen
Pfarrern,
Jena /
Gedruckt und verlegt bey Georg Sengenwalden.
Anno 1648.

Nicolaus Stenger, *Parentatio Lutheri Secularis* (1648), Titelblatt

mit auf einer traditionellen kirchlichen Linie des Reformationsgedenkens liegt, wäre weiter zu untersuchen. Thomas Kaufmann zeigt in einer Untersuchung zur Deutung der Jahrhundertwende um 1600 bei evangelischen Autoren, daß schon in diesem frühen historischen Kontext „Grundmotive“ des Reformationsjubiläums (1617) und des CA-Jubiläums (1630) ausgebildet wurden. „Der mit der Jahrhundertwende 1600 verbundenen deutungskulturellen Herausforderung kam offenbar eine nicht unerhebliche Bedeutung für die Ausformung einer historischen Selbstvergewisserung und memorialkulturellen ‚Selbstauslegung‘ des Luthertums zu.“[20] In anderem Zusammenhang zeigt Kaufmann, daß das sogenannte Reformationsjubiläum eine „in dieser Intensität neuartige Vergegenwärtigung Luthers, seiner Person und seiner Lehre, zugespitzt auf die Momente, die den von Gott heraufgeführten Kampf gegen den Antichristen betrafen, hervor[gebracht]“ habe. „Die erinnerte Geschichte des reformatorischen Ursprungsmythos fundierte in intensiver medialer Einprägearbeit erstmals seit einem Jahrhundert [...] die konfessionskulturelle Identität des Luthertums.“[21] Charakteristisch scheint im Jahr 1600 wie beim nachfolgenden Gedenken an die Publikation von Luthers Thesenreihe *Pro declaratione virtutis indulgentiarum* bzw. an die Vorlage des Augsburger Bekenntnistextes zu sein, daß die Memorialrhetorik nicht über eine statisch-dualistische Metaphorik von Finsternis und Licht und eine dynamisch-dualistische Metaphorik vom Herrschen des Antichrist und Kommen des Evangeliums hinausführte. Dieser Traditionslinie bleibt Stenger bei seiner Predigt verpflichtet.

Stenger, kein Autor von Abhandlungen, die sich jemals in einen Quart- oder Folioband von *Opera theologica* oder gar *Opera exegetica* hätten zusammenfassen lassen, hält eine gemeindenahe Lehrpredigt „bey sehr Volckreicher Versam[m]lung“ in seiner Kirche. Als Predigttext wählt er eine Ermahnung aus dem Hebräerbrief (Hebr 13, 7): „Gedencket an ewre Lehrer / die euch das Wort GOttes gesagt haben / welcher Ende schauet an / und folget ihrem Glauben nach.“ Im *Exordium* rechtfertigt er seine Unterbrechung der Predigten der Passionszeit durch diese Gedenkpredigt: Causae praesentis negocii [et] parentationis sunt (so am Seitenrand auf Latein): 1. Nostra erga Lutheru[m] Pietas. 2. Summa Necessitas. (gemeint ist der wachsende zeitliche Abstand) 3. Rei Gravitas [et] Utilitas. (gemeint ist die Reformation als Befreiungserfahrung) 4. Calumniarum Atrocitas. (neben Verleumdungen von Luthers Leben und Lebensende steht hier die

---

[20] Thomas Kaufmann: 1600 – Deutungen der Jahrhundertwende im deutschen Luthertum. In: Ders., Konfession und Kultur (Anm. 15), S. 413-464, hier S. 457.

[21] Kaufmann, Dreißigjähriger Krieg (Anm. 9), S. 10-23 („Das Reformationsjubiläum von 1617“), hier S. 23. Vgl. indessen auch die Beobachtungen zur Theologischen Fakultät in Rostock in Kaufmann, Universität (Anm. 10), S. 587, aber auch S. 666 (Johannes Tarnow). Für weitere Details zu 1617 ist auf das bei Kaufmann genannte Buch von Hans-Jürgen Schönstädt: Antichrist, Weltheilsgeschehen und Gottes Werkzeug. Wiesbaden 1978, zu verweisen, für Details zu 1717 auf das Buch von Harm Cordes: Hilaria evangelica academica. Das Reformationsjubiläum von 1717 an den deutschen lutherischen Universitäten. Göttingen 2006, vgl. dort besonders die Analysen rhetorischer Topoi in Kap. IV/4 („Die Luther-Deutung“, S. 194-233) u. IV/5 („Die Errungenschaften der Reformation“, S. 234-272).

Gefahr calvinistischer Verführungen) 5. Scripturae Autoritas. (Hebr 13, 7 ist ein „klarer und ausdrücklicher Befehl") (S. 8-13). Gegenstand der *Tractatio* sind dann erstens die Erinnerung an Luther selbst (*Lutheri recordatio*; gemäß der ersten Ermahnung des Bibeltextes: „Gedenkt an eure Lehrer, die euch das Wort Gottes gesagt haben" [S. 13-26]) und zweitens eine Erörterung der rechten Weise des Gedenkens (*Recordationis modus seu ratio*; gemäß der Aufforderung im Text: „Welcher Ende schauet an, und folget ihrem Glauben nach"; also in zwei Schritten die „exitus contemplatio" und die „fidei imitatio"[S. 26-33, 33-38, Schlußmahnungen S. 38-42]). Hinter das „Amen", das die Predigt beschließt, ist im Druck der Vers gestellt (dessen Ursprung und Verbreitungsgeschichte ein Gegenstand für sich wären): „Gottes Wort und Luthers Lehr / Vergeht nun noch nimmermehr."[22] Gewidmet ist der 1648 erschienene Predigtdruck dem Jenenser Theologen Johann Major, der schon ein Mitglied der oben genannten „Triga Theologorum excellens" der 1630er Jahre war und nun als „Senior gravissimus" seiner Fakultät und Universität angesprochen wird; Stenger weiß sich mit ihm in dem Anliegen verbunden, die Reinheit der echten lutherischen Lehre („puritas doctrinae γνησίως Lutheranae") zu pflegen und gegen neue und vergebliche Irrlehren („novae et jam dudum explosae ετεροδιδασκαλιαι") zu verteidigen.

Entsprechend deutlich fällt im *Exordium* Stengers Bekenntnis zu Luther aus:

> Aber dessen kann und will ich euch mit Wahrheit rühmen, daß ich Lutherum und seine Lehre von Herzen liebe, hoch, tewr und werth halte. Und wer Lutherum hoch und werth helt, der ist auch hoch und werth in meinen Augen und meinem Hertzen. (S. 9f.)

Konkretisiert wird dieses Bekenntnis in einer Ermahnung an alle Prediger, die Schriften Luthers zu lesen, zu konsultieren und didaktisch zu nutzen, denn: „Summa, nechst der heiligen Bibel sind Lutheri Schrifften der beste Schatz, den wir uns sollen befohlen seyn lassen." (S. 23f.)

Zwar hat Stengers Predigt einen vorwiegend erbaulichen Charakter, doch markiert er im *Exordium* auch seine kirchenpolitische Position einer konfessionellen Orthodoxie in scharfer Grenzziehung zu calvinistischen und zwinglianischen, „reformierten" Einflüssen:

> Wir tragen auch kein bedencken, uns nach Luthero Lutheraner zu nennen, dürffen uns auch dessen nicht schämen, wie die Sacramentirer sich schämen ihrer Patriarchen und Großväter *Calvini* und *Zwinglii*, daß sie nicht wollen nach ihnen Calvinisten und Zwinglianer genen[n]et seyn, sondern unterstehen sich ihren Irrthumb unter dem prächtigen Namen der *Reformirten* zu verkäuffen, oder auch wohl mit dem löblichen Namen Lutheri zu bedecken. (S. 9)[23]

---

[22] Vgl. Cordes (Anm. 21), S. 295.

[23] Eine andere Deutung dieser Konvention gibt Selderhuis, der notiert, „dass sich die Reformierten nicht als Calvinisten bezeichneten, womit sie auch zeigten, dass sie aus mehr Quellen schöpfen wollten als nur aus Calvin, ja, dass man Luther als Hauptquelle sah und Calvin als jemanden, der seine Gedanken weiter spann". Herman J. Selderhuis: Der Begriff ‚Doctrina' in der reformierten Tradition des 16. Jahrhunderts. In: Büttgen (Anm. 4), S. 265-282, hier

Die „Wichtigkeit und Nutzbarkeit" des Wirkens Luthers ergibt sich sodann aus einer wohl ebenso stereotypen wie populären Kontrastierung mit dem Papsttum:

> Es ist ja nicht eine geringe, sondern eine hohe und fürtreffliche Wohlthat, die GOtt der HERR durch Lutherum [...] erzeiget, daß Er uns aus de[n] Päbstischen Finsternissen heraus gerissen, und aus der geistlichen Egyptischen Dienstbarkeit und Babylonischen Gefängniß [...] ausgeführet, und zum seeligmachenden Liecht seines heiligen Evangelions bracht hat. (S. 10)[24]

Und so wie gegen Ende der Predigt die Hörer über die „päbstischen Sribenten" und deren „Unverstand" und „grimmigen Haß" belehrt werden (S. 37), so werden sie zu Beginn in der Auslegung und Anwendung von Hebr 13, 7 unterrichtet:

> [...] unser Text erkläret sich selber, was vor Lehrer und Leiter er meine, derer man(n) gedencken solle, nemlich, nicht der falsche[n] lehrer, die allerhand Menschentand und erlogene schädliche lehre predigen, dadurch die leute irre gemacht und verführet werde[n]" (S. 14)[25]

Mit homiletischem Geschick wird den Hörern ein weiteres biblisches Bild mitgegeben, habe Luther doch durch seine Schriften „viel tausend Menschen zur Seligkeit heilsamblich [unterrichtet] [...] und also [...] dem hellischen Goliath und seinem Reich [...] mercklichen Abbruch gethan [...]" (S. 17). Gegen die Ägypter, Babylonier und Philister kann man sich also auch behaupten, ohne vom Papst als Antichrist sprechen zu müssen, und Stenger tut es selbstbewußt und nicht ohne gegen solche Lutheraner zu polemisieren, die „nirgend anstossen" wollen (S. 36).[26] Nicht zuletzt unterstreicht Stenger schon im Exordium seiner Predigt mit einer typologischen Lektüre von Ps 147, 19f. („non fecit taliter omni Nationi") die besondere heilsgeschichtliche Signifikanz des Wirkens Luthers in Wittenberg (S. 10f.).

S. 266. – Polemik gegen Zwingli und „Sakraments Feinde" beschäftigt Stenger dann weiter in einem Abschnitt zu Luthers „beständigem" Lehren („constanter") (S. 19-21).

[24] Weitere Beispiele des polemischen Vokabulars von Finsternis, Apostasie und Blasphemie: „Päpstische Finsternisse" (S. 23), „greuliche Finsternis" (S. 24), „abgöttisches Papstthumb" (S. 29), „[Christus], welchen der leidige Pabst und alle Gottlosen Schänder verfolgen und Lästern" (S. 31, im Zitat des postulierten(?) Sterbegebets Luthers), der „leidige Sathan" hat gegen die lutherische Lehre gewütet um „das selige Liecht der heilsamen Erkäntniß göttlicher Gnaden" auszulöschen (S. 35).

[25] Vgl. im folgenden einen Abschnitt zu Luthers reinem Lehren („pure"/„rein und lauter") gegen „allerhand verfälschungen der Schullehrer [scholastischen Theologen]" und „Päbstische irrthumer" (S. 18f.).

[26] Die Frage, ob die Ersetzung des „Antichrist" durch den „höllischen Goliat" eine originelle Variante evangelisch-typologischer Imagination ist, muß hier unbeantwortet bleiben. An anderer Stelle der Predigt spielt dann auch der „Pseudoprophet" aus Apk 19, 20 eine Rolle (S. 24).

Aus bibelwissenschaftlicher Sicht ist zu überprüfen, bei welchen biblischen Motiven Stenger sich mit seinem Luthergedenken zuhause fühlt. Als erster Aspekt ist schon die Analogisierung der reformatorischen Freiheit gegenüber römischer Autorität mit der Befreiung Israels von ägyptischen, babylonischen oder philistäischen Unterdrückern deutlich geworden. Der Text der Predigt ist aber auch darüber hinaus durchzogen von Schriftzitaten; im Druck werden sie jeweils am Seitenrand nachgewiesen. Die lutherische Glaubenstradition mit ihrem exklusivistischen Heilsanspruch wird in die Heilsgeschichte des Gottesvolkes eingezeichnet. Dadurch wird es möglich, eine Kontinuitätslinie anzubieten, in der der Ausleger der Schrift – also Luther – den Propheten, Evangelisten und Aposteln – in hohem Grade – gleichgestellt wird. Die Lehrer, „die uns" – nach Hebr 13, 7 – „das Wort Gottes gesagt haben", sind, so Stenger,

> zwar fürnehmlich [...] die H[eiligen] Propheten, Evangelisten und Apostel, als welche uns das Wort Gottes schrifftlich hinterlassen haben. Es sind aber zugleich auch alle die jenige, die von zeiten zu zeiten biß noch darzu beruffen sind, daß sie solche Schrifften dem Volck auslegen und erklären (S. 15).

Deshalb, so das exegetische Argument, heißt es im Text mit einer integrativen Absicht οι ηγουμενοι: die Vorgänger, also Leute wie ein musterhafter Führer, der den Weg zeigt (mit einer – feinsinnigen oder gekünstelten – Bezugnahme auf den Mann, der Josef in Gen 37, 15-17 den Weg zu seinen Brüdern weist [S. 14]), also eine Vielzahl von „Lehrern und Leitern" verschiedener Art. Luther hat eine Legitimation für seine Rolle als Lehrer, die sich auf verschiedenen Ebenen demonstrieren läßt: er wurde ja an die Universität in Wittenberg berufen, er wurde ja zum Doktor promoviert und – hier bleibt Stenger sehr knapp – er erfuhr ja eine besondere Leitung Gottes, der ihn als sein „Werkzeug" dazu brauchte, „sein Wort [...] so helle an Tag" zu bringen (S. 23). An dieses Bild von Luther wird das Amtsverständnis des evangelischen Predigers der eigenen Gegenwart angeknüpft, denn „alles das jenige, was rechtschaffene Prediger noch heut zu Tage wissen, lehren, predigen und schreiben" geht auf Luther zurück (S. 23).[27]

Die Autorisierung des Luthergedenkens durch Hebr 13, 7 wird untermauert durch einen Bezug auf Mt 26, 13: so wie die Verkündigung des Evangeliums die Erinnerung an jene Frau einschließt, die Jesus in Bethanien salbte, so nun auch die Erinnerung an ein weiteres Werkzeug im Heilsplan Gottes (S. 23). Ein drittes Begründungselement ist die genannte Gleichsetzung der „Päbstischen Finsternisse" (S. 10, 23) mit der Unterdrückung der Israeliten in Ägypten im heilsgeschichtlich analogisierenden Spiel der frommen Imagination: daraus folgt, daß so wie der Prophet Micha (in Mi 6, 3-5) das Erinnern an den Exodus und die Führung durch Mose, Aaron und Mirjam anmahnt, nun auch Luther als Befreier

[27] Strukturiert sind diese Ausführungen im Anschluß an die exegetischen Überlegungen als „applicatio ad Lutherum" (S. 16) und „usus hortator[ius] pro pastoribus / pro auditoribus" (S. 23, 24).

aus der Knechtschaft erinnert werden soll (S. 23). Hinzu kommen als Orientierungspunkt, viertens, die neutestamentlichen Vorstellungen vom Vorbildcharakter der Gemeindeleiter: Paulus ist nach Phil 3, 17 ein *typos* für die Glaubenden (vgl. Phil 4, 9), nach 1Petr 5, 3 sollen die Ältesten *typoi* für ihre Herde sein, und der junge Timotheus wird in 1 Tim 4, 12 aufgefordert, *typos* für die Glaubenden zu werden (S. 27). Die Gestalt Luthers also wird in ein dichtes biblisches Verweissystem eingefügt, das auch noch mit Sirach 44 oder Verweisen auf Noah oder Lot oder Elija ausgemalt werden kann (S. 7, 12, 28). Aus gegebenem Anlaß, dem 100. Todesjahr, beschäftigt Stenger sich auf den Spuren von Hebr 13, 7 ausführlich mit der Formung der Erinnerung daran, daß Luther „sanft und selig" und mit Ps 31, 6 auf den Lippen gestorben sei (wobei er allerdings darauf verzichtet, das Vorbild Christi nach dem Lukasevangelium für ein solches Vertrauen im Sterben – „in deine Hände befehle ich meinen Geist" – anzuführen). Das Ehrengedächtnis nach der Ermahnung des Hebräerbriefes würde ja nicht funktionieren, wenn das „Ende" selbst, η εκβασις της αναστροφης, nicht vorbildlich wäre – offenbar ein in Apologetik und Polemik schon im 16. Jahrhundert genutzter Topos, der im Teil „exitus contemplatio" deshalb ausführlich zu berücksichtigen ist (S. 26-33).

Wofür nun steht Luther? In Hebr 13, 7 heißt es „folgt ihrem Glauben nach" (μιμεισθε την πιστιν).[28] Stenger erläutert: „seinem Glauben nachfolgen" = „beständig bey der heilsamen Lehre bleiben" und nennt weitere Aspekte gemäß seiner Analyse des Begriffs *fides* als *cognitio*, *confessio* und *exercitatio* (S. 39 bzw. 33).[29] Bibelwissenschaftlich gesehen bietet Stenger in diesem Zusammenhang so, wie er eine Auswahl von Belegen zum Begriff des Vorbilds, *typos*, geboten hat, eine weitere Auswahl zum Begriff der Lehre, *didaché* oder verwandten Stichwörtern, denn die Vorgänger im Glauben haben „das Wort Gottes" nicht einfach „gesagt" (wie Luther das Verb ελαλησεν in Hebr 13, 7 übersetzt), sondern „gelehrt" (S. 17). Dadurch ergibt sich eine Brücke zu Tit 1, 9 über den Gemeindeleiter (*episkopos*), der sich „an das Wort der Lehre (halten solle), das gewiß ist, damit er die Kraft habe, zu ermahnen mit der heilsamen Lehre und zurechtzuweisen, die widersprechen" (S. 17 – und dies unter der Abschnittsüberschrift „praedicatio"; vgl. S. 38). Mit der „heilsamen Lehre" (η διδασκαλια η υγιαινουσα) aus Tit 1, 9 verbindet sich die Ermahnung an Timotheus nach 2 Tim 1, 13-14 im Hinblick auf die υγιαινοντες λογοι, die als „Vorbild" (υποτυπωσις) und „kostbares Gut" (παραθηκη) festgehalten werden sollen

---

[28] Zur Deutung des Ausdrucks μιμεισθε την πιστιν im Kontext von Hebr 13, 7-9 vgl. Erich Gräßer: An die Hebräer. Bd. 3: Hebr 10, 19-13, 25. Zürich/Neukirchen 1997, S. 370 [Glaube als Standhaftigkeit] (Evangelisch-Katholischer Kommentar zum Neuen Testament); Harold W. Attridge: The Epistle to the Hebrews. Philadelphia 1989, S. 392 [„fidelity"; vgl. Anm. 28: „the term in this context clearly has connotations of behavior, not belief"] (Hermeneia).

[29] „seinem Glauben nachfolgen, <cognitio:> beständig bey der heilsamen Lehre bleiben, <confessio:> Christum getrost bekennen, und uns als seine Diener bezeugen, <exercitatio:> züchtig, gerecht, und Gottselig leben in dieser Welt, und getrewe seyn, ein ieder in seinem Ambt, arbeitsam, fleissig, unverdrossen" (S. 39).

(S. 33). Aus 1 Petr 3, 15 greift Stenger die Ermahnung zur Bereitschaft, seinen Glauben darzulegen (απολογια) auf (S. 34), aus Mt 7, 15 die Warnung vor Pseudopropheten (S. 14), aus Offb 19, 20 das Bild vom Pseudopropheten, der im feurigen Pfuhl versinkt (S. 24). Das Alte Testament weist in diesem Interpretationshorizont mit Jes 30, 20b. 21 schon prophetisch auf die Lehrer und Prediger voraus, die den rechten Weg weisen und vor Abweichungen zur rechten oder linken Seite warnen (S. 14).

Im Licht der ausgewählten Schriftbelege soll es für die Glaubenden auf „die Erkänntniß der wahren, reinen, seligmachenden Lehre" „nach allen und ieden Artickeln" ankommen (S. 33; vgl. S. 25); und bei Luther, noch einmal, „ist gewesen ein rechtes Erkänntniß der Wahrheit von allen und ieden Stücken und Artickeln der Christlichen seligmachenden Religion" (S. 34).[30] In dieser doktrinal durch eine Vielzahl von Lehrpunkten geprägten Perspektive ist deshalb auch Stengers Anspielung auf Röm 10, 10 zu lesen (S. 23), einen Text, in dem eigentlich als Inhalt dessen, was Christen „mit dem Hertzen zur Gerechtigkeit glauben, und mit dem Munde zur Seligkeit bekennen" gemäß Röm 10, 9 das Christusbekenntnis gemeint ist: „wenn du mit deinem Munde bekennst, daß Jesus der Herr ist, und in deinem Herzen glaubst, daß ihn Gott von den Toten auferweckt hat, so wirst du gerettet". (Noch in der Lutherbibel von 1984 wird indessen nicht v. 9, sondern v. 10 durch Fettdruck hervorgehoben.)

All diese Beobachtungen zum Bibelgebrauch sind nicht neu. Man nennt das Phänomen Orthodoxie, einen Protestantismus, der den christlichen Glauben in eine Reihe von Artikeln zerlegt und der sich wohl als eine Konsequenz der ja auch reichsrechtlich relevanten 21 Artikel der Confessio Augustana herausgebildet hatte.[31] Diese Orthodoxie führte zu einer souveränen Disziplin der Identifizierung von Belegstellen für einzelne Lehrpunkte oder Glaubensmotive, die ihren „Sitz", ihre *sedes*, an bestimmten Punkten des biblischen Textes hatten.[32]

---

[30] Vgl. dagegen für den historischen Prozeß der Lehrbildung z. B. David C. Fink: Was There a ‚Reformation Doctrine of Justification'? In: Harvard Theological Review 103 (2010), S. 205-235.

[31] Für die Umwandlung des theologischen Studienideals von „oratio – meditatio – tentatio" in das religionspolitisch normative Ideal, „den schrifften der apostel, propheten, und mehrgedachter augspurgischer confession, auch der christlichen, und in gottes wort wolgegründten [...] erklerung der streitigen artickeln [= der Formula Concordiae], gleichförmig und einhellig" zu folgen, vgl. Nieden (Anm. 4), besonders S. 80-87, 108-113 (Zitate S. 80 bzw. S. 109, Anm. 45). Vgl. auch Stegmann (Anm. 10), S. 100-185 (Kap. 3: „Die Gattung Dogmatikkompendium"), der eine positive Sicht der Dogmatikkompendien als „eine genuin reformatorische Textgattung" entwickelt: „Sie ist nicht ein zufälliges Produkt der historischen Situation der Reformationszeit, sondern sie verdankt sich der sachlich notwendigen Verbindung von reformatorischer Kirche und reformatorischer Universität. Die Universität nimmt ihre Aufgabe, die christliche [!] Lehre zu bewahren und zu bezeugen, wahr, indem sie aus der Heiligen Schrift die dogmatische Normalform theologischer Aussagen erarbeitet und sie mit den wissenschaftlichen Darstellungsmethoden ihrer Zeit im Rahmen der Ausbildung und Kontrolle der Prediger vermittelt." (S. 115).

[32] Vgl. für die hermeneutische Frage Glassius (Anm. 9), Buch 1-2 (zuerst 1623), Sp. 503: „*Sedes*, nempe alicujus materiae, thematis sive dogmatis fidei. Maxime enim in Scripturae

Hervorzuheben ist, daß es für Stenger einen bruchlosen Übergang von der Lutherverehrung zur Pfarramtsdogmatik gemäß dem Augsburgischen Bekenntnis gibt: Luther war das „Werkzeug", durch das Gott „sein Wort [...] so helle an Tag bracht hat", und er war es in der Weise, daß gilt: „alles das jenige, was rechtschaffene Prediger noch heut zu Tage wissen, lehren, predigen und schreiben [...], das hat Gott durch Lutherum uns offenbaret und verkündiget" (S. 23). Luther „hatte die Bibel im Kopff" (S. 18), er hat „uns das Wort Gottes gesaget", er hat „uns Deutschen [...] die Bibel in unsere MutterSprach versetzet" und den „kleinen und großen Catechismum" sowie viele andere „geistreiche Bücher und Schriften" hinterlassen (S. 22), die „nechst der heiligen Bibel [...] der beste Schatz [sind], den wir uns sollen befohlen seyn lassen" (S. 24).[33]

III.

Die Skizze der rhetorischen und theologischen Aspekte der Lutherverehrung Stengers mag mit einem Ausblick auf seine akademische Lehre geschlossen werden. Im Jahr 1661, 15 Jahre nach seiner Lutherpredigt, wird Stenger in Erfurt der Nachfolger von Elsner als Senior und Professor A. B. Die Lutherpredigt ließe sich mit der Predigt über die *Fidelium Ecclesiae Doctorum Idea: Abriß und Muster trewer Lehrer der Kirchen Gottes* vergleichen, die er als die Leichenpredigt zu dem (wegen eines textkritischen Problems geeigneten) Text Ps 84, 6-8 auf Elsner hielt und in der auch Elsner in die Reihe jener ηγουμενοι nach Hebr 13, 7 eingeordnet wird.[34] Doch soll es jetzt nur um die universitäre Seite gehen. In einer knappen Programmschrift zur Ankündigung seiner neuen Lehrtätigkeit[35] stellt Stenger 1661 seine Absicht vor, die Artikel der Confessio Augustana der Reihe nach durchzugehen („ordine perlustrare"), und zwar nach dem kleinen kontroverstheologischen Lehrbuch Balthasar Mentzers, der *Exegesis Confessionis Augustanae*, die zuerst 1613 erschienen war und nach vielen Auflagen aktuell in einem Nachdruck von 1649 vorlag.[36] Wer also weiter nach dem theologi-

---

explicatione dispiciendum, an aliquo in loco thema, argumentum, articulus fidei, (et) dogma tractetur ex professo, an incidenter. Si ex professo, is locus sedes ejus articuli dogmatisve appellatur."

33 Daß er es damit ernst meint, demonstriert Stenger mit einem guten Dutzend Verweisen auf die Jenenser Ausgabe der Lateinischen und Deutschen Schriften Luthers: T. 3. fol. 375 & seqq.; T. 3. f. 476 & seqq.; T. 4. fol. m. 391a § Summa; T. 5. fol. m. 320 b; T. 5. fol. 553 a; T. 6. fol. 172 a; T. 8. fol. 192 b, 194 a, 198 a; T. 8. fol. 229; T. 8. fol. m. 314 a; T. 1. Germ. fol. 467 b; T. 2. Germ. fol. m. 19 & seqq.

34 VD 17 39:111092R. Für Ps 84, 7b gibt Stenger nach der Lutherübersetzung von 1534 die Übersetzung „und die Lehrer werden mit viel Segen geschmückt".

35 VD 17 547:681834U (online verfügbar).

36 Mentzers Buch war 1625 auch von Balthasar Meisner in seinen *Praecognita Theologica* empfohlen worden, vgl. Nieden (Anm. 4), S. 201. Als vergleichbares Standardlehrbuch galt offenbar Matthias Hafenreffers Werk *Loci Theologici*, zuerst Tübingen 1600, vgl. Nieden (Anm. 4), mit Bezug auf eine Studienanleitung von Johannes Quistorp in Rostock von 1643

schen Profil Stengers fragen will, wird auf Mentzers *Exegesis*, vielleicht auch dessen *Manuale Catholicum* bzw. *Catholisches Handbüchlein* von 1619/20 zurückgreifen, das Mentzers Sohn Balthasar (1614-1679) gleichfalls 1649 wieder zum Druck gebracht hatte – und Stengers eigene Confessio Augustana-Predigten von 1649-54 vergleichen müssen.[37] An der Universität Erfurt dürfte für die akademische Routine gegolten haben, was letzthin mit Blick auf die Lehre des direkten Zeitgenossen Johannes Musäus (1613-1681) an der Theologischen Fakultät der Universität Jena festgestellt wurde: „Der Schwerpunkt seiner Lehrtätigkeit lag [...] in der laufenden Erklärung der theologischen Lehrartikel. Es gab zwischen 1655 und 1680 kaum ein Semester, in dem er nicht die Explikation der Artikel der Confessio Augustana, der theologischen Loci oder der wichtigsten Teile der Heiligen Schrift ‚juxta seriem Locorum Theologicorum' ankündigte."[38] Wie nachhaltig solche Lehre im Horizont des Artikel-Protestantismus einer Orthodoxie war, deren Selbstbezogenheit es nicht zuließ, das Verhältnis zu anderen Glaubenswegen anders als durch eine radikale Antithetik zu bestimmen, ist eine andere Frage. Stengers Sohn Johann Melchior (1638-1710), der in Jena, Leipzig, Wittenberg und Straßburg sowie in Erfurt noch unter Elsner studiert hatte, wurde 1670 wegen pietistischer Anliegen und Initiativen als Diakon an der Predigerkirche entlassen und aus Erfurt verbannt.[39] Man darf sich wundern, ob er als achtjähriger Pastorensohn bei den zentralen Punkten der *Parentatio* nicht aufgepaßt hatte, oder ob er vom Lutherbild seines Vaters zwar beeindruckt war, Luther aber dennoch besser verstand, als es seinem Vater gelungen war. Die Predigt des Evangeliums und die scholastische Beherrschung von „allen und jeden Artikeln" der orthodoxen Glaubenslehre

---

Kaufmann, Universität (Anm. 10), S. 303, sowie generell Martin H. Jung: Die Doctrina de iustificatione und ihr Usus practicus in Hafenreffers ‚Loci Theologici' (1600). In: Udo Sträter (Hg.): Zur Rechtfertigungslehre in der Lutherischen Orthodoxie. Leipzig 2000, S. 43-54. Eine kritische Sichtung des theologischen Denkens von Hafenreffer und Mentzer bietet Jörg Baur: Auf dem Weg zur klassischen Tübinger Christologie. Einführende Überlegungen zum sogenannten Kenosis-Krypsis-Streit. In: Ders.: Luther und seine klassischen Erben. Tübingen 1993, S. 204-289 (zuerst 1977).

[37] Ausgabe der Exegesis: Frankfurt 1649; Ausgabe der lateinischen Fassung des Manuale: Rinteln 1649, eine Neuausgabe der deutschen Fassung erschien in Wittenberg 1656; wie die *Exegesis Confessionis Augustanae* wurde auch das *Manuale Catholicum* in die *Opera latina* aufgenommen, Frankfurt 1669, dort *Exegesis* in Bd. 1, S. [)(1^r -)(4^v]. 1-306; *Manuale* in Bd. 2, S. 1182-1232; weitere, von Hermann von der Hardt betreute Neuausgaben des *Manuale* erschienen in Helmstedt seit 1692. Vgl. auch die Einleitung zur Neuausgabe von Georg Hoffmann: D. Balthasar Mentzers Handbüchlein. Göttingen 1938, S. 30; zum Thema der Augustana-Predigten den Beitrag von Andreas Lindner im vorliegenden Band.

[38] Albrecht (Anm. 12), S. 92 u. Anm. 50.

[39] Vgl. Bauer (Anm. 1), S. 301; Wallmann (Anm. 16), S. 409f.; Udo Sträter: Philipp Jakob Spener und der „Stengersche Streit". In: Pietismus und Neuzeit 18 (1992), S. 40-79. Im Druck der Leichenpredigt auf Nicolaus Stenger (Anm. 14) ist Johann Melchior mit einem Beitrag vertreten. Ein jüngerer Sohn Nicolaus Stengers, Caspar Adam Stenger (1649-1690) wurde Bibliothekar in Wolfenbüttel und war dort der Vorgänger von Gottfried Wilhelm Leibniz; Bauer (Anm. 1), S. 302.

sind ja nicht dasselbe. Indessen konnte auch schon Nicolaus Stenger seine Hörer ermahnen:

> Der Gelehrte fürtreffliche Papist Erasmus Roterodamus hat von Luthero geschrieben, daß sein Leben von iederman gelobet werde, und daß auch die, so seiner Lehre nicht beypflichten, an seinem Leben nichts tadeln können. Dem Lobe lasset uns auch nachstreben, lieben Christen, und wie wir uns Lutherisch nennen, also lasset uns auch ein feines Lutherisches Lebe[n] führe[n]! das ist das beste Gedächtniß Lutheri [...] (S. 37).[40]

[40] Im Teil „Fidei imitatio“ zum Aspekt „exercitatio“ im Abschnitt „Applicatio (et) usus“; vgl. auch schon den Verweis auf Erasmus im Preis der Gelehrsamkeit Luthers (S. 18). Stenger gibt hier seinem effektvoll stilisierten Lutherbild dadurch ein schärferes Profil, daß er Prov 20, 9 und Ps 32, 6 (im Rahmen des Bußpsalms von v. 5 her gedeutet) zitiert (S. 37) und lehrhaft den Gedanken der „exercitatio“ mit einem Tugendkatalog erläutert: „Daß ein Christ seinen Glauben auch sehen lasse durch rechte kindliche Liebe, Freundligkeit, Demuth, Sanfftmuth un[d] Gutthätigkeit gegen den Nechsten.“ (S. 34). Doch bleibt der Stellenwert dieser Mahnung im Kontext der Predigt unklar.

ERNST KOCH

Tausend Zeuge
Nicolaus Stengers Predigten über das Gewissen

1. Das Buch

Im Jahre 1647 erschien bei Johann Birckner in Erfurt, mit einem Vorwort vom 1. August 1646 versehen, ein Band mit Predigten, die Nicolaus Stenger in den jeweils am Mittwoch gefeierten Wochengottesdiensten in der Kaufmannskirche zwischen dem 8. Juni 1642 und dem 14. Juni 1642 gehalten hatte. Der Band ist den zahlreichen im 17. Jahrhundert erschienenen Predigtbänden zuzurechnen, die Reihenpredigten aus Wochengottesdiensten wiedergaben und oft der Auslegung ganzer biblischer, vielfach alttestamentlicher Bücher gewidmet waren. Stengers Predigtband nimmt insofern eine Sonderstellung unter diesen Reihenpredigten ein, als er nicht die Erklärung eines ganzen biblischen Buches zum Inhalt hatte, auch nicht in die lange Reihe der veröffentlichten Katechismuspredigten gehörte,[1] sondern eher einen Spezialfall der Themenpredigt und gleichzeitig das Genus der Standespredigt repräsentierte. Es handelte sich bei ihnen um 34 Predigten zum Thema des menschlichen Gewissens, die jeweils auf einen Stand der frühneuzeitlichen Gesellschaft bezogen waren.

Der Titel des Buches nannte das Gewissen *Tausend Zeuge*.[2] Der Band umfaßt, von Widmungsgedichten, Vorreden, Registern, Corrigenda und Kolophon abgesehen, 881 Quartseiten. Nicht zu klären ist, auf wen das „begehren" zurückgegangen ist, dem Stenger nach eigener Angabe mit der Veröffentlichung der Predigten gefolgt ist bzw. ob es sich bei Stengers Angabe um einen weithin üblich gewesenen Bescheidenheitstopos gehandelt haben könnte. Unter den Widmungsgedichten finden sich als Autoren der Stadtschreiber und kaiserliche Notar Severus Quernt, sieben Geistliche, zwei Theologieprofessoren und ein Mediziner, teils aus Erfurt, teils aus anderen thüringischen Orten. Der nur in Abkürzungen vermerkte Name eines der Autoren (M. H. R) bedarf noch der Identifizierung. Stenger widmete das Buch neun namentlich genannten Ratsherren und dem gesamten Ratskollegium.

Selbstverständlich handelt es sich bei den Predigten um Schriftauslegungen, deren biblische Grundlage in von Stenger selbst ausgewählten, meist wenige Verse umfassenden Texten bestand. Von ihnen entstammen 13 dem Alten Te-

---

[1] Vgl. Werner Jetter: Art. Katechismuspredigt. In: TRE 17 (1988), S. 744-786.

[2] Nicolaus Stenger: Tausend Zeuge nemlich Das Gewissen des Menschen Nach Anleitung heiliger göttlicher Schrifft des alten vnd neuen Testaments: In vier vnd dreyssig Predigten / Männiglich / bey diesen letzten grundbösen Zeiten zu Besserung vorgestellet / geprüfet / berichtet vnd nunmehr auff begehren sampt beygefügten nützlichen Registern heraus gegeben [...]. Erfurt: Johann Birckner, 1647.

stament, 5 zwischentestamentarischen Büchern (meist Jesus Sirach) und 16 dem Neuen Testament, überwiegend aus dessen Briefliteratur.

2. Der Anlaß

Um Stengers theologischen Ansatz bei seinem Vorhaben und seiner Begründung näher zu kommen, lohnt ein Blick in die Widmungsvorrede an den Erfurter Rat. Zunächst jedoch ist nach der Bezeichnung des Gewissens als „Tausend Zeuge" und seiner Herkunft zu fragen. Stenger gibt darüber in der Vorrede keine Auskunft. Lediglich im Zusammenhang einer der Predigten verweist er auf die Aussage des antiken Rhetoriktheoretikers Quintilian,[3] der geschrieben hatte, das Gewissen sei so stark wie tausend Zeugen. Auch Martin Luther hatte mehrfach auf diese Stelle bei Quintilian bzw. bei Erasmus von Rotterdam hingewiesen.[4]

Gegenüber dem Erfurter Rat nimmt Stenger Bezug auf die bösen Zeiten, näher auf die Situation des Jahres 1646. „Das einige / leidige / blutige / vberal grassirende Kriegswesen (anderer vielfältigen Plagen zu geschweigen) machet ja freilich die Zeiten grewlich gnung".[5] Vergeblich ist die Hoffnung auf Frieden. Grund dafür ist „des HERRN Zebaoths Befehl", nämlich die in Jes 13, 4-5 und Ez 14,17 formulierte Strafandrohung, die keine Besserung der Verhältnisse zuläßt.[6] Nach Augustin sind das Elend der Menschen und ihre Bosheit die Ursache für die gegenwärtige Situation.[7] Stenger fügt hinzu: „Von den vielfältigen Religionsspaltungen vnd Ketzereyen will ich dieses Orts nichts sagen". Denn neben Ehrzgeiz, Hoffart und Fluchen ist

> desto grewlicher / vnd mehr zu beklagen / daß auch von den jenigen solche böse Stükke begangen werden / die doch Gottes Wort lauter vnd rein haben / sich dessen rühmen mit dem Munde / wollen alle gute Evangelische Christen seyn / die den wahren Glauben an Christum haben / von denen ja billich alle Sündengrewel ferne seyn / vnd die hergegen ohn vnterlaß in guten vnd GOtt wolgefälligen Wercken sich vben sollten / damit sie den Glauben vnd ein gut Gewissen behalten mögten. Da / sag ich / ist es ja wohl zu beklagen / daß mitten in der Christenheit ein solch grewlich böses Leben geführet wird / vnd daß des guten Gewissens so wenig ist vnter denen / die sich doch Christen rühmen [...] Es ist nicht gnung wissen was recht ist / sondern mann muß es auch thun.[8]

Hinzu kommt „eine verdamte Sicherheit", die sich in Entschuldigungen äußert wie der, die Zeiten seien eben nicht besser, und so werden „die Gewissen mehr und mehr verletzet". Dabei hat Gott doch

---

[3] Stenger (Anm. 2), S. 29 (Marginale): „Qvintil. lib. 5 instit. Orat c. 11. p. 316. Conscie(n)tia mille testes".
[4] Vgl. etwa WA 30 II, S. 673, 15-17. Dazu WA 30 II RN, S. 149.
[5] Stenger (Anm. 2), Bl. a 3r.
[6] Ebd., Bl. a 2v.
[7] Ebd., Bl. a 3v.
[8] Ebd., Bl. a 4r.

> seine Güte vns an diesem Ort insonderheit reichlich vnd vberflüssig bißanhero erzeiget durch die Offenbahrung seines heiligen allein seeligmachenden Wort [!] / welches er vns so reichlich predigen lasset / ingleichen durch andere vielfältige Wohlthaten / damit er vns täglich vberschüttet / auch noch mitte(n) in den Straffen ist gleichsamer jm(m)er seiner Barmhertzigkeit eingedenck / daß er nicht mit vns handelt nach vnsern Sünden / vnd vns nicht vergilt nach vnser Missethat.[9]

Dennoch hat Gott noch immer Leute erhalten, die sich nicht der Welt gleich stellen. So solle jeder sich befleißigen, ein gutes Gewissen zu haben. Um dies zu üben, „soll ein christlich Hertz sehen auff Gott / auff sich selbst / vnd auch auff seinen Nechsten“. Das betont Stenger als Grundlage christlicher Ethik. Angesagt sind Vertrauen auf Gottes Führung und Ergebung in seinen Willen, um der ewigen Verdammnis der Gottlosen zu entgehen, und (nach Apg 24, 16) die Übung, ein gutes Gewissen zu behalten.[10] Die Gefahr ist groß. Mancher läßt sich durch anderer und durch eigene Zweifel verführen: „Siehe / dieser lebet also / der ander auch / der dritte ebener massen / vnd so fort / was wiltu allein machen? wiltu eben so gewissenhafftig seyn? du thut am besten / mache auch mit / wie es andern gehet / so gehet dies auch etc.“ Wer sich besinnt, sagt solchen Wünschen ab. Denn der altkirchliche Prediger Chrysostomus sagt: Der Teufel geht dich nichts an, sonst aber jedermann.[11] Somit verweist Stenger auf die gegenseitige Verpflichtung der Stände: Hausväter und Hausmütter und Kinder und Gesinde, Lehrer und Schüler, Oberherren und Untertanen, Prediger (als Wächter) und Zuhörer.[12]

Damit folgt Stenger seiner eigenen Pflicht als Lehrer und Prediger. Er betont, er sei bald nach Vollendung seiner Augustana-Predigten darauf bedacht gewesen, die Zuhörer „auff gut Apostolisch zu vermahnen / vnd zu vnterrichten / daß sie / neben dem wahren Glauben vnd seligmachender Religion / auch ein gutes vnd vnverletztes gewissen haben vnd behalten mögten“. Allerdings ist er sich sicher, „daß diß Werck nicht jedermann gefallen werde“, denn es hat sowieso nie etwas gegeben, was immer jedermann gefallen hätte, und er hat auch nicht gesollt und gewollt, etwas zu veröffentlichen, was die Leute gern hören, sondern er hat die Wahrheit sagen wollen „(welches doch ohne alle Privat-affecten vnd anzügliche Personalien geschehen ist)“.[13]

Mit all diesen Erwägungen dem Erfurter Rat als Empfänger der Widmung des Buches stellt Stenger fest, was er als Pfarrer seinem Amt schuldig ist: Einschärfung von Ethik, nachdem die Glaubenslehre mit der Veröffentlichung der Augustana-Predigten dargelegt ist, bei aller Diskretion keine Rücksichtnahme auf die Empfindlichkeiten der Zuhörer, Gehorsam gegenüber dem Auftrag, Buße und Glauben zu predigen.

---

[9] Zitat Ps 103, 10. Ebd., Bl. a 4v.
[10] Ebd., Bl. b1v.
[11] Ebd., Bl. b 2r.
[12] Ebd., Bl. b 2v.
[13] Ebd., Bl. b 3r.

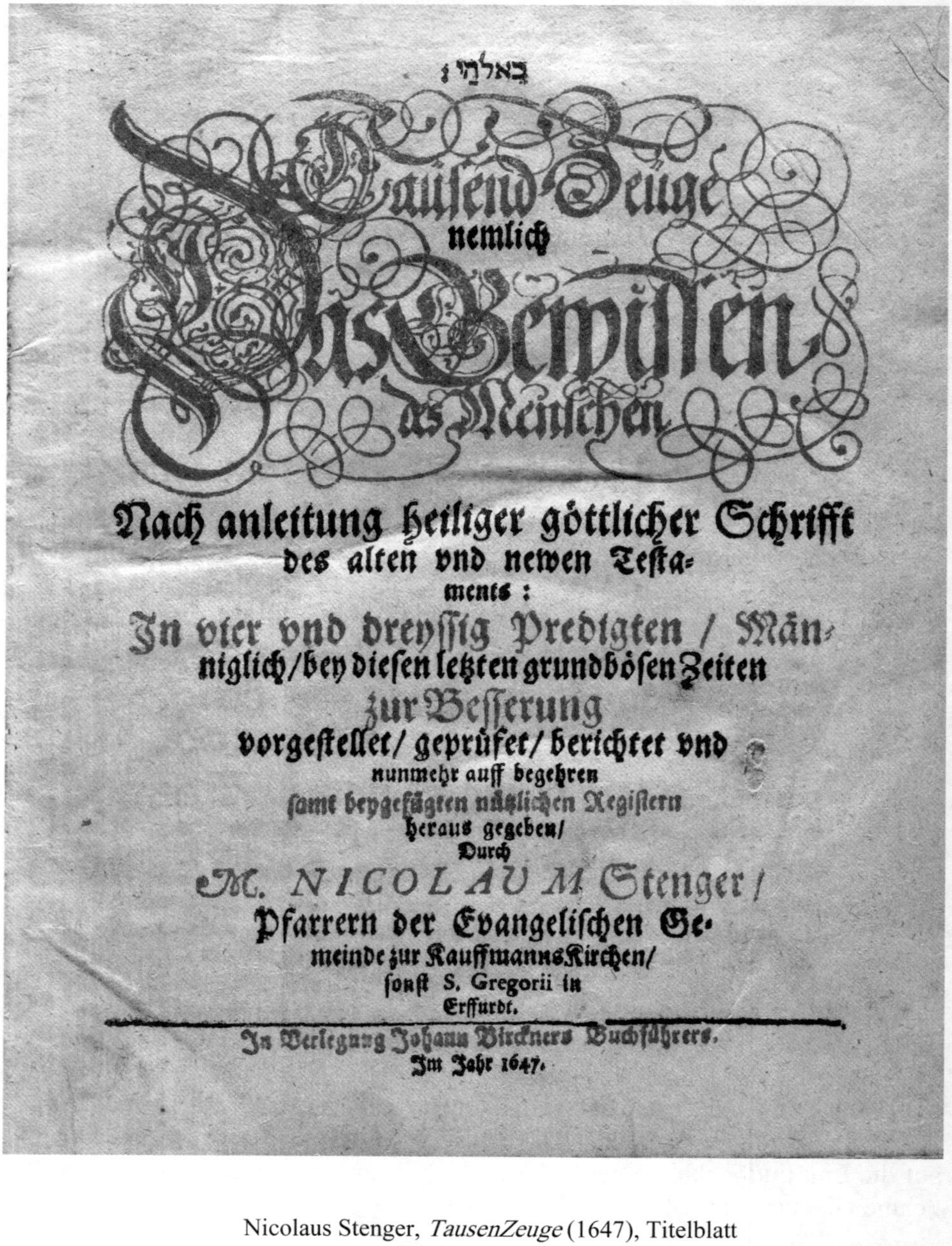
בֵּאלֹהַי ;

Tausend Zeuge
nemlich
Das Gewissen
des Menschen

Nach anleitung heiliger göttlicher Schrifft
des alten vnd newen Testa-
ments:
In vier vnd dreyssig Predigten / Män-
niglich/bey diesen letzten grundbösen Zeiten
zur Besserung
vorgestellet/ geprüfet/ berichtet vnd
nunmehr auff begehren
samt beygefügten nützlichen Registern
heraus gegeben/
Durch
M. NICOLAUM Stenger/
Pfarrern der Evangelischen Ge-
meinde zur KauffmannsKirchen/
sonst S. Gregorii in
Erffurdt.

In Verlegung Johann Birckners Buchführers.
Im Jahr 1647.

Nicolaus Stenger, *TausenZeuge* (1647), Titelblatt

3. Das Gewissen

Die 34 Predigten folgen einem gut überschaubaren Aufbau. Die ersten fünf Predigten handeln vom Gewissen und seinem Wesen, die Predigten 23 bis 34 nehmen das Thema nochmals auf, allerdings in Gestalt seelsorgerlicher Beratung. Dort wird gefragt, ob es möglich ist, ein gutes Gewissen zu haben (Predigt 23). Danach kommt die falsche Sicherheit des Gewissens zur Sprache (Predigt 24), um dann Hinweise zu geben, wie das schlafende Gewissen geweckt werden kann (Predigt 25), aber auch, wie das erwachte Gewissen gestillt werden kann (Predigt 26), welche Arznei dazu geeignet ist (Predigt 27) und wo die entsprechende Apotheke zu finden ist (Predigt 28). Warnend fährt Stenger fort, daß ein Gewissen, das in Haß und Unversöhnlichkeit mit dem Nächsten lebt, nicht geheilt werden kann (Predigt 29) und daß der kein gutes Gewissen behalten kann, der unrecht erworbenes Gut bei sich behält (Predigt 32). Anleitung zum Schutz vor neuen Gewissensverletzungen bietet eine Predigt über Psalm 15 (Predigt 30), während eine weitere Predigt auf die gefährlichsten Klippen bei einem Weg aufmerksam macht, der das Gewissen zwischen allzu großer Furchtsamkeit, wie sie auf Seiten der päpstlichen Kirche eingeübt wird, und allzu großer Sicherheit oder Halsstarrigkeit hindurchführt (Predigt 31). Für Stenger aktuell wichtig ist, auf Hilfe gegen eine nahezu epidemisch grassierende Gefährdung des Umgangs mit dem Gewissen hinzuweisen: die Depression, die den Menschen nicht mehr froh werden lässt (Predigt 33). Eine letzte Predigt bietet eine Zusammenfassung des Generalthemas der Predigtreihe (Predigt 34).

Vom Gewissen als unhintergehbarer Instanz des Menschen handelt die erste Predigt der Reihe über Röm 2, 14-15, nämlich von Gottes Offenbarung in der Schöpfung, der Schrift und im „Buch der eingepflantzten Menschlichen Wissenschaft", im Gewissen.[14] Stenger beobachtet:

> Vor diesem / im Papstum / da war wenig Wissen / vnd viel / ja schier gar zu viel Gewissens vnter den Leuten / wie man(n) wol weis. Aber numehr hat sichs vmbgekehrt / vnd heist: Scientiae multum, Conscientiae parum [...] Nun aber ist sehr viel daran gelegen / daß den Leuten das Gewissen wieder gereget werde / damit sie nicht ohn Gewissen zum Teufel fahren / sondern sich den Geist GOttes auch in jhrem Gewissen regieren lassen.[15]

‚Gewissen' bedeutet:

> Es ist nichts anders / denn eine solche natürliche Wissenschafft / Erkäntnüß oder handschrifft / die Gott einem jeden Menschen in seine Vernunfft vnd Hertz gebildet hat / dadurch er noch von Natur wissen kann / was Gut vnd Böse / Recht vnd Vnrecht ist / vnd dadurch Gott gleichsam einen Richtstuel in dem Menschlichen Hertzen ge-

[14] Ebd., S. 4.
[15] Ebd., S. 5-6.

> ordnet hat / zu verklagen vnd zu verdammen die / so Vnrecht thun / vnd sie / so Recht thun / zu entschuldigen vnd zu absolviren.[16]

Stenger bezeichnet das Gewissen als „Handschrifft / die Gott einem jeden Menschen in sein Hertz gebildet hat“, so daß jeder Mensch „gleichsam ein Buch bey sich hette“.[17] Damit wird Gott selbst ein Zeuge im Herzen, der gleichzeitig als Richtstuhl fungiert. Der Erfurter Prediger weiß, daß diese Sicht des Gewissens keineswegs auf die christliche Theologie beschränkt ist, sondern auch antike Zeugnisse für sich hat.[18] Aus Johannes Mathesius schöpft er das Bild vom Gewissen als einer Waage, „die dem Menschen in das Hertz gehenget ist“. Es kann vorsichtig und klug machen, es kann warnen.[19] Darum ist es einerseits „eine grosse Thorheit wieder das Gewissen handeln“.[20] Andererseits kann es eine Trostfunktion ausüben: Es kann einen Menschen entschuldigen.[21] Wiederum – hier zitiert Stenger Martin Luther: Es kann zum bösen Tier werden und zum nagenden Wurm,[22] „[…] wie ein keiffičht böse Weib / das jmmer neben dir stehet / vnd dir die Ohren voll brummet“.[23] An anderer Stelle beschreibt Stenger das Gewissen als einen „Kettenhund / der eine zeitlang ruhet / vnd ligt in seinem Häußlein. Wenn aber die Thür auffgehet / so fehret er heraus / vnd fehet an zu bellen / daß einem die Ohren gellen / ja er beisset wohl vnd reisset nieder / wer jhm vorkömt“.[24]

So jedenfalls verhält es sich mit dem bösen Gewissen. Dafür bringt Stenger ein Beispiel aus Erfurt, das er allerdings dem Ulmer Prediger Conrad Dieterich entnimmt, der berichtet hatte: Ein Erfurter Barbier habe einem Kanoniker die Gurgel durchgeschnitten und habe ihn in seinem Haus begraben. Nach 16 Jahren sei es zu einer Schlägerei vor seinem Haus gekommen, er habe den Stadtknecht kommen sehen, habe gedacht, es gehe um seine Untat und habe seinen Mord bekannt.[25]

Auf der anderen Seite gibt es auch das gute Gewissen als

> ein guter Bewust oder Gedancke im Hertzen / da jhm ein Mensch nichts böses bewust ist / sondern weiß / daß er nach Gottes Wort vnd eusserlicher Erbarkeit / Christlich vnd Auffrichtig gehandelt habe / vnd darff dessen keinen schew tragen / noch sich etwas befahren / sondern / ob er gleich von andern beschuldiget vnd gelästert wird / kann er sich doch zu frieden geben / weil jhn sein eigen Hertz vnd seine Gedancken nicht an-

16 Ebd., S. 8-9.
17 Ebd., S. 9.
18 Ebd., S. 14-15.
19 Ebd., S. 16.
20 Ebd., S. 19.
21 Ebd., S. 23.
22 Ebd., S. 21 u. 27.
23 Ebd., S. 33 (zur Auslegung von Psalm 51,5).
24 Ebd., S. 611.
25 Ebd., S. 31.

> klagen noch beschuldigen / sondern jhn vielmehr entschüldigen / trösten vnd vertheidigen.[26]

Allerdings ist an Stengers Argumentationsweise in diesem Zusammenhang, die immer wieder auf das Gegenteil des guten Gewissens verweist, abzulesen, wie stark er sich der Ambivalenz der Befindlichkeit des Menschen bewußt ist. In einer Kurzauslegung des Dekalogs verweist er auf Konkretionen des Abweichens des Handelns des Menschen zur rechten Hand und zur linken Hand, auf allzu stark kasuistisch-skrupulöse Strenge und allzu großen Leichtsinn. Als Beispiele dafür dienen ihm die so genannten Adiaphora, Sachverhalte nämlich, die in der Heiligen Schrift weder geboten noch verboten sind, wie Eidschwur, Sonntagsheiligung und Tanz, deren Bewertung auch zwischen den Konfessionen umstritten war. Hier plädiert er im Sinne der Wittenberger Reformation für Gelassenheit. Zum Umgang mit Bildern in den Kirchen bemerkt er: „[...] vnd lassen vns darüber / wie auch der Orgeln vnd Figural-gesangs wegen / von keinem Calvinisten ein Gewissen machen".[27] Gewissenbildung hat also für Stenger durchaus auch konfessionelle Implikationen.

4. Konkretionen

Der gesamte Mittelteil der Predigtsammlung enthält Konkretionen für den Umgang der Berufe und Stände mit der Gewissensproblematik. Gott hat „einem jeden Stande Ziel vnd Maß fürgeschrieben", lautet Stengers Begründung dafür.[28] In Zeiten der Bedrohung „bey diesen letzten grundbösen Zeiten" – siehe die Passage im Titel des Buches – sind konkrete Anweisungen bis hin zur Kasuistik, die das Ziel des Handelns betreffen, überlebensnotwendig und den gesellschaftlichen Frieden befördernd. Zur Sprache kommt zunächst eine ausgeführte Amtsethik für Pfarrer und für Pflichten und Wegweisung von Gemeindegliedern (6. und 7. Predigt) sowie für Obrigkeit und Untertanen (8. und 9. Predigt), für Eheleute und Kinder (10., 11. und 12. Predigt), Witwen (13. Predigt), Soldaten (14. Predigt), Juristen und Advokaten (15. Predigt), Ärzte, Apotheker und Barbiere (16. Predigt), Kaufleute (17. Predigt) und Handwerker und Gewerke wie Bäcker, Müller, Schneider, Kürschner, „Treidelfrawen" (Verkäuferinnen), Fuhrleute, Zimmerleute, Bauern, Weinmeister, Fleischhauer, Garköche, Gärtner, Gastwirte, Schuster, Tuchmacher, Seifensieder, Steinmetzen, Maurer, Schmiede, Glaser, Goldschmiede, Kannengießer, Böttcher (18. Predigt).[29] Berücksichtigt werden ferner Vormünder, Pfleger in Gestalt von Fürsorgern und Verwalter (19. Predigt), Lehrer (20. Predigt), Schüler und Studenten (21. Predigt). Lehrer und Pro-

---

[26] Ebd., S. 46.
[27] Ebd., S. 97.
[28] Ebd., S. 176.
[29] Stenger findet in biblischen Texten 38 unterschiedliche Berufe erwähnt, ebd., S. 453-454. Auf Wehmütter und ihre verantwortungsvolle Arbeit kommt er beiläufig zu sprechen (S. 471).

fessoren erinnert Stenger daran, an ihrer eigenen Weiterbildung durch Lesen und Studieren zu arbeiten, bewährte Autoren der Vergangenheit nicht vorschnell zur Seite zu legen, sich um angemessene Ernsthaftigkeit zu bemühen, mit Unterlassung von unnötigem „Schnacken" im Unterricht methodische Sorgfalt und didaktische Zielstrebigkeit einzuüben, Geduld und Langmut im Interesse intensiven Lernens zu bewahren und sich auch bei Angriffen Unabhängigkeit vom Urteil Außenstehender zu bewahren.[30] Musikern, Kantoren und Organisten legt Stenger anhand einer Auslegung von Kol 3,16 eine ausgeführte Musiktheologie nach den Maßgaben des 17. Jahrhunderts vor (22. Predigt). Für Handwerker insgesamt hält er die Warnung vor verdecktem Diebstahl und Betrug und die Ermutigung zu zuverlässiger Arbeit und Redlichkeit für angebracht, während er wandernden „Seiltäntzern / Springern / Gäucklern / Comaedianten vnd Liedersingern" empfiehlt, „etwas guts" im Sinne der gesellschaftlichen Notwendigkeiten zu lernen.[31]

Es ist ausgeschlossen, sich allen von Stenger dargebotenen lebensweltlichen Konkretionen in gleicher Weise zuzuwenden. Jedoch soll an einem Beispiel, seiner Obrigkeitsethik, vorgeführt werden, wie in der Predigtsammlung die Verantwortlichen in der Stadtpolitik, denen der Band gewidmet ist, auf ihre Gewissensverpflichtung angesprochen werden. Mit 2. Chron. 19, 6-7 hat Stenger einen biblischenText bewußt ausgewählt, weil in diesem Text König Josaphat „Stadt-Regenten" angesprochen hat und weil auch die Erfurter Obrigkeit als status Aristocraticus & Democraticus anzusprechen ist.[32] Wie Untertanen den Regenten gehorsam sein sollen, „also sollen auch Regenten billich / vnd noch viel billicher GOtt dem HERRN gehorsam seyn / vnd jhr Regiment nach seinem Wort vnd Wohlgefallen anstellen". In diesem Zusammenhang verweist der Erfurter Prediger auf Luthers Auslegung der Psalmen 82 und 101.[33] Wichtig für die Konstitution obrigkeitlicher Autorität ist, daß sie durch das Los (wie König Saul nach 1. Sam 10,11) oder durch „ordentliche Wahl" oder durch Erbfolge oder durch Eroberung zur Macht gekommen ist. „[…] denn es kann auch hie das eindringen / einkeuffen / oder durch andere practicken zum Regiment gelangen / gar nicht verantwortlich seyn".[34] In dieser Stellungnahme einen frühen Beleg für eine Demokratisierung sehen zu wollen, greift mit Sicherheit zu kurz. Wohl aber spricht sich hier in Erinnerung an ein gesellschaftliches Ordnungsethos die Absage an jede Art von Macchiavellismus aus. Denn die Erfurter Wahlmänner werden ermahnt, nur tüchtige Personen zu wählen. „Ein jeder sehe zu / ich stelle es denn in jhr Gewissen / die damit zu thun haben".[35]

Zu den Aufgaben der Obrigkeit gehört die Sorge für die reine Predigt des Wortes Gottes. Stenger schränkt diese Aufgabe ein:

---

[30] Ebd., S. 512-522.
[31] Ebd., S. 470-471.
[32] Ebd., S. 177-178.
[33] Ebd., S. 179 u. 188.
[34] Ebd., S. 181.
[35] Ebd., S. 182.

> Nicht zwar dergestalt / daß eine Obrigkeit mit äusserlicher gewalt jhre Vnterthanen zur wahren Religion zwingen sollte / nein / die wahre Religion will nicht mit Schwerdt vnd äusserlicher Macht / sondern mit geistlichen Waffen fortgepflantzet seyn [...] Vnd der Glaube wird keinem mit Schwerdt oder Gefängniß eingepflantzet / sondern er kömt aus der Predigt / wenn mann Gottes Wort andächtig höret / so wircket dadurch der heilige Geist / der kann allein die Hertzen regieren / daß sie dem gepredigten vnd gehörten Wort beypflichten vnd gläubig werden.[36]

Wohl aber kommt dem Magistrat von Erfurt die Aufsicht über die Kirchen und Schulen und über gute Disziplin in der Kirche zu, ferner die Aufsicht über das Kirchengut und die Armenpflege. Stenger mahnt bei der Obrigkeit an, auf jährlich durchzuführende Visitation und wöchentlich anzuhaltende Pfarrerkonvente zu achten.[37] Sie ist nicht befugt, in die Predigtpraxis einzugreifen oder der Kirche in Erfurt vorzuschreiben, „wie sie die Laster straffen / was für Gesänge mann singen / was für Ceremonien mann brauchen solle / vnd so fort".[38] Damit ist die Grenze obrigkeitlicher Befugnisse markiert. „Grossen Schaden hat das Päbstliche Keyserthumb gethan in der Kirchen / vnd nicht geringern schaden thut das Keyserliche Pabstthumb / das ist / wo die Politici in der Kirchen Gottes jhres gefallens dominiren vnd regieren wollen".[39] Vielmehr hat der Magistrat das Recht zu gebrauchen und das Unrecht zu bestrafen. Damit untrennbar verbunden ist, daß sie selbst in ihrer Praxis das Recht halten muss. „[...] die Obrigkeit muß selbst das jenige halten / so sie andern gebeut". Auch wenn die Obrigkeit von niemand gezwungen werden kann, „so verbindet sie doch jhr Gewissen / vnd GOtt der ErbHERR vnd Oberste Richter wird zu seiner Zeit recht richten / straffen vnd bezahlen einem jeglichen wie ers verdienet [Ps 61,13]".[40] Meiden soll sie das Ansehen der Person und die Entgegennahme von Geschenken. Stenger weist auf üble obrigkeitliche Praktiken hin:

> Arme / Gemeine / geringes Standes Personen/ wenn die ein wenig straucheln / da ist mann also bald mit der Straffe hinter jhnen her; Aber wenn ein reicher grosser Hans kömt / der ein ansehen hat / oder in die Büchse blasen kann / oder ein Vetter / Schwager / Bruder / Freund / Bekanter / Verwandter ist / da thut mann ein Auge zu / siehet durch die Finger / vnd lesset den Verbrecher durchwischen. Denn niemand wil den Fuchs gerne beissen.[41]

Stengers Obrigkeitsethik ist in seiner Zeit kein Sonderfall, vielmehr ein Kompendium politischer Ethik im Gefolge der Wittenberger Reformation, die er auf dem Wege öffentlich vernehmbarer Weisung auch dem Erfurter Magistrat einschärft. Hinter ihr steht das Modell der drei Stände, das, aus der platonischen Philosophie entlehnt und das Mittelalter hindurch überliefert, von der Witten-

[36] Ebd., S. 183.
[37] Ebd., S. 182-186.
[38] Ebd., S. 188.
[39] Ebd., S. 189.
[40] Ebd., S. 191.
[41] Ebd., S. 192.

berger Reformation aufgegriffen und weiter durchdacht worden war: Neben dem „Wehrstand", nämlich den Trägern der obrigkeitlichen Gewalt, stehen der „Nährstand", konkretisiert in der patriarchalisch strukturierten Familie, und der „Lehrstand", die in der Predigt der Kirche verankerte Fürsorge für das Heil des Menschen. Für die Wittenberger Reformation bilden die drei Stände kein statisches System, sondern sie funktionieren in lebendiger Beziehung zueinander. Für die Kirche bedeutet das, daß sie den Auftrag hat, die anderen Stände an ihre speziellen Aufgaben in der Gesellschaft zu erinnern, während die „Obrigkeit" für Ruhe und Frieden und damit auch für die ungestörte äußere Existenz der Kirche und ihrer Institutionen zu sorgen hat, ohne sich in ihre dem Schutz der Gewissen geltenden Kompetenzen einzumischen. Dies alles kann nur gelingen, wenn der „Nährstand" den Schutz der Obrigkeit und die Fürsorge der Kirche genießt und so seine unverwechselbare Aufgabe erfüllen kann. Stengers Gewissenspredigten gelten in Position und kritischer Distanz dem gesellschaftlichen Wohl der Stadt Erfurt und dem Heil ihrer Bürger.

5. Kontexte

Stenger gibt im Register der Predigtsammlung die von ihm befragten literarischen Bezugspersonen an. Es mag erwähnenswert sein, daß unter ihnen Johann Arndt nicht erwähnt wird. Sehr kritisch fragt er spiritualistische Passagen in Valentin Weigels Kirchen- oder Hauspostille an,[42] ablehnend äußert er sich über die calvinistischer Praxis entstammende Empfehlung von Hausbesuchen von Pfarrern bei Jean Taffin und Wilhelm Zepper[43] – er selbst sieht die Kirchenzucht in die Beichtpraxis eingebettet.[44] Häufig finden Beispielgeschichten Verwendung, die in Simon Paulis Postille erwähnt sind. Insgesamt acht Titel von Johannes Mathesius verzeichnet das Autorenregister.[45]

Stengers Predigtbuch steht in einem engeren Kontext, der sich etwa nach 1630 gebildet hat. In dieser Zeit erschien eine Gruppe unterschiedlicher Textsorten, die sich thematisch mit dem Gewissen als Instanz beschäftigten, die der Erweckung, der Anleitung und des Schutzes bedürftig erschien. Hierzu gehörten thematische Predigten, Handbücher für Seelsorger und Predigtreihen.

Für den akademischen Bereich steht in diesem Zusammenhang ein posthum erschienenes Nachschlagewerk von Friedrich Balduin (1575-1628), Professor in Wittenberg, mit dem ein Gegenstück zur jesuitischen Gewissensbildung vorge-

---

[42] Ebd., S. 719.

[43] Ebd., S. 141 u. 160-161.

[44] Ebd., S. 162.

[45] Ebd., Bl. Ttttt 2r-3v. Nicht erwähnt wird von Stenger ein in Anlage und Ziel ähnliches Werk: Georg Strigenitz: CONSCIENTIA: Das ist Einnfeltiger vnnd gründlicher Bericht / von Gewissen deß Menschen [...]. Jena 1593. Es handelt sich bei ihm um eine Sammlung von 30 Predigten, die in der Schloßkirche zu Weimar als Wochenpredigten zwischen dem 19. Oktober 1582 und dem 26. April 1583 gehalten wurden.

legt werden sollte.[46] In gewisser Weise kann es als Vorläufer zu den Sammlungen akademischer Consilia und Gutachten angesehen werden, die in der zweiten Hälfte des 17. Jahrhunderts erschienen.

Im Inhalt ähnlich, in seiner Zielgruppe anders orientiert veröffentlichte der Revaler Pfarrer Ludwig Dunte (1597-1639) eine lateinische und deutsche Stellungnahmen umfassende Zusammenstellung von 1006 „Gewissensfragen“.[47] Von den zwischen 1636 und 1666 erschienenen vier Auflagen des Buches wurde die von 1648 in Erfurt verlegt. Duntes Werk sollte – ebenso wie ein weiteres in diesem Zusammenhang verfaßtes Buch des gleichen Verfassers – der Vertiefung des geistlichen Lebens der der Wittenberger Reformation zugetanen Zeitgenossen dienen.[48]

Formal und der Absicht nach am nächsten mit Stengers Werk verwandt, aber hinsichtlich seiner Zielsetzung als Nachschlagewerk für Prediger nicht mit Stengers Anliegen identisch, erschien eine Evangelienpostille, sukzessive aus Predigten in Altenburg zwischen1638 und 1640 entstanden, 1644 den sächsisch-ernestinischen Prinzenbrüdern Wilhelm, Albrecht und Ernst gewidmet. Ihr Verfasser Arnold Mengering, wegen seiner öffentlich in einer Predigt geübten Kritik an der politischen Ethik der Landstände von seinem Posten als Hofprediger in Altenburg entlassen, gehörte zu den schonungslosen Kritikern des Krieges und seiner Begleiterscheinungen, der Mitteldeutschland zu großen Teilen verwüstete. „Sehen wir an heut zu Tage Statum Imperii, den Zustand des Reichs / Fatum Germaniae, Teutscher Nation Glück und zwingliches Vrtheil“, schrieb er als Superintendent von Halle im März 1644 an die Widmungsempfänger,

> So ist uns nun hin und wieder / innerhalb zwantzig Jahren ja leider / mehr nichts übrig als die Hofnung [!] in Pandorae Büchsen. Wir haben gehofft / wir haben gewartet / Wir hoffeten / es sollte Friede werden / so kommet nichts Guts: Wir hoffeten / wir sollten heil werden / Aber sihe / so ist mehr Schaden da / Jerem. 14/20 [...] Wo aber endlich Hülff und Erlösung / Friede vnnd Ruhe werde herkommen / sind macherley discurs und Gedancken. Etliche verhoffens von stattlichen Reichs-schlüssen un(d) Verfassungen: Andere von ansehnlichen Bündnissen: Die dritten von Kriegslisten und solchen Sachen / die bißweilen nicht fein klappen. Aber die beste Hofnung / und die uns am wenigsten wird zu schanden werden lassen / ist in den Mitteln unserer Seligkeit / in wahrer Buß und Bekehrung [...] Sollen wir aber rechte Busse thun in allen Ständen / so müssen wir das Gewissen rügen / und aufwecken / die da schlaffen un(d) schnarchen in ihren Sünden.[49]

---

[46] Friedrich Balduin: De Materia rarissime antehac enucleata CASIBUS nimirum CONSCIENTIAE [...]. Wittenberg 1628.

[47] Ludwig Dunte: Decisiones Mille et sex CASUUM CONscientiae, E Diversis Theologorum scriptis collectae, contractae, et in brevitatem redactae, ac Juxta ordinem Locorum Theologicorum positae. Das ist Kurtze vnd richtige erörterung Ein Tausendt vnd Sechs Gewissens Fragen [...]. Lübeck 1636.

[48] Vgl. Udo Sträter: Meditation und Kirchenreform in der lutherischen Kirche des 17. Jahrhunderts. Tübingen 1995, S. 54-60.

[49] Arnold Mengering: INFORMATORIUM CONSCIENTIAE EVANGELICUM. Evangelisches Gewissens-Recht / Rath und Vnterricht / Wie man bey den ordentlichen Sontags-Evangelien sein Gewissen also in acht nehmen und bewahren lerne / daß man weder zur

Mengering sieht also sein Amt als Geistlicher nicht in der Beteiligung an militärisch-politischen Erwägungen, sondern im Aufruf an alle Stände, Buße zu tun.

> Ich kans leiden / und laß aufftreten die Politischen Halbschäbel und Wetterhäne / Polypgramonen und die Antinomisten, wissen sie bessern Rath und Mittel / dasz es keiner Busse keiner Gewissens-Rüge und Prüffung bedörffe / so will ich gern schweigen / und lasse fünffe gerade seyn. Ist aber hie kein ander Weg und Mittel / als ware Buss / und zur wahren Busse gehöret Conscientia und gründliche Erkentnisz der Sünden / ey so wird mich niemand verdencken / dasz ich auffs Gewissen dringe / wenn gleich alle Ertz-Heuchler und Epicurer an allen Orten hätten ihr Gewissen verpachtet / oder in Arrest und Sequestration kommen lassen.[50]

Darauf hatte er bereits seine bisherige Amtspraxis und die begleitende schriftstellerische Tätigkeit seit 1638 ausgerichtet.

Was sein Informatorium Conscientiae betraf, hatte Mengering nicht alle dort besprochenen Fragen „also in specie und mit solchem Format auff der Cantzel vorbracht […] Denn nicht aller Quaestiones und Scrupul auff die Cantzel gehören", schon gar nicht auf die Kanzel einer Hofkirche. Außerdem fehlten in seiner Postille einige Predigten zu Sonn- und Festtagen des Kirchenjahrs, andere hatte er nachträglich überarbeitet und ergänzt.[51]

Mengerings Werk unterscheidet sich seinem Inhalt nach von Stengers Predigtsammlung durch seine Ausrichtung nicht nur auf den Alltag und das Leben der Stände, sondern auch auf alle Themen der christlichen Glaubenslehre und damit auf Intensivierung von gottesdienstlicher wie privater Frömmigkeit.[52]

Nicht genügend erforscht erscheint die Frage, inwiefern und inwieweit sich in dieser Konzentration des Themas des Gewissens und seiner Schärfung nach 1630 der Einfluss des englischen Puritanismus mit seiner stark kasuistisch geprägten Ethik ausgewirkt hat, der, über die Niederlande vermittelt, sich auch in Deutschland bemerkbar machte. Daß sich dennoch erhebliche Differenzierungen ergeben, wenn man die Inhalte und Ziele der einschlägigen puritanischen Literatur mit denen der in Deutschland zwischen 1630 und 1650 erschienenen Literatur vergleicht, wird allein in Aufriß und Problemstellungen sichtbar.

Für die Rezeption von Stengers Gewissenspredigten gibt es bisher lediglich eine einzige Spur. Im Jahre 1670 (und nochmals 1680 in Nordhausen) erschien in Duderstadt eine Katechismusauslegung des Oberpfarrers und Superintendenten der Grafschaft Hohnstein Magister Friedrich Justus Mengewein in Bleiche-

---

Rechten noch zur Lincken im Christenthumb verstossen: sondern ein unverletztes Gewissen gegen Gott und Menschen behalten möge: Darinnen fast in 700. Gewissens-Scrupul und Zweiffels-Fragen ventiliret und erörtert werden / und mag für ein Systema Theologiae Practicae geachtet seyn / wie aus dem angehengten Register Locor. Theol. Practic. zu ersehen […]. (Halle 1644) Halle 1653, Bl. a 3r-v.

50 Ebd., Bl. b 1r.

51 Ebd., Bl. c 1r-v (Vorrede an den Leser).

52 Die Behauptung, Mengerings Predigtbuch stelle ein „Kompendium des Aberglaubens" dar (Hans D[ieter] Kittsteiner: Die Entstehung des modernen Gewissens. Frankfurt und Leipzig 1991, S. 194), beschreibt den Inhalt des Werkes nicht angemessen.

rode.[53] Mengewein kannte ohne Zweifel Stengers Predigtband, denn seine Katechismusauslegung enthielt eine am Gründonnerstag (23. März) 1665 von Stenger verfaßte Vorrede. In ihr führte der Erfurter Geistliche aus, er habe oft über einen fruchtbaren Umgang mit dem Katechismus nachgedacht mit dem Ergebnis: „Es wäre ein Catechismus-Butzer wol vonnöthen / gleichwie sonst viel Dinges in offenen Schrifften an den Tag kömmet / was mercklicher Besserung bedürfftig wäre […]". Sein „insonders werther Freund vnd geliebter Bruder in Christo" Mengewein habe sich nunmehr dieser Aufgabe gewidmet. Dessen Buch erweise sich „Nützlich zur Übung in der Gottseligkeit", da er „das Volck nicht mit frembden und neuen weitgesuchten Fragen irre gemacht" habe.[54]

6. Zusammenfassung

„Die Predigt des Gewissens ist so vielfältig und bringt immer neue Diskursgenerationen hervor, weil ihr Erfolg relativ gering ist".[55] Diese am Erfolg orientierte Feststellung Hans Dieter Kittsteiners trifft die Bearbeitung des Themas Gewissen im geistlichen Schrifttum der frühen Neuzeit nicht zureichend. Kittsteiner selbst beschreibt den Sachverhalt bei Martin Luther zutreffend, wenn er formuliert, das Phänomen Gewissen sei für den Wittenberger „als Ganzes […] Träger des menschlichen Gottesverhältnisses".[56] Das gleiche gilt für die Theologie im Gefolge der Wittenberger Reformation auch im 17. Jahrhundert. In einer Reihe von Predigten, die kurz nach Stengers Erfurter Predigten gehalten wurden, bezeichnete der Rostocker Archidiakon und Stadtsuperintendent Johann Quistorp d. Ä. (1587-1648) das Gewissen als „Perpetuum mobile, Nimmer Stiller Hertzens-Wecker".[57] Auch für Nicolaus Stenger steht bei seiner weit verzweigten homiletischen Beschäftigung mit dem Gewissen bis weit in die Seelsorge für den einzelnen hinein die Gesamtverantwortung eines Geistlichen für seine pfarramtliche Tätigkeit auf dem Spiel. Für ihn wird die für die alttestamentliche Pro-

---

[53] Friedrich Justus Mengewein: FAX CATECHETICA DIVINIS RADIIS CORVSCANS: Das ist: Göttlich-straalende Catechismus-Fakkel / Worinnen Die Hauptstücke unserer Christlichen Religion, nebst vielen nützlichen Gewissens-Fragen befunden / und denen Einfältigen erwachsenen / wie auch jungen Leuthen / der Weg zum wahren Christenthum und Gottwolgefälligem Leben / gewiesen wird […]. Duderstadt 1670 (Exemplar: Herzog August Bibliothek Wolfenbüttel). F. J. Mengewein (um 1620 – 1686), war 1665 bis 1686 Oberpfarrer und Superintedent in Bleicherode. Vermutlich kannte er Stenger von seiner Studienzeit in Erfurt her (Pfarrerbuch der Kirchenprovinz Sachsen 6 [2007], S. 53).

[54] Mengewein (Anm. 53), S. 4.

[55] Kittsteiner (Anm. 48), S. 16.

[56] Ebd., S. 171.

[57] Johann Quistorp: Perpetuum mobile, Nimmer Stiller Hertzens-Wecker / Oder Hochnötige Lehre von dem sich stetsregenden GEwissen / In dreyssig Predigen zu Rostock öffentlich vorgetragen […]. Rostock 1646. Vgl. Thomas Kaufmann: Universität und lutherische Konfessionalisierung. Die Rostocker Theologieprofessoren und ihr Beitrag zur theologischen Bildung und kirchlichen Gestaltung im Herzogtum Mecklenburg 1550 und 1675. Gütersloh 1997, S. 595 mit Anm. 981.

phetie grundlegende Unterscheidung zwischen Propheten und Pseudopropheten zum Maßstab für das Amtsethos.[58] Die Mahnung an Hesekiel (Hes 33,7-9) wird „der Prediger jhr Bestallungsbrieff".[59] Sie vermittelt die rechtmäßige Berufung (Legitima vocatio) und fordert die gebührende Ausübung des Amts (Decens officii executio).[60] Maßstäbe der Predigt sind ihre Reinheit gemäß dem Wort Gottes, ihre Furchtlosigkeit, ihre Mäßigung, angemessene Diskretion, ihre Frömmigkeit und ihre Entsprechung in der Lebensführung des Predigers. Betend und meditierend hat er sich auf sie einzustellen, aufmerksam habe er sie vorzutragen. Darum verurteilt Stenger die Lässigkeit, mit der behauptet wird, „es habe nicht viel zu bedeuten / ob er gleich offtmahls berauscht auff die Cantzel / zur Tauffe / oder andern Amtsverrichtungen komme".[61] Für die Sprachgestalt der Predigt verweist Stenger auf einen seiner ehemaligen Kollegen (Georg Silberschlag), der gesagt habe: „Wir Prediger sollen den Cantzelisten jhr CantzelTeutsch / vnd viel verworrenen Köpffen ihre verworrene Sprache vnd Art zu reden lassen / vnd vns befleissigen das Geheimniß GOttes mit feinen deutschen vnd deutlichen Worten fürzutragen".[62] Auch bei Stenger findet sich der im Zusammenhang der Amtsethik seiner Zeit regelmäßige Verweis auf den Aufruf im alttestamentlichen Jesajabuch, der Prediger solle die Hörer nicht schonen, wenn er ihnen die Sünden vorhält (Jes 58, 1 u. 8).[63] Andererseits gebührt ihm Bescheidenheit, denn „Newerung soll mann nicht bald auff die Cantzel bringen".[64] Und schließlich gilt Predigern die Erinnerung: „Diener sind sie zwar vnd Knechte / das ist wahr / aber nicht der Menschen Diener oder Bawrenknechte / sondern Gottes Diener / Christus Knechte / Botschaffter an Christus stat".[65]

Indem Stenger all diese Gesichtspunkte öffentlich in der Predigt vorträgt, bindet er sich selbst und macht sich anfragbar. Denn auch für ihn gilt der Maßstab der Gewissensbindung. Insofern steht er als Prediger und Amtsperson hinsichtlich der Gottesbeziehung mit den Zuhörern auf der gleichen Ebene.

Aufmerksamkeit verdient der in der Erforschung der Predigt in den letzten Jahrzehnten mehrfach vermerkte lebensweltliche Bezug, der programmatisch auch in Stengers Gewissenspredigten anzutreffen ist. Dass er vom Zeitgeschehen gegen Ende des Dreißigjährigen Krieges bestimmt ist, liegt auf der Hand. Er dürfte für die Sozialgeschichte Erfurts im 17. Jahrhundert fruchtbar zu machen sein.

---

[58] Stenger (Anm. 2), S. 110-115.
[59] Ebd., S. 115 (Marginalie).
[60] Ebd., S. 120-124.
[61] Ebd., S. 134.
[62] Ebd., S. 126.
[63] Ebd., S. 129 u. 141.
[64] Ebd., S. 130.
[65] Ebd., S. 151. „Botschafften" (im Original) ist offensichtlich Druckfehler.

Postscriptum

Nach Abschluß des Manuskripts macht mich Herr Dr. Ulman Weiß, Erfurt, darauf aufmerksam, daß im Stadtarchiv Erfurt (Signatur: 1-1 XXI 1a Bd. 23, S. 188f. und 196f.) ein Teil eines Briefwechsels zwischen dem Gothaer Herzog Ernst dem Frommen und dem Rat von Erfurt vom August und September 1646 enthalten ist, aus dem hervorgeht, daß es am Gothaer Hof offensichtlich Bedenken gegenüber Stengers Gewissenspredigten gegeben hat. Möglicherweise hat der Herzog sein Reformwerk durch Stenger angegriffen geglaubt. Aus dem Briefwechsel geht jedenfalls hervor, daß der Druck der Gewissenspredigten spätestens Mitte August 1646 vorlag.

ANDREAS LINDNER

Der Schrift Knecht und des Bekenntnisses Hüter. Nicolaus Stengers Predigten zur Confessio Augustana 1640/41

In seinem fünften Amtsjahr als Pfarrer der Kaufmannsgemeinde hielt Nicolaus Stenger eine in sich geschlossene Predigtreihe zur Erklärung der einzelnen Artikel der *Confessio Augustana*. Er nutzte für diese Predigtreihe die Wochenpredigt am Mittwochnachmittag. Am 15. Januar 1640 hielt er die Eröffnungspredigt. Es war dies die Zeit der zweiten schwedischen Besatzungsphase in Erfurt seit dem Jahreswechsel 1636/37. Eine Zeit in der vollkommen unsicher war, was die Zukunft bringen würde, mit Ausnahme der Perspektive, daß es, wie es auch immer kommen sollte, für die Stadt staatspolitisch wie religionspolitisch kompliziert werden würde.[1]

Unmittelbar nach dem Ende des Krieges kam es zur Drucklegung der Predigten. Stenger behauptet in der Dedicatio zum ersten Teil, schon bald nach Beginn der Predigten sei er „von unterschiedlichen gelehrten / und fürnehmen Gottfürchtigen Leuten"[2] aufgefordert worden, sie zu publizieren. Das würde, falls er eine Veröffentlichung nicht sowieso schon vorgesehen hatte[3], erklären, weshalb die Predigten in Form eines vollständig durchgeplanten Projektes auf den Markt kamen. Das Werk mit dem Titel *Grund=Feste der Augspurgischen CONFESSION, Aus Vnfehlbaren Zeugnissen der Heiligen Prophetischen vnd Apostolischen Schrifften Alten und Newen Testaments / In zwey und sechzig Predigten öffentlich dargethan / [...]* gliedert sich in drei Teile, die in den Jahren 1649, 1652 und 1654 erschienen.[4] Die Anzahl von 62 Predigten ergibt sich daraus, daß Stenger jedem der 28 Artikel der CA zwei Predigten widmete und die Reihe mit insgesamt sechs programmatischen Predigten rahmte: zwei Vorbereitungspredigten am Beginn, die sich dem Thema „Bekenntnis und Bekennen" im Allgemeinen widmen. Einer Abschluß- und einer Eingangspredigt, die zwischen den

---

[1] Vgl. zur Gesamtsituation Dieter Stievermann: Erfurt in der schwedischen Deutschlandpolitik 1631-1650. In: MVGAE 57 [N. F. 4] (1996), S. 35-68; hier auch die gesamte ältere Literatur zu Erfurt in der Schwedenzeit.

[2] Nicolaus Stenger: Grund=Feste der Augspurgischen Confession [...]. 3 Tle. Jena/Erfurt 1649-1654. Tl. 1 (1649), Dedication, Bl. 4v - 5r.

[3] Stenger bestreitet allzu heftig, daß er eine Drucklegung nicht vorgesehen hatte: „auch nicht die geringste Gedancken darauff gehabt"; Ebd., Bl 5r.

[4] Diese Predigtsammlung Stengers wird hier nicht zum ersten Mal bearbeitet. Holger Berg hat sie bereits für seine Dissertation ausgewertet: Military Occupation under the Eyes of the Lord. Studies in Erfurt during the Thirty Years War. Göttingen 2010 (Forschungen zur Kirchen- und Dogmengeschichte, 103). Er ordnet sie dabei in den Kampf Stengers und einer konservativ-orthodoxen Partei gegen den reformorthodoxen Senior des Evangelischen Ministeriums Bartholomäus Elsner ein (vgl. besonders S. 162-169). Dies ist sicher ein realer Teilaspekt in Zielsetzung und Genese des Werks, der hier aber nicht noch einmal aufgegriffen werden soll.

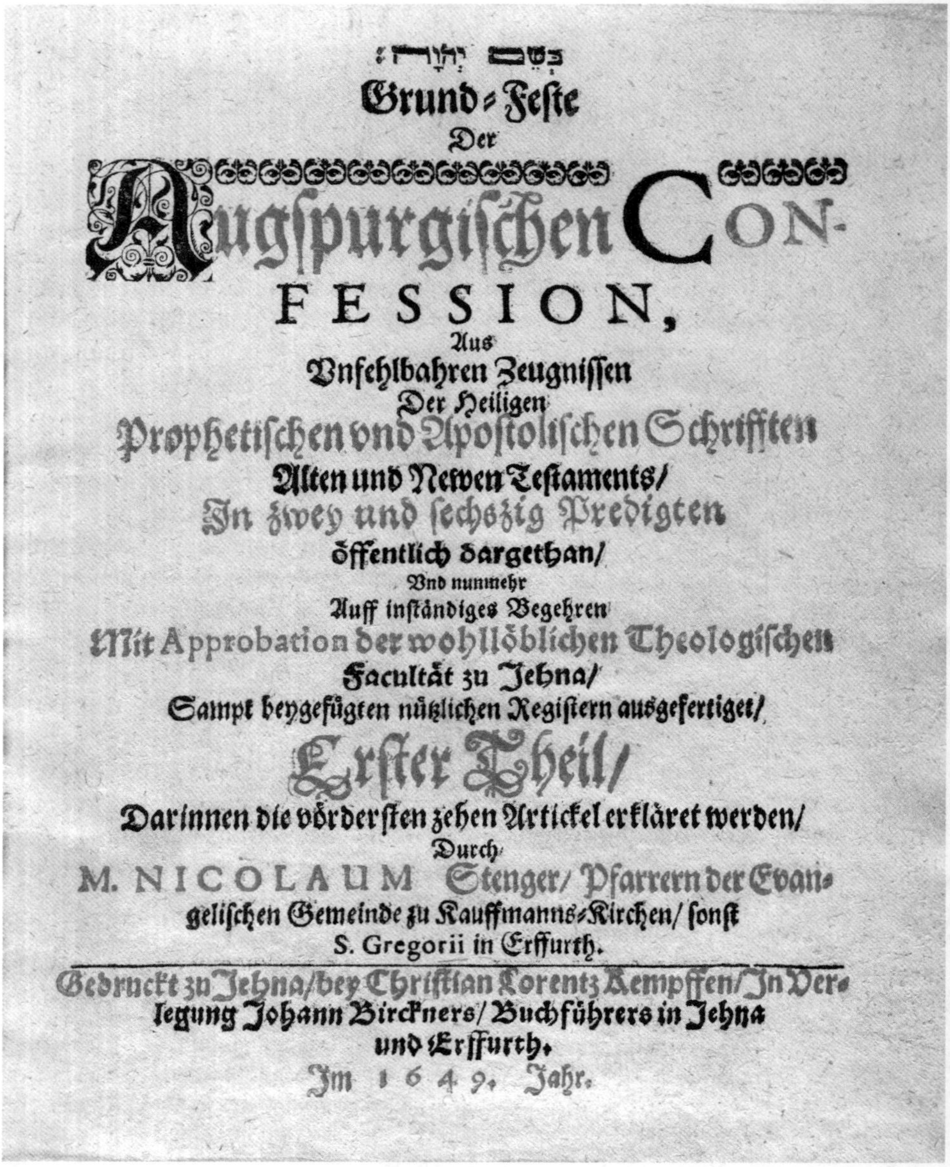

בשם יהוה:

Grund=Feste
Der
Augspurgischen Con-
FESSION,
Aus
Unfehlbahren Zeugnissen
Der Heiligen
Prophetischen und Apostolischen Schrifften
Alten und Newen Testaments/
In zwey und sechszig Predigten
öffentlich dargethan/
Und nunmehr
Auff inständiges Begehren
Mit Approbation der wohllöblichen Theologischen
Facultät zu Jehna/
Sampt beygefügten nützlichen Registern ausgefertiget/
Erster Theil/
Darinnen die vörderſten zehen Articel erkläret werden/
Durch
M. NICOLAUM Stenger/ Pfarrern der Evangelischen Gemeinde zu Kauffmanns=Kirchen/ sonst
S. Gregorii in Erffurth.

Gedruckt zu Jehna/ bey Christian Lorentz Kempffen/ In Verlegung Johann Birckners/ Buchführers in Jehna und Erffurth.
Im 1649. Jahr.

Nicolaus Stenger, *Grund=Feste der Augspurgischen Confession* (1649-1654), Titelblatt zum ersten Teil

Artikeln 21 und 22 eingeschaltet sind, da hier die Grenze zwischen dem reformatorisch-konstitutiven Teil und dem das bestehende Kirchenwesen kritisierenden Teil der CA verläuft. Und schließlich zwei Abschlußpredigten, die die Wahrheit und Heiligkeit der CA apostrophieren. Teil 1 des Gesamtwerks umfaßt die CA-Artikel 1 bis 10, Teil 2 die Artikel 11 bis 21 und Teil 3 die Artikel 22 bis 28. Alle Predigten besitzen im Druck eine gleichmäßige Länge von ca. 40 Seiten. Die Doppelung ergibt sich daraus, daß Stenger gemäß dem Programm des Titels von den „unfehlbaren Zeugnissen der prophetischen und apostolischen Schriften Alten und Neuen Testaments" jeweils eine Predigt auf der Basis einer alttestamentlichen und eine auf der Basis einer neutestamentlichen Textstelle hält. Die drei Teile sind durchgehend paginiert und mit Gesamtregistern zu den verwendeten Predigttexten, den Artikeln der CA, den zitierten Autoren und einem Sachregister ausgestattet. Es machte also nur Sinn, alle drei Teile zu kaufen und zum Buchbinder zu tragen. Druckort war mit Approbation der dortigen Universität das ernestinische Jena. Die insgesamt drei Dedicationen vor den einzelnen Teilen sind mit den Herzögen Wilhelm und Ernst von Sachsen zwei Ernestinern gewidmet, deren Landesuniversität Jena war. Die albertinische Linie wird in Person des Herzogs Moritz vor dem dritten Teil bedacht.

Die auffallende Anlehnung an die Universität Jena und die Ernestiner verdeutlicht den Charakter der Predigten zur Zeit ihrer Publikation. 1649 war klar, daß die Stadt Erfurt keinerlei Vorteile aus den westfälischen Friedensverhandlungen hatte ziehen können. Entsprechend hoch und mit den Jahren zunehmend war die Wahrscheinlichkeit, daß das Erzbistum Mainz seinen Einfluß auf die Stadt wieder zu verstärken suchte. Die Erfurter Universität hatte das sofort zu spüren bekommen. Stengers CA-Predigten sind so etwas wie das Pfeifen im Walde. Sie versichern die evangelischen Erfurter ihrer Identität, und gleichzeitig markieren sie das geistige Revier des Luthertums in Erfurt. Angesichts der Gesamtlage wird dabei die Auseinandersetzung mit den Katholiken zwar geführt, aber dies in einem ausgesprochen sachbezogenen und möglichst moderaten Ton. Vergewisserung der eigenen protestantischen Identität und Abgrenzung gegenüber dem Katholizismus sind die beiden beständig einander durchdringenden Grundintentionen der zweijährigen Predigtreihe.

Stengers Basis ist das kompakte Schriftverständnis der Konkordienformel von der Heiligen Schrift als „einige Richtschnur und Regul"[5]. Die Christusbotschaft der Propheten und Apostel ist das einzige Fundament, auf dem gebaut werden kann. Demgegenüber stehen die Katholiken, die unter Berufung auf „die Traditiones und Satzungen der Päbstischen Kirchen"[6] die Evangelischen als „Schrifft=Knechte" verspotteten. Dazu bekennt er sich:

> Jedoch so dürffen wir den Hohn nicht achten / sondern haben uns vielmehr das für eine Ehre zu halten / daß wir Schrifft=Knechte / das ist / solche Leute genennet werden /

[5] Stenger, Grund=Feste (Anm. 2), Tl. 1, Dedication, Bl. 3v; vgl. BSELK, S. 767.
[6] Ebd., Tl. 1, Dedication, Bl. 3v.

die der heiligen Schrifft folgen / dieselbe ihre einige Richtschnur und Regul seyn lassen / und darinnen dem göttlichen Befehl folgen[7].

Hin und wieder werden konkrete Ängste gegenüber dem katholischen Umfeld deutlich. So warnt er davor, die Kinder in katholische Schulen zu schicken oder sie bei Katholiken studieren zu lassen[8], wie auch vor dem Glanz der Messe, der einem in seinem Glauben nicht gefestigten Lutheraner zum Verhängnis werden könne.[9]

Aber generell bleibt ein theoretisches Überlegenheitsgefühl, das aus der Annahme resultiert, die andere Seite wisse durchaus um die Richtigkeit der lutherischen Lehre. Er zitiert hierzu Robert Bellarmin aus seiner *Disputatio de Verbo Dei* mit den Worten:

Scriptura, qvia est regula, inde habet, ut qvicqvid continet, sit necessario verum & credendum; & qvicqvid ei repugnat, sit necessario falsum & repudiandum. Weil die heilige Schrifft eine Regul und Richtschnur ist / so folget dannenhero / dass was darinnen begriffen/ nothwendig wahr / und zu glauben ist / was aber derselben zuwieder / das ist nothwendig falsch und verwerflich.[10]

Schlägt man die zitierte Stelle nach, erweist sich Stengers Annahme als Konstrukt, das er erzeugt, indem er das Zitat aus seinem Kontext reißt. Die Sätze unmittelbar vor und nach dem Zitat weisen nämlich ausdrücklich darauf hin, daß die Schrift nicht Glaubensregel in einem totalen, sondern in einem partiellen Sinn sei. Das Wort Gottes oder die an die Kirche ergangene Offenbarung Gottes unterteile sich nämlich in zwei partielle Regeln, Schrift und Tradition[11]. So zitiert Stenger Bellarmins Aussage zwar im Wortsinn richtig, verfälscht sie aber, indem er ein lutherisches Verständnis einträgt, das sie von ihrem Kontext her gerade nicht hat. Ungeachtet dessen erzeugt er wenig später den Eindruck, die andere Seite könne um ihrer Selbstaufgabe willen nicht nachgeben. Dazu zitiert er ein „Sündenbekenntnis“ Papst Hadrians VI., das dieser seinem Nuntius Cheregato 1522 auf den Reichstag von Nürnberg mitgegeben habe.[12] Darin erscheint Luther als Strafe Gottes für die damaligen Zustände in der Kirche, die nach

[7] Ebd. Vgl. auch S. 944: „Daher wir es auch uns für keine Schande / sondern vielmehr für eine Ehre achten / wenn etliche Päbstler uns Schrifft Hansen und Wort=Knechte nennen / darumb / dieweil wir uns immer auff die heilige Schrifft beruffen / und aus derselben alles bewiesen haben wollen.“

[8] Ebd., S. 13.

[9] Ebd., S. 36.

[10] Stenger, Grund=Feste (Anm. 2), Tl. 3, Dedication, Bl. 3r.

[11] „Dico Secundo, Scripturam, et si non non est facta praecipuè, vt sit regula fidei, esse tamen regula fidei, non totalem, sed partialem. Totalis enim regula fidei, est verbum Dei, siue reuelatio Dei Eccleię facta, quę diuiditur in duas regulas partiales, Scripturam & traditionem.“ Es folgt der von Stenger zitierte Satz, der dann fortgesetzt wird: „quia vero non est regula totalis, sed partialis“. Dispvtationes Roberti Bellarmini […] De Controversiis Christianae Fidei aduersus huius temporis haereticos […] Editio tertia […]. Ingolstadt 1590, Sp. 253.

[12] Stenger, Grund=Feste (Anm. 2), Tl. 3, Dedication, Bl. 6r.

Stengers Verständnis, zumindest was die theologische Lehre betrifft, ja fortbestehen.

Demgegenüber versucht er die Identität seiner Gemeinde auf der Basis der CA zu stärken. Die Überreichung der CA gilt ihm als eines der allergrößten Werke Gottes.[13] Ein Dictum, das er aus Spalatins Bericht zur Übergabe der CA an den Kaiser übernimmt.[14] Ja, wer uns antastet, der tastet Gottes Augapfel an, kann er seiner Gemeinde versichern. Stenger argumentiert damit aber keineswegs aus einer Position der Stärke. Im Gegenteil, die Metapher von Gottes Augapfel steht im Kontext möglicher äußerer Bedrängnis, die allerdings dem Inhalt, der Lehre und der Wahrheit des lutherischen Glaubens nichts anhaben kann.[15] Insofern steht das Luthertum in der Tradition der „wahren Kirche", die in Zeiten der Bedrängnis weitgehend unsichtbare Kirche sein kann. Die Wahrheit des Wortes Gottes hängt nicht an der Kirche sondern die Wahrheit der Kirche hängt am Wort Gottes. Von diesem Grundsatz ausgehend eröffnet Stenger das historische Panorama der wahren Kirche. Die lutherische Kirche befindet sich in Übereinstimmung mit „der Prophetischen / und Patriarchischen Kirchen im alten Testament",[16] mit „der Römischen Kirchen [...] / nicht [...] die Päbstische Kirche / welche von der reinen Apostolischen Lehre ist abgewichen / sondern [...] / die Kirche in dem Zustande / darinnen sie zu / und bald nach der lieben Apostel Zeiten gewesen ist"[17] und mit „der Lehre der Väter und Kirchen Doctorn".[18] Die Gemeinde soll sich als gegenwärtige Station dieser Reihe begreifen, sozusagen der Tradition der Verwaltung des reinen und wahren Gotteswortes. Das ist die einzig mögliche Tradition und in diesem Sinne reklamiert Stenger für das Luthertum authentisch römisch, gleich apostolisch, aber eben nicht päpstlich zu sein. In dieser Passage erreicht die Durchdringung von eigener Identitätsversicherung und Abgrenzung von der katholischen Kirche ihren Höhepunkt. Gottes

---

[13] Ebd., Tl. 2, Dedication, Bl. 5r.

[14] Kurtze verzeichnis der fürnemsten Puncten / Christlicher Bekenntnis / so die Protestirende Stende / Anno M. D. XXX. den XXV. tag Junij / für Kei.[serlicher] Maie.[stät] Vnd allen Reichsstenden offentlich gethan haben / etc. Hier Tl. 5 der deutschen Reihe der *Jenaer Lutherausgabe*, Jena 1557, S. 37.

[15] Stenger, Grund=Feste (Anm. 2), Tl. 3, S. 1385: „Zwar das Buch der Augspurgischen Confession eusserlich betreffend / das mag leichtlich zerrissen oder verbrand werden / wie wohl ehe geschehen / das gute Evangelische Bücher von den Päbstlern verbrand sind worden: Aber was die Contenta / den Inhalt / die Lehre und Wahrheit belanget / so in diesem Buche beschrieben und verfasset ist / die wird wohl bleiben / wie geschrieben stehet: Verbum DOMINI manet in aeternum, dass Wort unsers Gottes bleibet ewiglich. Gottes Wort und Luthers Lehr vergehet nimmer=nimmermehr. Wer die Augspurgische Confessions Verwante ängstet / der ängstet Gott selbs / und wer uns antastet / der tastet Gottes Augapfel an." Das lateinische Zitat und der anschließende deutsche Vers verdeutlichen das Oszillieren zwischen einer Identität der lutherischen Lehre mit dem „Verbum Domini" und einer Kongruenz, wie sie der Parallelismus membrorum „Gottes Wort und Luthers Lehr" ausdrückt.

[16] Ebd., Tl. 2, S. 939.

[17] Ebd.; die ursprüngliche Apostolizität der römischen Kirche drückt sich für Stenger im Römerbrief aus. Das habe man damals in Rom geglaubt und das glauben die Lutheraner heute.

[18] Ebd., S. 940.

Wort bleibt für alles und jeden oberste Regel und Richtschnur. Von daher kann Stenger den alten Vorwurf zurückweisen, die lutherische Lehre sei neu und ketzerisch. Das sind immer die anderen, sofern sie von Gottes Wort abweichen, was besonders auch den Umgang mit der Väterliteratur unter selektiven Vorbehalt stellt. Aber dafür kann er sich schon auf Augustinus berufen.[19] Als Ausdruck der alten schriftgemäßen Wahrheit ist die CA für den Gläubigen praktisch nutzbar in dem Dreischritt von Lehre, Trost des Gewissens und Besserung. Sie erfüllt damit prinzipiell, was man von einem Erbauungsbuch erwarten würde!

Mit dem eben geschilderten historischen Durchgang zur Frage von Schrift und Tradition schließt Stenger die Kommentierung der Artikel 1-21 und damit der reformatorischen Formulierung der alten prophetischen und apostolischen Wahrheit ab. In der Einleitung zu den letzten sieben kirchenkritischen Artikeln steigert er dasselbe Thema, indem er es noch einmal christologisch behandelt. In einer äußerst interessanten Auslegung von Lk 19, 45f. stilisiert er Jesus zum Reformator des Tempels, der sich auf die Schrift berufen habe. Die Episode von der Tempelreinigung wird in allen vier Evangelien überliefert. Lukas bietet dabei die kürzeste Version und zugleich die einzige ohne die Beschreibung des gewalttätigen Details vom Umstoßen der Tische der Händler und Geldwechsler. Stenger bevorzugt hier gerade sie, weil er Jesu Handeln als eine gewaltfreie, rein wortgewirkte Aktion interpretieren möchte. Angesichts dessen, daß das kollektive Gedächtnis der Gemeinde zu dieser Stelle eben vom Umstoßen der Tische geprägt war und ist, kann man sogar vom Versuch einer Uminterpretation sprechen:

> Ob nun wol dieses eine sonderbahre Wunder= und Heldenthat ist / die Christus mit einem gewaltigen Nachdruck verrichtet / dergleichen wir jhm nicht nachthun können / viel weniger drauß zu schliessen ist / dass Lehrer und Prediger Hand anlegen / und äusserliche Gewalt brauchen sollten / dardurch die wahre Religion fort zu pflantzen / denn Christus hat hie mehr als Menschliche Gewalt und macht spüren lassen / und vielleicht im Tempel geredet / wie im Garten am Oelberge / da die gantze Schaar / die Ihn zu greiffen und zu fahen außgeschicket war / hinder sich wiche / und zu boden fiel / alß der HErr JEsus zu jhr sprach: Ich bins / welches wir Jhm nicht nachthun werden: Je dennoch so haben wir auß oberzehlter Wunderthat des HERRN / auch etwas nutzliches zu mercken und zu behalten.[20]

Zu merken ist die Wirkmächtigkeit des Wortes, sofern es eben das Wort ist, das mit der Formulierung „Scriptum est / Es steht geschrieben" eingeleitet werden kann. Ohne einen direkten Lutherbezug herzustellen, pflegt Stenger hier dessen Vertrauen auf die Alleinwirksamkeit des Wortes Gottes, dessen Ausbreitung Gewalt nicht förderlich sei. Zugleich bietet das jesuanische „Scriptum est" als

---

[19] Dazu macht er eine längere Ausführung auf der Grundlage mehrerer Zitate aus Briefen und Streitschriften Augustins, in denen dieser für die Rezeption der Schriften Cyprians deren Übereinstimmung bzw. Nichtübereinstimmung mit dem Kanon zu seinem Maßstab erklärt (Ebd., S. 940).

[20] Ebd., Tl. 3, S. 954.

Berufung auf die Schrift noch einmal ein wunderbares Antitraditionsargument: „Der HERR Christus hat weder vor / noch nach seiner Aufferstehung etwas von den traditionen oder von der unbeschriebenen Lehre der Väter gedacht / sondern allezeit auff die Schrifft sich beruffen.“[21] Dazu führt er als Belege Disputationen mit den Sadduzäern (Mt 22, 29.31), den Pharisäern (Mt 19, 4) und die Versuchungsgeschichte an.

Im Kontext solcher Ausführungen erfolgt auch eine Abgrenzung gegen verschiedene protestantische Gruppen. So gegen Schwenckfelder und Weigelianer und deren Ansicht, daß die Schrift ein toter Buchstabe sei. Stenger sucht sie mit möglichst sprach- und bildgewaltigen biblischen Zitaten zu konterkarieren, wie Jeremia 23, 19: „Gott spricht: Mein Wort ist wie ein Fewr / und wie ein Hammer / der die Felsen zuschmeist.“ oder Hebr. 4, 12: „Das Wort Gottes ist lebendig und kräfftig / und schärffer denn kein zweyschneidig Schwerdt / und durchdringet / bis daß scheidet Seele und Geist / Marck und Bein / und ist ein Richter der Gedancken und Sinnen des Hertzen.“[22] Umfangreicher kommen die Calvinisten in den Blick. Wiederum im Zusammenhang mit der Tempelaustreibung wird unter dem Namen der Bilderstürmerei Karlstadts auf deren Bilderfeindlichkeit gezielt, mit der sie das Kind samt Bad ausschütten. Jesus habe zwar die Krämer vertrieben, aber „nicht den Tempel gar eingerissen / oder die Altäre abgeschaffet / oder die Bilder der Cherubim zerbrochen / oder die silberne und güldine Gefäße zuschlagen“.[23] Hinsichtlich der Bilder gehe es doch nur darum, dem papistischen Mißbrauch ihrer Verehrung zu steuern. Calvinisten urteilen in Glaubenssachen nach der Vernunft und nicht nach der Schrift[24] und verletzen damit die einzige Richtschnur, wie es die Katholiken mit den Menschen-Satzungen der Tradition tun.[25] Der Schwerpunkt der Auseinandersetzungen liegt aber nicht bei innerprotestantischen Lehrstreitigkeiten sondern entsprechend dem Charakter der CA eindeutig beim Katholizismus.

Obwohl auch die beiden abschließenden Predigten von dieser Auseinandersetzung nicht loskommen, versucht Stenger sie doch in eine konstruktive Perspektive für seine Gemeinde bzw. die Leserschaft zu drehen.

Die vorletzte Predigt ist stark rekapitulierend. Die CA repräsentiert die Wahrheit, weil sie auf der Heiligen Schrift basiert und kann nur von dieser aus beurteilt werden. Dieser Sachverhalt wird auf die Gesamtheit der symbolischen

---

[21] Ebd., S. 967.

[22] Beide Zitate ebd., Tl. 2, S. 946. Stenger kam in der Zeit dieser Predigtreihe im Oktober 1640 mit der Sterbebegleitung für Ezechiel Meth in direkte Berührung mit einem reuigen Weigelianer. Vgl. Ulmann Weiß: Die Lebenswelten des Esajas Stiefel oder Vom Umgang mit Dissidenten. Stuttgart 2007, S. 509-511 (Friedenstein-Forschungen, 1).

[23] Ebd., Tl. 3, S. 955.

[24] Ebd., S. 958.

[25] Ebd., S. 963. „Es ist ja nichts gewisses in dem Munde aller derer / die von der Lehre Augsp. Conf. abweichen / die Päbstische Lehre bringet lauter Zweifel / und die Calvinische eitel Verwirrung.“ (Ebd., S. 1392).

Bücher bis zu ihrer Endgestalt, dem Konkordienbuch[26], bezogen, über das er auch gepredigt hat.

Die CA ist „ein reiches Lehrbuch“[27] der reinen, alten Lehre und damit der alten Wahrheit. Nicht in dem Sinne, daß diese daraus überhaupt erst zu lernen wäre, sondern eben im Sinne einer kompakten Rekapitulation der biblischen Wahrheit. Sie ist zudem „ein richtiges WiederlegungsBuch“[28] gegen päpstische Irrtümer. In diesem Zusammenhang kann Stenger dann auch das Problem der Vollständigkeit des theologischen Gehalts der CA angehen. Er verweist hier auf ein wiederum schriftgeleitetes Erschließungsprinzip, das er an Beispielen wie dem folgenden demonstriert:

> Also ist eine Frage zwischen uns und den Päbstlern / ob die Jungfraw Maria in Sünden empfangen und gebohren / oder ob sie gantz ohne Sünde gewesen sey? […] Wir unsers Theils sagen Ja / die Jungfraw Maria sey in der Erbsünde empfangen und geboren / wo stehet das in unserer Augspurgischen Confession? Antwort: Im anderen Artickel stehets / da gesaget wird / dass nach Adams Fall alle Menschen / so natürlich geboren werden / in Sünden empfangen und geboren werden. Da ist freylich die Jungfraw Maria / als ein natürlich geborner Mensch auch mit eingeschlossen.[29]

Angesichts dieses Buches der zusammengefaßten und erschließbaren Wahrheit warnt er vor den falschen Büchern der Schwärmer[30] als auch den abgeänderten Bekenntnissen („Confessionen“) der Calvinisten.

Die letzte Predigt, gehalten am 9. Februar 1642, betont die Heiligkeit der CA. Allerdings nicht in der statischen Form einer lehrmäßigen Statuierung sondern in der appellativen Form angewandter Heiligung. Dem entspricht der Predigttext 2 Petr 1, 5-11 als Aufruf, den Glauben in brüderliche und allgemeine Liebe umzusetzen. Es ist bei Stenger zugleich der Aufruf zum tätigen Christentum gegen den katholischen Vorwurf des ethischen Indifferentismus. Natürlich weiß er, daß es schlechte Lutheraner gibt. Aber die Ursache ist nicht, daß Luther eine schlechte Lehre verbreitet hätte – so der katholische Vorwurf –, sondern sie liegt jeweils in den Leuten selbst. Stenger parallelisiert das mit der guten Lehre Jesu und den schlechten Juden. Als Mann der Praxis bietet er am Ende seiner Predigtreihe einen doppelten Kurzdurchlauf durch die Artikel der CA, die im ersten Fall als positiver[31] und im letzteren Falle als negativer Gewissensspiegel mit der Funktion eines Beichtspiegels dienen.[32]

Die CA wird vom Status eines Lehrdokuments „geerdet“ zur Triebfeder praktischer Frömmigkeit und tätigen Christentums! Dem entspricht ein abschließen-

---

[26] Ebd., S. 1391.
[27] Ebd., S. 1381.
[28] Ebd., S. 1382.
[29] Ebd., S. 1383.
[30] Ebd., S. 1390; genannt werden Täufer und Schwenckfelder. Ein konkreter Buchtitel erscheint (ebd.) mit *Trewhertzige Erinnerung an die Evangelische Priesterschafft in Teutschland*, 1637.
[31] Ebd., S. 1403-1408.
[32] Ebd., S. 1410-1415: „Prüfung des Lebens nach den Artickeln Augspurgischer Confession“.

der Appell an alle Stände, die reine heilige Lehre unverfälscht zu bewahren und danach zu leben.[33]

2. Vom Umgang mit der CA an ihrem Ursprungsort – die *Augustana Fidei Confessio* des Augsburger Seniors Johann Conrad Göbel

Die Eigenart der Stengerschen Predigtreihe in ihrem Zuschnitt auf die spezifischen Erfurter Verhältnisse in der Endphase des Dreißigjährigen Krieges und der ersten Nachkriegsjahre wird um so deutlicher, wenn man sie mit einer thematisch und zeitlich parallelen Publikation vergleicht, wie sie mit den CA-Predigten des Augsburger Pfarrers an St. Anna und Seniors des dortigen Evangelischen Ministeriums M. Johann Conrad Göbel vorliegt.[34]

Göbel[35] wirkte seit 1616 in Augsburg unter ähnlichen konfessionspolitischen Ausgangsbedingungen, wie sie in Erfurt bestanden. Eine bikonfessionelle Stadt mit eindeutig lutherischer Bevölkerungsmehrheit, die aber unter erheblichen politischen Zwängen stand, da der Augsburger Rat seit dem Interim von der katholischen Minderheit dominiert wurde. Dementsprechend hoch war das konfessionelle Spannungspotential während der gesamten Zeit zwischen Schmalkaldischem und Dreißigjährigem Krieg.[36] Dieser brachte dann auch erheblich dramatischere Auswirkungen für die Evangelische Kirche Augsburgs mit sich als für die Erfurter. 1629 wurde die Stadt im Gefolge des Restitutionsedikts gewaltsam

---

[33] Ebd., S. 1416: Lehrer und Prediger; Regenten und Könige, Hausväter und -mütter.

[34] Augustana Fidei Confessio: Augspurgische Glaubens Bekantnusz: Das ist / Die XXI. Artickel der vngeänderten Augspurgischen Confession in Predigten also erkläret / Daß I. Die Wort eines jeden Articuls ordentlich und hell erläutert. II. Die Thesis, Lehr vnnd Bekandnuß deren Evangelischen / der vngeänderten Ausgspurgischen Confession auß GOTtes Wort / denen Patribus oder Kirchen=Vättern / Herrn D. Luthero vnd andern reinen Theologen vnd Lehrern gründlich dargethan! Vnd dann / III. Die Antithesis oder Gegenlehr wider allerhand Irrthumb deren Papisten / Calvinisten oder Genantē Reformirten vnnd anderer jrrigen Lehrer mit Beantwortung deren zwar Scheinbarn aber in der that nichtigen Einwürffen richtig abgehandelt wird.

[35] Johann Conrad Göbel; * 6. Januar 1585 in Börtlingen als Sohn eines Jägermeisters; ab 1601 Studium der Theologie in Tübingen; 1608 Lehrer an der Klosterschule Adelberg, danach Pfarrer in verschiedenen kleineren württembergischen Orten; 1616 Berufung nach Augsburg; 1629 Vertreibung; Hofprediger und General-Superintendent in Baden-Durlach; 1632 Rückkehr mit den Schweden nach Augsburg; ab 1635 im Status einer Privatperson in Augsburg; † 8. Juli 1643 (Joseph Friedrich Rein: Das gesamte Augspurgische Evangelische Ministerium [...] von den ersten Jahren der Reformation Lutheri, bis auf ANNO 1748 [...] Anderer Theil. Augsburg o. J. [1748], Nr. 110 [unpag.]).

[36] Vgl. dazu Bernd Roeck: Ein Stadt in Krieg und Frieden. Studien zur Geschichte der Reichsstadt Augsburg zwischen Kalenderstreit und Parität. 2 Tlbde. Göttingen 1989 (Schriftenreihe der Historischen Kommission bei der Bayerischen Akademie der Wissenschaften, 37); Carl A. Hoffmann: Konfessionell motivierte und gewandelte Konflikte in der zweiten Hälfte des 16. Jahrhunderts – Versuch eines mentalitätsgeschichtlichen Ansatzes am Beispiel der bikonfessionellen Reichsstadt Augsburg. In: Peer Frieß/Rolf Kießling (Hgg.): Konfessionalisierung und Region. Konstanz 1999, S. 99-120 (Forum Suevicum, 3).

rekatholisiert und die lutherische Geistlichkeit vertrieben. Am 8. August 1629 mußte Göbel Augsburg verlassen. Er verabschiedete sich von seiner Gemeinde mit einer Predigt über 2. Tim. 3, 14 und 15: „Du aber bleibe bei dem, was du gelernt hast und was dir anvertraut ist; du weißt ja, von wem du gelernt hast und daß du von Kind auf die heilige Schrift kennst, die dich unterweisen kann zur Seligkeit durch den Glauben an Christus Jesus." Er bestärkte die lutherische Bürgerschaft auch aus seinem Exil als Hofprediger in Baden-Durlach mit einem sogenannten *Trost=Brief.* 1632 kehrte er mit den Schweden zurück. Aber bereits 1634/35 kam es erneut zu einem Kräfteumschwung. Bayerische Truppen belagerten Augsburg. In diesen apokalyptischen Wintermonaten mit Krieg, Hunger und Pest, die zur größten Bevölkerungskatastrophe in der Geschichte Augsburgs führten, war Göbel in der gespaltenen Bürgerschaft einer der Wortführer für die Option des Widerstands bis zum letzten. Am 28. März 1635 mußte die Stadt kapitulieren und das Restitutionsedikt trat erneut in Kraft. Diesmal wurde den Protestanten zwar die Religionsausübung erlaubt, aber man nahm ihnen alle Kirchen weg. In diesem Quasi-Status einer aus der Öffentlichkeit gedrängten Sekte bzw. Untergrundkirche nahm Göbel ein Projekt wieder auf, das er 1626 begonnen hatte. Eine Predigtreihe über die *Confessio Augustana*, mit der er bis zum 18. Artikel gekommen war. Laut der Vorrede des Augsburger Evangelischen Ministeriums sei damals der konkrete Anlaß gewesen, den Verdacht des Kryptocalvinismus vom Augsburger Ministerium fernzuhalten.[37] Nun, als nicht der Calvinismus sondern der Katholizismus sich als die eigentliche Bedrohung erwiesen hatte, setzte er sie bis zum 21. und damit bis zum Ende der Hauptartikel fort.[38] Die Artikel 22 bis 28 über die zu ändernden Mißbräuche waren in der damaligen Situation in Augsburg wahrscheinlich nicht prädikabel bzw. nur um den Preis erneuter Ausweisung. Da er 1643 starb, ist die Vervollständigung und die Endredaktion der Reihe in etwa dem gleichen Zeitraum zu verorten, in dem Stenger über die *Confessio Augustana* predigte. Herausgegeben hat das voluminöse Gesamtwerk dann sein gleichnamiger Sohn[39] im Jahre 1654. Er dediziert es der damals noch protestantischen schwedischen Königin Christina und benutzt es so zur konfessionellen Neupositionierung nach der großen Katastrophe des Augsburger Protestantismus. 1646 hatten die Augsburger Bürger gegen Zusicherung ihrer alten politischen und kirchlichen Rechte die Stadt gemeinsam mit den Katholiken gegen ein schwedisch-französisches Heer verteidigt. Nach so viel

[37] Göbel hielt diese Predigten in seiner Funktion als Senior in den Mittwochmorgen-Gottesdiensten, die nicht dem Parochiezwang unterlagen, sondern zentral stadtoffen stattfanden. Der konfessionelle Gegner war ebenfalls interessiert. Jedenfalls besuchten die Predigten laut der Vorrede des Ministeriums „auch widrige; So gar Fürnehme Ordens=Persohnen" (unpag.).

[38] Da Kirchenräume nicht zur Verfügung standen, müssen wir davon ausgehen, daß diese Predigten in den Wohnstuben lutherischer Augsburger Bürger gehalten wurden oder andernfalls rein literarische Produkte sind. Das läßt sich nicht mehr mit Sicherheit entscheiden.

[39] M. Johann Conrad Göbel; * 15. August 1623 in Augsburg; ab 1641 Studium an der Universität Straßburg, 1643 dort Magister artium; 1649 zweiter Diakon an der Barfüßerkirche in Augsburg; 1652 Diakon an St. Anna; † 28. August 1667 (Rein [Anm. 35], Nr. 138 [unpag.]).

konfessioneller Selbstverleugnung dient Göbel Junior die Dedication vor allem zur Betonung des historischen Schulterschlusses wie der aktuellen Solidarität zwischen Schweden und dem Augsburger Protestantismus. Die Königin wird an den Einsatz Gustav Adolphs erinnert, dem sein Vater schon „für die wunderbahre herrliche Erlösung dieser löblichen Reichs Statt Augspurg" einen Teildruck seiner CA-Predigten habe widmen wollen. Christine selbst hatte einer Augsburger Abordnung Gelder für den Wiederaufbau zweier zerstörter Kirchen – Heilig Kreuz und St. Georg – bewilligt. Göbel nimmt sie als „eine rechte Patronin vnd starcke Beschützerin der Augspurgischē Confession" in Anspruch. Datiert ist die Dedication unter dem 8. August 1653, dem Tag des alljährlichen Friedensfestes der Stadt Augsburg. Nicht einmal ein Jahr später, am 16. Juni 1654, dankte Christina ab, und am 3. November 1655 konvertierte sie öffentlich in Innsbruck, keine 30 Meilen von Augsburg entfernt, zum Katholizismus.

3. Vergleich der Predigtreihen

Was nun unterscheidet die Predigten Göbels und Stengers?

Zunächst einmal spiegeln Göbels Predigten äußerlich in ihrer Uneinheitlichkeit die sich dramatischer entwickelnde Augsburger Situation. Er predigt mehr nach Bedarf über die einzelnen Artikel, wobei offen bleiben muß, ob es sich um seinen Bedarf handelt, sich zu äußern, oder um das Bedürfnis der hörenden Gemeinde. Jedenfalls schwankt die Zahl der Predigten zu den einzelnen Artikeln zwischen sechs zum 5. Artikel und 17 zum 17. Artikel. Voran stehen 26 Prolegomena-Predigten.

Inhaltlich ist Göbel ganz der Tradition der gelehrten Theologia polemica verpflichtet, die sich dem Gegner als überlegen beweisen will und die er bis zur scholastischen Höchstform betreibt. Er behandelt nicht nur, was er im biblischen Text vorfindet, sondern zergliedert diesen bis hin zu völlig nebensächlichen Fragen und widmet sich fiktionalen Alternativen. So traktiert er z. B. die Fragen, ob das Paradies noch bis auf den heutigen Tag stehe oder wie lange Adam und Eva im Paradies geblieben wären, wenn sie nicht aus dem Stand der Unschuld herausgefallen wären.[40] Er hat sich diese Fragen nicht ausgedacht und kann dazu natürlich andere Autoren zitieren. Aber angesichts dessen, daß es in der *Confessio Augustana* um den Kern reformatorischer Theologie und Kritik geht, wird diese hier zur Folie theologisch-enzyklopädischer Gelehrsamkeit des Predigers und nebenbei auch noch seiner rhetorischen Kreativität degradiert. Im Vergleich dazu bleibt Stenger theologisch immer bei der Sache selbst und läßt die Pferde seiner Bildung nicht mit sich durchgehen. Göbel hat im Vergleich zu Stenger ein massiv größeres Bedürfnis an apologetischen und aggressiven Ausführungen.

Diese globale inhaltliche Differenz, bei aller Gemeinsamkeit der Grundüberzeugungen, möchte ich an zwei Beispielen demonstrieren. An der Frage, ob der

---

[40] Beide Beispiele Göbel, Augustana Fidei Confessio (Anm. 34), S. 210f.

Papst der Antichrist sei, sowie am Problem der *CA Variata* und der Rolle Melanchthons. Für beide Beispiele gilt zunächst, daß sie Stenger jeweils einen Absatz innerhalb der Erklärung verschiedener CA-Artikel wert sind, während Göbel ihnen jeweils eine ganze Predigt widmet.

3.1. Der Papst als Antichrist

Stenger verweist zunächst darauf, daß die bekennenden Stände in Augsburg den Papst nicht ausdrücklich mit dem Begriff des Antichristen, den er übrigens für gehäßig und häßlich erklärt, bezeichnet hätten. Man könne aber auf diese ihre Meinung schließen, da der Papst sich durch sein Handeln selbst so qualifiziere.

> Nun wollten wir zwar unsers theils den Pabst zu Rom von Hertzen gerne mit diesem Tittel verschonen / und ihn nicht den Anti=Christ nennen / wofern er sich nicht mit der That selbst zum Wider=Christ machte. Denn weil er Christo zuwider lehret / so ist er ja wider CHRIStum.[41]

Stenger belegt dies mit den Traditionen der Werkheiligkeit und der falschen Sakramentspraxis, die dem Evangelium widerstreiten. Er selbst behandelt die Frage praktisch im Kontext seiner ersten Predigt über CA XXIII und die Zölibatsfrage. Der Zölibat als päpstliches Gebot sei ein klares Zeichen des Antichristen.

Göbel behandelt die Antichrist-Thematik in seiner 17. Predigt zu CA XVII „Eschatologie".[42] Entsprechend fundamental geht er von *Offenbarung Johannes 17* aus und identifiziert den Papst als den „Röm.(ischen) Antichrist", der sich in den Tempel Gottes gesetzt habe. Er ist der geistliche, der okzidentalische Feind „in ecclesia".[43] Dazu kommt der leibliche, der orientalische Feind „extra ecclesiam", der Türke als der Erbfeind des Christentums.[44] Die Predigt dient dazu, sich für beide Teile mit Einwänden und Theorien über die Gegenwart sowie die Umstände und den Zeitpunkt des Untergangs des Antichristen auseinanderzusetzen. Der Unterschied ist qualitativ deutlich. Während in Stengers Weltbild theoretisch der Papst selbst auf der Folie der CA die Wahrheit erkennen und somit der Antichristrolle entkommen könnte, kann er das bei Göbel nicht, denn er ist Teil des eschatologischen Szenarios der Bibel, aus dem es keinen Ausstieg gibt.

---

[41] Stenger, Grund=Feste (Anm. 2), Tl. 3, S. 1026.
[42] Göbel, Augustana Fidei Confessio (Anm. 34), S. 1269-1274.
[43] Ebd., S. 1269.
[44] Ebd.

3.2. Melanchthon und die *CA Variata*

Stenger behandelt die Existenz der *CA Variata* mit der Mentalität: Was wir leider auch noch mitteilen müssen, aber Melanchthon hat sich dabei eigentlich nichts gedacht:

> Sonst und im übrigen haben wir unsern Zuhörern nicht zu verhalten / daß Philippus Melanchthon / als welcher die Confession aus denen von Luthero gestelten Artickeln in die ausführliche Form bracht hatte / nachgehends in denen Gedancken gestanden / es würde keine Gefahr haben / ob er gleich an der allbereit übergebenen Confession eins und das andere seinem belieben nach darzu setzen / oder davon nehmen mögte.[45]

Luther und der sächsische Kurfürst hätten Melanchthon wegen dieser unautorisierten Änderung heftig getadelt, denn die CA sei ja das Bekenntnis aller Stände gewesen. So entstehe Ärgernis für den gemeinen Mann und die Anhänger der CA kämen in den Ruf der Unbeständigkeit. Mehr Kommentierungsbedarf hat Stenger nicht. Er selbst positioniert sich zu Melanchthon in diesem Zusammenhang gar nicht.

Göbel widmet diesem Vorgang die neunte seiner Prolegomenapredigten *De mutatione Augustanae Confessionis; Das ist / Ob und wie die Augspurgische Confession sey geändert worden.* Als biblische Grundlage dient ihm das Pilatuszitat, Joh 19, 22: „Was ich geschrieben habe / das hab ich geschrieben."[46] Er beginnt mit einem dogmatischen Exkurs über die Unveränderbarkeit des Wortes Gottes und entsprechend, wenn auch nachgeordnet, der auf diesem basierenden CA, schildert ausführlich die Entstehung der Variata, diskutiert weitläufig, ob Luther von Melanchthons Vorhaben gewußt habe und schildert die Reaktionen sowohl der Lutheraner wie der Calvinisten. Die Wertung Melanchthons spielt bei ihm eine wesentliche Rolle. Melanchthon wird dabei zum Überläufer und Teil einer nicht recht greifbaren calvinistischen Verschwörung. Dafür greift hier das, was als rhetorische Kreativität Göbels bezeichnet werden kann:

> Er hat solches nicht gethan Anno 1530. als die Confession vbergeben worden / sondern im Jahr Christi 1540. vnd also zehen gantzer Jahr nach der Zeit / da am ersten die Augspurgische Confession allhie vbergeben worden / welches eine rechte Elephantegeburt gewesen. Dann die Naturkundiger schreiben von den Elephanten / dass dieselbige 10 gantzer Jahr sollen tragen / vnd schwanger gehen / dessen Plautus mit seinen Comoedien mit solchen Worten gedacht: Audivi saepe hoc vulgo dictum dici solere elephantum gravitam perpetuos decem, annos esse, das ist / Er hab offt gehört / dass die Elephanten zehen Jahr sollen schwanger gehen / welches doch nicht von allen Physicis vnnd Naturkundigern gut geheissē wird: Also seyn die Calvinisten zehen gantzer Jahr mit der Enderung der Augspurgischen Confession schwanger gangen / biß zuletst diese vnselige Mißgeburt / nemblich die geänderte Augspurgische Confession herauß kommen ist.

---

[45] Stenger, Grund=Feste (Anm. 2), Tl. 1, S. 392f.

[46] Göbel, Augustanae Fidei Confessio (Anm. 34), S. 63-74.

§ 6 Nun möchte jemand gedencken: So hör ich wol / es ist Philippus vor seinem End noch Calvinisch worden?
Hierauff ist zu wissen / das Philippus dann zumahl / da die Augspurgische Confession vbergeben worden / so gut Lutherisch gewesen / daß er lieber sterben wöllen: dann es mit den Calvinisten halten; Wie solches auß seinen eignen Epistolis vnnd Sendbrieffen zuerweisen ist. Da er solche wort gebraucht: Ego mori alim, quâm hoc affirmare; quod illi affirmant: das ist / ich wolte lieber sterben vnnd tot sein / dann das bekennen vnd sagen / was die Calvinisten lehren.
Hernacher aber hat er angefangen mit den Calvinisten zu laichen / vnd ist mit ihnen vnter einer Deck gelegen. Wie solches auch seine eigne Schrifften bezeugen.[47]

Etwas später wird Göbel noch höchsten Wert darauf legen, daß die Variata nicht in Augsburg, sondern in Wittenberg entstand, welches „auff die 60. Meil von Augspurg entlegen ist."[48] Er klagt, daß es der „guten frommen Augspurgischen CONFESSION so gut nicht werden mögen: Als dem Titul vnsers Herrn Christi."[49] Gemeint ist die Kreuzesinschrift und die Weigerung des Pilatus, diese zu ändern.

Die Konfessionsproblematik dient Göbel nachgerade als thematischer Fahrplan seiner Predigten. Nachdem er in dieser neunten Predigt die *CA-Variata* abgehandelt hat und damit sozusagen an das Ende der historischen Genese nebst Nachgeschichte der CA gekommen ist, behandelt er in der zehnten die Frage *Ob die Calvinisten der wahren Augspurgischen Confession zugethon seyen oder nicht.* (Lk 11, 23), in der elften *Warumb die Papisten der Augspurgischen CONFESSION so feind vnd abhold seyen.* (Act 28, 22), in der zwölften *Wie wir Lutherische mit Mund vnnd Hertzen vns zu der Augspurgischen CONFESSION bekennen.*[50] (Mt 11, 21-26).

4. Fazit

Der Charakter von Göbels und Stengers CA-Predigten trägt also der jeweiligen Situation Rechnung. Die konfessionellen Befindlichkeiten waren dabei in Erfurt weit weniger aufgeladen als die in Augsburg. Schon für die zweite Hälfte des 16. Jahrhunderts gilt, daß trotz aller konfessionellen Empfindlichkeiten und Provokationen, die uns in diversen Chroniken[51] überliefert sind, Konflikte in relativ engen Grenzen kanalisiert blieben. So kannte auch Erfurt einen Kalenderstreit

---

[47] Ebd., S. 65.
[48] Ebd., S. 66.
[49] Ebd., S. 64.
[50] Ebd., S. 74-81 (10. Predigt); S. 82-89 (11. Predigt); S. 89-96 (12. Predigt). Als 13. Predigt (S. 96-103) schließt sich eine Ehrenrettung Luthers an, die gleichzeitig in ausführlichen Zitierungen der katholischen Schmähpropaganda badet und so die eigene Klientel anheizt.
[51] Ein beredtes Beispiel in dieser Hinsicht ist das *Chronicon Erford. De Ao 1551 Item 1552 Usque 1555 Usq. 1600 von dem alten Adami herruhrend* (Adami-Chronik); Bd. 1 im Stadtarchiv Erfurt sub Sign. Hermann-Bibliothek I, 12; Bd. 2 in der Bibliothek des Evangelischen Ministeriums sub Sign. Msc. 14.

um die Einführung des Gregorianischen Kalenders 1582. Aber er mündete nicht in eine Revolte wie in Augsburg.[52] Sicherlich schlug hier auch generell zu Buche, daß sich in Augsburg die Jesuiten schon 1579 offiziell niederlassen konnten, während es in Erfurt gelang, dies bis 1601 hinauszuzögern. Während Carl Hoffmann für Augsburg von „beispiellosen Hetzkampagnen durch die Prediger beider Konfessionen gegeneinander“[53] spricht, hatte man in Erfurt gerade am Vorabend des Dreißigjährigen Krieges mit der Religionsversicherung von 1618 wieder eine vertragliche Rückversicherung der konfessionellen Verhältnisse erreicht. Erfurt hatte dann auch aus evangelischer Perspektive ein weit ruhigeres Geschick im Dreißigjährigen Krieg als Augsburg. Das gilt auf jeden Fall für die konfessionelle Komponente dieses Konflikts. In der Zeit nach dem Krieg versuchen die Augsburger Protestanten massiv die schwedische Karte zu spielen, obwohl die Schweden nur ein Intermezzo mit katastrophalem Ende in Augsburg gaben. In Erfurt mit insgesamt 14jähriger schwedischer Besatzungszeit sind sie kein Thema mehr. Das Corpus der Predigten Stengers zur CA reflektiert diese Situation. Und so konnte der Schrift Knecht und des Bekenntnisses Hüter in der Zeit, als alle Unsicherheit endete und alle evangelischen Befürchtungen wahr wurden, 1664 als Senior des Evangelischen Ministeriums für seine evangelische Landeskirche auch die Reduktion unter den Mainzer Kurfürsten mit vollziehen. Eine der schwierigsten Situationen für einen Senior seit der Reformation.

Dieser Vergleich versucht anhand des Umgangs mit derselben Materie im gleichen Zeitraum unter anders gelagerten Bedingungen in Erfurt und Augsburg den Blick für die Eigenart des Profils der Stengerschen Predigten in der besonderen Situation Erfurts zu schärfen. Einer, das ist meine These, vergleichsweise entspannten konfessionellen Situation. Der Beitrag bleibt dabei immer in einem konfessionsgeschichtlichen Horizont. Das heißt er beansprucht nicht, die beiden hier in Rede stehenden Predigtsammlungen damit erschöpfend behandelt zu haben. Dazu sind sie mit jeweils weit über 1000 Seiten viel zu umfangreich.

[52] Hoffmann, Konflikte (Anm. 36), S. 106ff.
[53] Ebd., S. 119.

TEXTDOKUMENTATION

JOHANN BALTHASAR HABERKORN[1]

Die Vom HERRN herrührende Gerechtigkeit und Stärcke aus Esai. XLV. V. 24. Bey Christlicher und sehr Volckreicher Beerdigung Des Weyland HochEhrWürdigen/ GroßAchtbaren und HochGelahrten Herrn M. NICOLAI Stengers/ Fürnehmen und Hochberühmten THEOLOGI, des Evangelischen MINISTERII SENIORIS, bey hiesiger UhrAlten Universität THEOLOGIÆ & LL Or. Treufleisigsten Professoris Publici, der Hochansehnlichen Gemeinde zu KauffmannsKirchen HochVerdienten Pfarrers/ der Philosophischen Facultät Assessoris Senioris, wie auch des Gymnasii INSPECTORIS &c. Uber welches tödtlichen Hintritt viel Thränen vergossen wurden/ fürgestellet in gedachter KauffmannsKirche zu Erffurth/ den 7. April. Anno 1680. von JOH. BALTHASAR Haberkorn D. Druckts Carol Christian Kirsch. [Erfurt 1680].

S. 22-26: PERSONALIA.

WAs nun hierauf anbelanget unsers selig in Gott ruhenden Herrn *Senioris*, des HochEhrwürdigen/ GroßAchtbarn und Hochgelahrten Herrn *Magist.* NICOLAI Stengers/ Ankunft/ Leben und Wandel/ auch endlichen Abschied von dieser welt: so ist zu wissen/ daß derselbe gebohren worden alhier zu Erffurth/ im Jahr Christi *1609.* donnerstags nach *Bartholomæi*, welches damahls gewesen der *31. Augusti.* Sein Vater war ein ehrlicher Bürger/ und des Schneider=handwercks alhier/ nahmens ADAM *STENGER*/ von Lasphe/ aus der Grafschafft Wittgenstein in der Ober=Landgrafschaft Hessen bürtig: Seine Mutter hat geheißen CHRISTINA, Hansen Neubeckers von Creutzburg/ gewesenen Bürgers und Gürtlers/ auch Siegelgräbers/ Stein= Eisen= und Stahlschneiders alhier/ eheleibliche Tochter.

Diese seine Christliche Eltern haben solchen ihren ersten Sohn alsbald den nechsten tag nach seiner leiblichen gebuhrt zum seligen bade der wiedergebuhrt/ nemblich zur H. Tauffe/ befördert/ und durch den Edlen/ Vest= und Hochgelahrten/ auch Hochweisen Herrn NICOLAUM Grieben/ beyder Rechten *Doctorn*, und dero zeit OberRahtsmeistern alhier/ dem HErrn Christo fürtragen lassen/ nach dessen nahmen er auch *Nicolaus* genennet worden: darauf/ so bald es im-

[1] Johann Balthasar Haberkorn (1646-1706), geboren in Gießen; Studium in Gießen, Jena, Leipzig, Wittenberg und Helmstedt; 1669 Superintendent in Kirchhain und Schloßprediger in Dobrilugk; 1677 Hofprediger und Superintendent in Sondershausen; 1680 Pfarrer der Predigergemeinde in Erfurt und Professor der Theologie an der Universität, Nachfolger Stengers im Amt des Seniors; 1687 Weggang aus Erfurt und bis zum Lebensende Oberhofprediger und Superintendent in Güstrow. Vgl. Martin Bauer: Evangelische Theologen in und um Erfurt im 16. bis 18. Jahrhundert. Beiträge zur Personen- und Familiengeschichte Thüringens. Neustadt a. d. Aisch 1992, S. 172 (Schriftenreihe der Stiftung Stoye, 22).

mer seyn können/ haben sie ihn zu *S. Michaëlis* in die PfarrSchule gethan/ alda er unter der *disciplin* und *inspection* Herrn *M. Bartholomæi* Löneysens/ gewesenen Schuel=*Rectoris*, auch *Lectoris Academici* im *Pædagogio Collegii Majoris*, und dero zeit der *Universität Rectoris Magnifici*, sich gar wohl angelassen/ fleißig gelernet/ still und sittsam sich verhalten/ darüber Er auch/ und sonderlich seines munteren und sehr fähigen *ingenii* wegen von ietztgedachtem seinem Herrn *Rectore*, wie auch von allen *Præceptoribus* sehr lieb und werth gehalten worden. Jm Jahr *1621.* vor dem H. Pfingstfest ist unser sel. Herr *Senior* aus gedachter *Trivial*-Schule in das *Gymnasium Senatorium* hierselbst *legitimè promoviret* worden/ alwo er den Herrn *Rectorem*, *M. David* Zinckernageln/ Herrn *M. Justum* Heckeln/ *Conrectorem*, Herrn *M. Liborium Capsium*, und andere gelehrte Männer gehöret/ und unter ihrer *information* in *lingvis & artibus liberal.* dermaßen zugenommen/ daß Er *anno 1627.* nach gehaltenem *Examine Vernali ad Lectiones Academicas promoviret* worden/ welche Er auch und sonderlich *Logicam* und *Græcam lingvam* unter Herrn *Professore M. Johann. Rætio*, ingleichen *Ethicam* unter Herrn *M. Hermanno Lindano* fleißig gehöret/ und in solchem *cursu* so weit kommen/ daß Er *anno 1628.* den *30. Septembr. Artium & Philosophiæ Baccalaureus*, und bald darauf *anno 1629.* den *10. Februarii Magister creiret* worden.

Solchen Ehren=*Gradum* gebührender maßen zu zieren/ hat unser Herr *Senior* ihm aufs beste angelegen seyn lassen/ und dem *Studio Theologico* zugleich fleißig obgelegen/ dahero ihm auch/ nach vorgangenem *Tentamine*, das *exercitium concionandi* den *12. Martii* noch desselben Jahrs zugelassen und vergönnet worden ist; Solchem nach hat er so wol *privatim* in seinen *studiis*, als auch in *lectionibus & disputat.* wie nicht weniger im *exercitio concionandi publico* sich embsig und allenthalben unverdrossen erwiesen.

Hierauf hat sichs nicht ohne sonderbahre schickung Gottes des Allerhöchsten gefüget/ daß von Jhrer Hochfürstl. Durchl. zu Sachsen=Weimar/ Hertzog Wilhelmen/ und dero Hochfürstl. Gemahlin/ wie auch von Jhrer Hochgräfl. Gnaden zu Löwenstein etc. welche Er an Eltern statt unterthänigst darumb ersuchet/ die Ehren= **[S. 23]** und Tugendreiche Jungfrau *Maria Apollonia*, gebohrne Cappin von Mäintz/ am *9. Jan. anno 1632.* ihme ehelich zugesaget/ und versprochen worden; und ist die Priesterliche *copulation solenniter* geschehen den Sontag *Sexagesimæ*, war der *5. Februarii* ietzt ermeldten *1632*ten Jahrs.

Jn solchem seinem angetretenen ehestande hat sich alsbald auch weitere beförderung ereignet. Denn noch selbigen *1632*gsten Jahrs am *20. Junii* ist Er von der Christlichen Gemeinde zun Predigern alhier zum *Cantore* und Schul*Collaboratore* angenommen worden. Welchem Ambte Er drey Jahr lang wol vorgestanden/ und von iedermann lieb und werth gehalten worden. Jm Jahr *1635.* als Er bey damahls *vacirender Diaconats*=stelle alhier zur KaufmannsKirchen/ beneben noch zweyen andern *competitoribus*, auf die Probe gestellet worden/ hat er die *majora vota* erhalten/ und ist also ordentlicher und rechtmäßiger weise zum *Diacono Mercatorum* den *28. Decembr.* ernandten *1635.*ten Jahrs beruffen/ folgends den *15. Februarii anno 1636.* von dem damahls neuen *Seniore*, Herrn *D.*

Johan. Mattæo Meyfarten *ordiniret*/ und den 13. Martii *investiret* und *confirmiret* worden. Nachdem Er nun in diesem *Diaconat*-Ambt auch an die drey Jahr Gott dem HERRN gedienet/ und *anno 1638.* den *17. Novembr.* sein *Collega* und Pfarrer zu KauffmannsKirchen/ Herr *Augustinus* Kromeyer/ selig verstorben/ hat Jhn die gantze Christliche Gemeinde alhier/ ohne einiges sein suchen und begehren/ einhellig zu ihrem Pfarrherr *postuliret* und ernennet/ welches *Pastorat*-Ambt ihme auch von E. E. E. und Hochw. Rahte am Heiligen ChristAbend gewöhnlicher maßen auffgetragen worden ist. Gleichwie Er nun solchem seinem PfarrAmbt mit unverdrossenem fleiß und aller sorgfältigkeit vorgestanden/ seine geliebte Zuhörer aus GOttes wort in den Articuln Christlicher *Religion* treulich unterwiesen/ für allem irrthum falscher lehre und gottlosen wesen ernstlich gewarnet/ und das werck eines Evangelischen Predigers überall redlich gethan und ausgerichtet; Also haben Jhn seine zuhörer und eingepfarte nicht allein/ sondern auch die gantze Stadt und Land deshalben hertzlich geliebet; es bezeugen solches auch seine ausgefertigte/ und weit und breit bekandte Schriften gnugsam/ und wird sein schöner Nachruhm derowegen so bald nicht verleschen.

Nachdem ihm auch Gott der HErr ein herrlich *donum docendi* verliehen/ so hat Er solches aufs beste anzulegen/ und iedermann darmit zu dienen/ allen fleiß angewendet/ auch deßwegen seine GewissensPredigten/ sambt der Grundfeste der Augspurgischen *Confession*, ingleichen seine Glaubens= und Lebens=Postill/ und andere Predigten in druck gegeben/ und were ein mehres erfolget/ wo es andere schwere Ambtsverrichtungen nicht verhindert hätten. Denn Er über ietzt ernandte *publicirte* wercklein/ auch das Christliche *Concordien*=Buch in hundert und drey Predigten schriftmäßig erkläret/ auch durch göttliche gandenverleihung den Propheten Joel/ und alle fünff bücher Mosis/ ferner das buch Josuæ und der Richter/ zusambt dem büchlein Ruth/ durchgeprediget/ und das erste buch Samuels angefangen/ welches Er biß auf das *26.* Capitel gebracht hat.

Nach dem Er nun an die zwantzig Jahr in seinem PredigAmbt zugebracht/ ist Er an. *1654.* von der Wohllöbl. *Philosophischen Facultät* bey hiesiger hohen Schul/ über alle seine gedancken und vermuthen/ zum *Assessore* an des damahls verstorbenen Herrn *M. Liborii Capsii* sel. stelle inständig begehret/ und/ nach dem Er sich endlich durch anhalten unterschiedlicher fürnehmer personen erbitten lassen/ am tage *Michaelis* selbigen Jahrs *solenniter recipiret* worden; und als sich im *Octobri* folgenden *1655.*ten Jahrs die *Professio Ebrææ Lingvæ* bey dieser *Facultät* verlediget/ haben die **[S. 24]** Herren *Proceres* solche unserm sel. Herrn *Seniori conferiret*/ die Er auch angenommen/ und mit allem fleiß und gutem nutzen der Herren *Studiosorum* verrichtet; darbey sich ferner begeben/ daß ihme hiernechst das *Decanat* bey wohlgedachter *Facultät* auch aufgetragen worden/ welches Er ferner/ und zwar zu fünf unterschiedlich mahlen/ wohl und löblich verwaltet hat.

Anno 1657. den *25. Martii* hat Jhn auch die Wahl des neuen *Rectoris Universitatis* betroffen/ welches hohe EhrenAmbt Er nicht füglich abschlagen können/ sondern hat solches mit genehmhaltung seiner damahligen Herrn *Confratrum* im

Ministerio acceptiret/ und ist den *22. Aprilis* ietztgedachten Jahrs darzu *more Academico solenniter inauguriret* worden.

Anno 1661. am *19. Junii* hat E. E. E. Hochw. Raht Jhm des Herrn *D. Bartholomæi Elsneri, Ministerii Evangelici Senioris*, verrichtungen/ welchen derselbe unpäßlichkeit halber nicht mehr vorstehen konte/ und darunter auch die *Professionem SS. Theologiæ & Lingvarum Orientalium*, aufgetragen/ darauf Er die vorige *Profession resigniret* und aufgegeben/ und sich dieser *function* mit ebenmäßigem fleiß und ernst angenommen. Des *Gymnasii Senatorii*, dessen *Inspection* ihm albereit *anno 1642.* anvertrauet worden/ aufnehmen und wohlfahrt hat Er ihm eyferig angelegen seyn lassen/ bevor/ da nach absterben wohlgedachten Herrn *D.* Elsners/ deme unser sel. Herr *Senior* die Leichpredigt gehalten/ derselbe am *6. Febr.* des *1662*gsten Jahrs *in pleno* der sämbtlichen Herren *Pastorum* und *Diaconorum* in der Stadt und auf dem Lande/ so ihm alle *gratuliret* und das angelöbniß gethan/ zum *Seniore Ministerii solenniter* fürgestellet und *installiret* worden. Denn Er keinen fleiß so wohl dem Evangelischen *Ministerio*, als dem *Gymnasio* zum besten gespahret/ sondern sich deren eyferig angenommen.

Jm Jahr *1664.* den *2. Maji* ist Er zum andernmahl *Rector Universitatis proclamiret*/ den *9. (19.) Junii inauguriret*/ und folgendes *1665.* Jahr in solchem *officio continuiret* worden; ist auch die nechst hernach folgende zwey Jahr *Pro-Rector* verblieben/ und hat in solchem und allen andern seinen wichtigen *officiis* sich durch Gottes gnade dermassen bezeiget/ und verhalten/ daß männiglich mit ihme wohl zu frieden gewesen/ und an seinen *actionibus* ein gutes wolgefallen und vergnügen getragen; wie Er auch absonderlich in seinem *Seniorats-officio* sich verhalten hat/ darvon werden die Herren *Ministeriales* und sonst iederman bekennen müssen/ daß Er nichts unterlassen/ was zum friede und wohlstande der gesambten Kirchen in der Stadt und auf dem Lande/ hiesigen orths zum aufnehmen des *Ministerii*, zu aller Evangelischen und sämbtlichen einwohner und angehörigen wohlfahrt/ und also zu des Höchsten ehre dienen und beförderlich seyn möchte; deswegen Er auch weder arbeit noch gefahr gescheut/ sondern alle sein thun also geführet/ daß iederman sein treues und wolmeinendes gemühte daraus zu voller gnüge hat verspüren können. Es seind auch zeit seines löblich *administrirten Seniorats 188. Studiosi SS. Theologiæ*, worunter viel gelehrte *Magistri* sich befinden/ zum heiligen PredigAmbt *tentiret*/ aus welchen *46.* zu Priestern *ordiniret*; *67.* aber und darunter verschiedene vornehme *Theologi*, sind von ihme Christüblicher gewohnheit und ordnung nach *investiret*/ und in ihre KirchenAembter eingewiesen worden.

Jn seinem ehestande hat Jhn der gütige Gott mit zehen kindern/ als sieben Söhnen und dreyen Töchtern gesegnet/ darvon etliche zwar jung durch den zeitlichen todt von hinnen abgefordert/ und selig verstorben/ etliche aber ziemlich zu Jahren gelanget/ und dennoch vor der zeit abgeschieden/ also/ daß anietzo mehr nicht als nur zweene Söhne noch am leben sind/ nemblich Herr *Johann Melchior*, Pfarrer und *Inspe***[S. 25]***ctor* zu Wittstock/ und Herr *Caspar Adam*, Freyherrl. Schwehrinischer bestelter Hofmeister und *Secretarius &c.* davon doch keiner/ umb der ferne des weges willen/ dem Herrn Vater das geleite zu seinem ruhebettlein geben kan.

Sonst hat der getreue GOtt unsern selig verstorbenen Herrn *Seniorem* seines Geschlechts vermehrung erfreulich sehen lassen/ in dem Er von seinem ältesten Sohne/ Herrn *M. Wilhelmo Hieronymo*, fünf Kindeskinder/ als drey Söhne und zwo Töchter; von dem dritten Sohne/ Johann Melchiorn vier Söhne und zwo Töchter/ und von der andern Tochter/ Sibylla Maria/ vier Söhne und eine Tochter/ von der jüngsten Tochter/ Anna Christina aber drey Söhne und zwo Töchter (von welcher letzten aber nur ein Sohn und eine Tochter noch übrig) erlebet hat.

Des Herrn *Senioris* kranckheit und seligen abschied belangend/ ist zu wissen/ daß selbiger etliche monat hero über grosse mattigkeit der glieder/ absonderlich der schenckel zum öftern geklaget/ dahero ihm auch das gehen sehr beschwerlich ankommen/ worbey zuweilen ein bauchgrimmen mitzugeschlagen/ welchem letztern ungemach aber von dem hierzu erfordertem *Medico*, Herrn *L. Johann Christ.* Adlung/ bey hiesiger löblichen *Universität Lingvarum Oriental. Profess. Publ.* iedesmahls glücklich *remediret* worden/ biß endlich am verwichenen *29. Martii*, war vorgestriges montags für *8.* tagen/ eine schwachheit des häupts und hertzens zusambt einiger *febrilischen disposition* sich hierzu miteingefunden/ worauf Er sich zu bette legen müssen/ und den Churfürstl. Mäintz. Hof= und Leib=*Medicum*, auch ietziger zeit *Facultatis Medicæ Decanum*, Herrn *D. Georg Christoph. Petri*, zu sich bitten lassen/ welcher so bald er erschienen/ nach ümständlicher der kranckheit erkundigung/ die bewehrtesten *bezo*artischen *medicamenta* zu verwahr= und stärckung des häupts und hertzens/ verordnet/ nach deren gebrauch es auch zu einiger besserung sich angelassen/ so aber nicht lange gedauret/ gestalt nebenst obberührten zufällen dann und wann ein beschwerliches grimmen im leibe und mattigkeit in denen gliedern/ zumahlen aber einige *suderatio*, bevorab in dem rechten schenckel/ sich darbey mit eingestellet/ bey welchem zustande Er iedennoch einiger ruhe haben/ und etwas speise zu sich nehmen können/ wie Er auch niemahls sonderlich über grosse schmertzen geklaget hat. Worauf ferner der alhiesige *Physicus Ordinarius*, *Facultatis Medicæ Senior* und *Professor Publicus*, Herr *D. Eccardus* Leichner/ wie nicht minder vorgedachter Herr *L.* Adlung benebenst erstwolgemeldetem Herrn *D.* Petri, die *Cur conjunctis consiliis* angetreten/ und möglichster fleiß angewendet worden/ darmit der kranckheit gesteuret/ und der sel. Herr *Senior* zur vorigen gesundheit wieder gebracht werden möchte. Ob nun wol durch deren unermüdete vorsorge obgedachte zufälle in etwas sich geleget/ hat doch die von dem hohen alter mehrentheils herrührende schwachheit mehr zu= als abgenommen/ dardurch denn auch die annoch vorhandene wenige leibeskräfte sich zusehend verlohren/ und ohnerachtet man mit den besten stärckmitteln so in= als eusserlich angehalten/ auch an guter wartung nichts gespahret worden/ hat es sich doch allmählig zu einem sel. ende mit Jhme angeschicket/ welches Er/ wiewohl Er auch sonsten eine geraume zeit hero mit todesgedancken umbgangen/ zeitlich gemercket/ und dannenhero zu einem seligen abschied sich fertig gemacht/ und/ da Jhn theils seine geehrte Herren *Collegen* aus hiesigem wohllöblichen *Mini-*

sterio besuchet/ hat Er mit denenselben aus GOttes heiligem wort und von einer seligen ἀναλύσδ manche schöne und trostreiche unterredung gepflogen: wie Er dann auch des sonnabends/ als den *3. Aprilis*, das heilige hochwürdige Abendmahl zu stärckung seines glaubens durch seinen Herrn *Collegen*/ *M. Johan. Wilhelm. Andreæ* sich hat reichen lassen.

[S. 26] Nechstabgewichenen Sontag/ da seine schwachheit mercklich zugenommen/ hat Er von seiner hinterlassenen Eheliebsten/ der ietzo hochbetrübten Frau Witwen und anderen Anverwandten und Freunden einen hertzbrechenden abschied genommen/ dieselbe sambt seinen annoch lebenden so gegenwärtig= als abwesenden lieben kindern hertzlich gesegnet/ und sich nach einem sanften Simeonsstündlein inniglich gesehnet/ welches Jhm auch an nechst verwichenem *5.* dieses monaths *Aprilis*, nachts *3.* viertel auf *2.* Uhr ohne übriges wehe wiederfahren/ da Er unter inbrünstiger anruffung GOttes in Christo/ seinem Erlöser und Seligmacher/ sanft und selig entschlaffen/ nach dem Er sein leben gebracht auf *70.* Jahr/ *7.* Monat/ *5.* Tage/ sein PredigAmbt aber auf *44.* Jahr.

SO ist nun leider! ach leider! von uns abgeschieden unser hochgeehrtester Herr Vater und Senior, und hat uns eine traurige gute nacht gegeben/ dessen erblaster Cörper soll nun auch unsern augen entzogen/ und in das grab geleget werden/ wir nehmen derowegen nun auch abschied von Jhm in allertieffester traurigkeit und ruffen Jhm mit thränen nach: *Vale, vale, vale Venerande Senior*, gute nacht/ gute nacht/ gehab dich wohl/ du theurer Mann Gottes/ du altes graues Haupt/ der HErr belohne dir alle treue im Himmel/ die du an uns erwiesen hast. Dein graues Haupt legest du mit höchstem und unsterblichem ruhm in die erde/ am jüngsten tage aber wirst du solches wieder empor heben/ und wird demselben alsdenn aufgesetzet werden die Crone der Gerechtigkeit/ welche dir der HERR JEsus mit seiner gerechtigkeit erworben hat: Jndessen *vale, vale*, gute nacht/ gute nacht und viel tausendmahl gute nacht. Weil wir aber durch grosse betrübniß über diesen schmertzlichen Trauerfall sehr sind geschwächet und abgemattet worden/ so wolle nun auch der starcke GOTT mit seiner krafft und stärcke uns zu hülffe kommen. Es stärcke GOTT die hochbetrübte Frau Witwe unsers seligen Herrn *Senioris*, Er verlasse sie nicht/ nach dem sie grau und alt worden/ Er hebe und trage sie mit seinem starcken arm biß an ihr seliges ende. Es stärcke auch GOTT das gantze Evangelische *Ministerium* und Priesterschafft mit dem Geist der Stärcke/ daß es durch dessen krafft und stärcke die Ehre GOttes ie länger ie mehr ausbreiten und das Himmelreich sehr vermehren möge. Er stärcke diese Christliche Gemeine in ihrer ietzigen grossen betrübniß/ und versorge sie bald wiederumb mit einem tüchtigen Manne/ damit sie nicht lange seyn möge wie die schafe/ so keinen hirten haben. Es stärcke GOTT uns alle/ wie in allem unserm creutz und elend/ also auch sonderlich in unser bitteren todesnoth/ daß wir nicht versincken/ sondern durch den todt zum leben dringen/ und wer dieses verlanget/ der seuffze schließlich mit mir also:

Ach HERR/ durch deine krafft uns bereit/
und stärck des fleisches blödigkeit/

daß wir hier ritterlich ringen/
durch todt und leben zu dir dringen.
AMEN.

JUST CHRISTOPH MOTSCHMANN[1]

Erfordia Literata oder Gelehrtes Erffurth Worinnen so wohl Von der Beschaffenheit und Einrichtung der Erffurthischen Universität Als auch Von denen Gelehrten Leuten Welche sich hieselbst Mit Schrifften berühmt oder bekannt gemacht ausführliche Nachricht ertheilet wird. Vierdte Sammlung. Erfurt 1731.

S. 568-586: NICOLAUS STENGER.

M. NICOLAUS STENGER, *Theol. Augustanæ Confessionis & Lingvar. Oriental. Professor Publicus, Ministerii Evangel. & Facultatis Philos. Senior, Ecclesiæ Mercatorum Pastor, & Gymnasii Protephorus.*

[S. 569] §. 1.

DJeser in allen seinen Aemtern wohlverdiente Mann war am *31. Aug. A. 1609.* von geringen, doch ehrlichen Eltern in Erffurth gebohren: der Vater, *Adam Stenger*, war ein Schneider, und seiner Ankunfft nach aus Lasphe, in der Graffschafft Wittgenstein, bürtig; die Mutter *Christina*, eine Tochter Johann Neubekkers, eines hiesigen Gürtlers und Eisenschneiders. Nachdem er in die *Schule zu St. Michael* geschickt worden erhielt er von seinem *Rectore*, M. Barthol. Löneisen, und von denen andern *Præceptoribus* das Zeugnüß, wie er nicht nur ein munteres und fähiges *Ingenium* habe, sondern auch gehörigen Fleiß und gute Sitten von sich spüren lasse, weswegen die Eltern, ihres wenigen Vermögens ohnerachtet, sich entschlossen, ihn bey den Studiren zu lassen. Dannenhero wurde er schon *A. 1617.* unter dem *Rectorat* D. Barth. Zeppers bey der Universität *immatriculiret*, und nachmahls *A. 1621.* aus der *Trivial* Schule in das Raths=*Gymnasium* versetzet, in welchen er unter Anführung des *Rectoris* M. David Zinckernagels, M. Just Heckels, M. *Liborii Capsii*, und andrer *Professorum* den gerühmten Fleiß und gute Aufführung weiter fortsetzte, auch in Künsten und Wissenschaften so zunahm, daß er *A. 1627.* bey dem Oster=*Examine* die *Academi*schen *Lectiones* zu besuchen vor tüchtig erachtet wurde.

[1] Just Christoph Motschmann (1690-1738) wurde als Sohn eines Biereigen in Erfurt geboren, besuchte die dortige Predigerschule und ab 1703 das Evangelische Ratsgymnasium. Er studierte in Erfurt und Jena Theologie und Philosophie und lehrte ab 1713 zunächst als Privatdozent, später dann als Professor für Philosophie an der Universität seiner Vaterstadt. Seit 1734 hatte er zudem die Professur für Logik am Ratsgymnasium inne. Zwischen 1729 und 1736 erschien sein bis heute unentbehrliches Handbuch zur Erfurter Gelehrtengeschichte, die *Erfordia literata*, aus der die Stenger-Biographie hier abgedruckt wird.

§. 2.

Den Anfang hierinne machte er mit der Philo**[S. 570]**sophie, wie er denn sonderlich die *Logicam* und die Griechische Sprache bey *Prof. Ioh. Rætio*, die *Ethicam* aber bey *Prof. Hermanno Lindano* emsig trieb, und seinen *Cursum Philosophicum* in anderthalb Jahren mit guten Nutzen endigte, daß er *A. 1628.* den *30. Sept. Philosophiae Baccalaureus*, und den *10. Febr. A. 1629.* unter dem *Decanat* gedachten *Rætii* mit Ruhm *Magister* ernennet wurde. Das *Studium Theologicum* hatte er zwar bißher schon mitgenommen, nunmehr aber trieb er es desto eufriger, und erhielt im Mertz gemeldeten Jahres, auf vorhergegangenes *Tentamen*, die Erlaubnuß, die Cantzel zu betreten, da er denn sowohl in Predigen, als *Disputiren*, sich wacker übte, und eine gar gründl. Erkäntnüß in der Theologie, Philosophie und Sprachen erlangte; welches um so viel mehr zu bewundern, da er wegen damahliger Kriegs=Troublen, auch wegen seines geringen Vorraths, keine auswärtige Universität besuchen können, sondern bloß in seinen Vaterlande bleiben müssen.

§. 3.

Seine Beförderung verzog sich gar nicht lange, denn da er bey denen Studien auch die Music gründlich mit erlernet hatte, geschahe es, daß, nachdem er vorher einige Zeit *die* Organisten Stelle in der Kirchen zu St. Thomä, und in dem Neuwerckischen Kloster versehen gehabt, die Prediger Gemeinde ihm *A. 1632.* den *20. Jun.* zu *ihrem Cantore* und Schul=*Collegen* annahm, wel**[S. 571]**che Arbeit er drey Jahr lang wohl verrichtete, dabey aber sich fleißig in Predigen hören ließ; auch unter D. Großhains *Præsidio* eine *dissertationem Theologicam defendirete*. Dannenhero erhielt er nach dem Todte des *Diaconi* an der Kauffmanns Kirchen, M. Joseph Böttichers, *A. 1635.* vom Rathe eine Prob=Predigt, und wurde den *27. Dec.* durch die meisten Stimmen der Gemeinde zu solchen Amte erwehlet; wegen *vacanten Seniorat* aber erstlich den *15. Febr. A. 1636.* von dem neuen *Seniore* D. Meyfarthen *ordiniret*. Drey Jahre darauf, nach Absterben M. Augustini Kromäyers, *postulirte* ihn erwehnte Gemeinde, ohne einiges sein Suchen und Begehren, einhellig *zu ihren Pastore*, welches Amt ihm auch am Heil. Christ=Abend *A. 1638.* vom Rathe aufgetragen wurde, worinnen er biß an sein Ende gestanden ist.

§. 4.

Nachdem er nun in die *20.* Jahr in der Kirchen einen beliebten Lehrer abgegeben, hatte er sich ein solches Ansehen und Liebe erworben, daß man ihm zu einem *Academi*schen Lehrer beruffte. Denn als *Professor Capsius A. 1654.* mit Todt abgegangen war, trug ihm die Philosophische *Facultät* wieder alles Vermuthen die ledige Stelle an, welche er zwar Anfangs anzunehmen Bedencken trug, doch endlich auf vieles Anhalten einiger vornehmen Persohnen sich dazu bereden ließ, worauf er am Michaelis Feste als *Assessor recipiret* wurde. Und da erwehnter *Capsius* die *Professio***[S. 572]***nem Logices & Metaphysic.* gehabt, solche aber unsern Stenger nicht allerdings anständig war, so wurde es dahin vermittelt, daß *Prof. Boccius* ihm das Jahr darauf die *Professionem Linguae Ebraeae* abgab, die er denn mit denen *Lectionibus Philologicis in Psalterium Davidis* antrat, und biß *A. 1661.* da er *Prof. Theol. A. C.* wurde, allein behalten, nachdem aber *Prof.* Neubauern mit zu verwalten aufgetragen hat. So ist er auch in dieser *Facultät* fünffmahl *Decanus* gewesen.

§. 5.

Eben bey der Universität hat er das ansehnliche Amt eines *Rectoris Magnifici* einige Jahre verwaltet: Er wurde hiezu das erstemahl erwehlet *A. 1657.* und zwar vor der gewöhnlichen Zeit, am *22. Apr. inauguriret*, weil man nach beygelegter Streitigkeit (s. oben p. 516.) die Wahl nicht weiter anstehen wollte lassen. Das andermahl betraff ihn solche Ehre den *2. Mai. A. 1664.* und die *Inauguration* geschahe erst den *9. Jun.* Da er denn, als nach Ubergabe der Stadt die Universität bey dem Churfürsten Johann Philipp zur Audientz gelassen wurde, das Wort zu führen die Ehre hatte. Das folgende Jahr wurde er in dieser Würde *confirmirt.* Ja als *A. 1666.* der erste hiesige Stadthalter, Philipp Ludwig, Baron von Reiffenberg, den ihm angetragenen *Academi*schen Scepter übernahm, führete Stenger zwey Jahr das *Prorectorat* vor ihn. Es trug erwehnter Stadthalter bey seiner *Inauguration*, den *25. Aug.* **[S. 573]** ihm solches *Prorectorat* selbst, und zwar öffentlich, mit folgenden merckwürdigen Worten auf: *Quandoquidem autem negotiorum fluctus, qui subinde occurrunt, varii sunt, ut si vel maxime animo præsens sim, corpore tamen abesse diutius quandoq; cogac, adeoq; de parastata aliqvo mihi providendum, qvi oneris partem sustineat, meo nomine, quæ necessaria suut, peragat: Ad te redeo, Exrector Magnifice, Dn. Stengere, cuius dexteritatem ipsi Academici commendarunt, & in nupero quoq; electionis actu te Prorectorem, si tali opus esset, iamdum destinatum præsentarunt, Te iam Prorectorem adscisco, tuæ fidei rem Academicam committo, atq; sic partem oneris ab humeris meis in tuos transfero. Esto mihi fidus Achates, &, ubi opus fuerit, pro me Universitatem coge, deliberanda propone, singulorum iudicia exquire, omnium aut plurium sententia atq; consiliis decreta perfice & exseqvere, ius ex æqvo & bono redde, studiosorum nomina in album, s. matriculam, ut vocant, recipe, & studiosos, qva decet & par est ratione iuva. Rata & grata mihi erunt, qvæcunq; meo nomine iuxta statutorum Academicorum tenorem perfeceris &c.*

§. 6.

Nebst diesen war er des *Evangelischen Ministerii in Erffurth Oberhaupt.* Denn als der bißherige *Senior*, D. Elsner, Unpäßlichkeit und Alters wegen nicht mehr fortkommen konte, trug der Rath *A. 1661.* den *19. Jun.* M. Stengern auf, desselbigen Verrichtungen im *Ministerio* und die **[S. 574]** Theologischen *Lectiones* zu übernehmen, da er denn erwehnter massen seine *Professionem Philosophicam* zum Theil niedergeleget. Im folgenden Jahre, als inzwischen D. Elsner mit Todte abgegangen war, wurde er den *6. Febr.* denen sämtlichen Geistlichen in der Stadt und auf dem Lande als *Senior* vorgestellet, und gewöhnlicher massen *installiret*, welchen wichtigen Amte er so geschickt und klug, als treu und fleißig, fast *19.* Jahr rühmlich vorgestanden, und darinne *118. Candidatos Ministerii tentiret*, *46. ordiniret*, *67. Pastores* aber *investiret*, und in die Kirchen=Aemter eingewiesen hat. Eben mit dem *Seniorat* erhielt er auch die Ober=*Inspection* über das *Gymnasium*, bey welchen er schon zuvor seit *A. 1642. Inspector* gewesen war, und ließ sich desselben Wohl und Nutzen gar eufrig angelegen seyn, wie denn eben zu seiner Zeit verschiedene Vorschläge, welcher Gestalt es zu verbessern und in gute Aufnahme zu bringen, aufs Tapet gekommen, die aber nur Vorschläge geblieben, zumahl da man mit ziemlicher Verbitterung sich darüber gezancket, daß er bloß mit Beylegung der daher entstandenen Strittigkeiten genug zu thun hatte.

§. 7.

Er war sonst von ziemlicher guter Leibes *Constitution*, und hatte eben nicht viel Kranckheiten in seiner Lebenszeit erfahren, da er aber das *70* Jahr erreichet, nahmen die Kräffte gar mercklich ab, daß er beständig über grosse Mattigkeit im Glie**[S. 575]**dern, sonderlich in den Schenckeln klagte, worbey sich öffters auch ein starckes Grimmen einfand. Und diese Umstände legten ihn endlich gar den *29. Mart. A. 1680.* aufs Bette, daß er nach wenig Tagen, *nehmlich den 5. Apr. seinen Geist aufgab*, nachdem er sein Leben gebracht auf *70* Jahr, *7.* Monat und *5.* Tage; im Predigt=Amte aber *44.* Jahre gestanden hatte. Er wurde den *7. Apr.* begraben, da ihm D. Haberkorn, *Pastor* zum Predigern, die Leichen=Predigt hielt über die Worte: Jm HErrn habe ich Gerechtigkeit und Stärcke: *Es. XLV. 24.* Sein Bildnüß stehet in der Kauffmanns Kirchen, und hat man auch einen Kupferstich davon, unter welchen *Prof. Sam. Boccius* die Verse gesetzet:

En tihi Stengerum, patriæ venerabile lumen!
Cuius vox nectar spirat & ambrosiam.
Dexteritate valet, seu templum sacra docentem,
Sive Professorem docta Lycæa vident.
O bene si tales, qvalem hunc cognovimus, arte,
Consilio atqve fide semper Hiera ferat!

§. 8.

Und gewißlich, es hat der Autor in diesen Versen der Wahrheit nicht zu wieder geschrieben: Jm Predigten hatte Stenger einen angenehmen, deutlichen und zugleich erbaulichen Vortrag, welcher ihm einen grossen Zulauff des Volckes zuwege brachte; Und noch ietzo sind die vom ihm im Drucke hinterlassene Predigten, sonderlich vor Ungelehrte und Einfältige, mit guten Nutzen und **[S. 576]** Erbauung zugebrauchen, zumahl da er sich darinne keiner hohen Redens=Arten bedienet, sondern einfältig und mit der Schrifft zu reden sich befleißiget. Sein Lebens=Wandel war from, ehrlich und aufrichtig, nach dem, was er andre lehrete, eingerichtet, ohne scheinheiliges Wesen und Verstellung. Jn der *Theologica Thetica* und *Polemica* so wohl, als in denen Orientalischen Sprachen war er gründlich gesetzt, und soll er zehen Sprachen verstanden haben, wie seine *Auditores* in einen *Carmine* von ihm rühmen; Er gab auch einem guten *Disputatorem* ab, und hat er noch kaum *8* Tage vor seinen Todte eine *Disputation in Augustanam Confessionem* in dem *Auditorio publico* gehalten, bey welcher sich eine ungewöhnliche Menge Zuhörer eingefunden, gleich als ob sie ihren Lehrer noch einmahl hören und Abschied von ihm nehmen wollten. Jn Ministerial=Sachen war er wohl erfahren, und ließ bey allen vorfallenden Gelegenheiten eine theologische Klugheit sehen, indem er so wohl *Moderation* und Sanfftmuth, als *Courage* und Standhaftigkeit zeigte. Bey seinen vielen und wichtigen Aemtern war er *allzeit munter und unverdrossen*, setzte nicht leicht eine Predigt, oder *Lectionem publicam* aus, und hielt fleißige Kirchen= *Visitationes*. Unter andern wurde gleich nach Ubergabe der Stadt eine *General-Visitation* in denenjenigen Chur=Mäyntzischen Dörffern, wo die Hertzoge von Gotha das *ius patronatus* haben, angestellet, wel**[S. 577]**che er mit dem Gothaischen General=Superintenden *Tribbechovio* verrichtete, wobey Stenger allezeit, vermöge des Leipziger Recesses, den Vorgang hatte, *Tribbechovius* aber meistens den Vortrag that. Nechst dem war er ungemein höfflich und leutseelig, und hatte darinne eine besondere Gabe, daß er auch die verdrüßlichsten Sachen mit gröster Freundlichkeit vortragen konnte. Daher er wegen seines artigen Umgangs und guten *Comportements* bey Hohen und Niedrigen, Evangelischen und Catholischen beliebt war, wie man dem *Æstim*, in welchen er gestanden, aus angeführten Lebens=Lauffe schon sattsam abnehmen kan. Sonderlich aber war er im dreyßigjährigen Kriege bey denen Schwedischen *Ministris* und hohen *Officieren* überaus wohl gelitten, wovon eine Probe mit seyn mag, daß da der alte *Theologus* zu Jena, *D. Ioh. Maior*, die Freyheit von Einquartierung und *Contributionen*, wegen seiner im Hertzogthum Weimar liegenden Güter, suchte, er sich an Stengern *addressirte*, der ihm auch durch den Schwedischen Residenten Esken bey dem Grafen Oxenstirn solches auswürckte, besage derer hievon noch vorhandenen Brieffe; Wie er denn sowohl mit diesen, als noch andren berühmten *Theologis* viele Brieffe gewechselt, deren Jnhalt aber meist *privat* Sachen, oder solche Dinge, die so schon bekant sind, betreffen, daher aus selbigen dem Leser etwas mitzutheilen unnöthig seyn wird.

[S. 578] §. 9.

Nöthiger aber ist es, nunmehro auch etwas von seiner Familie zu gedencken, und zwar hat er sich *A. 1632* verheyrathet mit Marien Apollonien, einer Tochter Michael *Cappii* (der vorher bey dem Könige *Henrico IV.* in Franckreich Cammerdiener gewesen, damahls aber Wachtmeister und Stadt=*Maior* in Mayntz war) und Dorotheen Streitin. Diese Cappinsin war *A. 1608* zu Mayntz gebohren, und auf Einrathen ihres Vetters, M. *Petri Cappii*, eines *Canonici* in Erffurth, *A. 1618* in das Kloster zum heiligen Creutze hieselbst, sonst das Neuewerck genant, gethan, dann *A. 1623.* ins *Noviciat* aufgenommen, endlich *1624.* eingekleidet worden. Als nun der König von Schweden bey seiner ersten Ankunfft in Erffurth denen Kloster=Jungfern, welche darinne zu bleiben nicht Lust hätten, herauszugehen erlaubte, und Stenger, als Organist in solcher Kloster=Kirche, auf den Chore bey der Music erwehnte Nonne gesehen und kennen lernen, so erkundigte er sich, ob sie mit ihm in ein ehliches Verbündnüß zu treten gesonnen seyn möchte? Nachdem er sie hiezu nicht ungeneigt befand, entdeckte er den gefasten Entschluß dem Grafen von Löwenstein, bey welchen er durch die vor der Schwedischen *Guarnison* gehaltene Predigten bekant worden. Dieser Graf nahm sich, nebst Hertzog Wilhelm von Weimar, der Sache an, und wurde der Weimarische Hoff=Prediger M. David Lippach, mit dem **[S. 579]** Gräfl. Löwensteinischen Frauenzimmer, und andren vornehmen Persohnen den *12. Dec* ins Kloster geschickt, dieselbe abzuholen, da sie denn mit Vorwissen des gantzen Convents, von welchen sie förmlichen Abschied nahm, und sich vor genossene Liebe bedanckte, aus den Kloster abschiede, und in das Löwensteinische *Logis* gebracht wurde, worinne sie sich beständig aufgehalten, und am *9. Jan. 1632.* von gedachten Hertzog und von den Grafen, deren hohen Rath sie an Eltern statt ersucht, unsern Stengern versprochen worden, wie denn auch der Löwensteinische Hoff=Prediger Joachim Krüger, mit Erlaubnüß des *Ministerii*, den *5. Feb.* darauf die *Copulation* in den Gräflichen *Logis* verrichtete. (*) Jn dieser Ehe, welche biß ins 48. Jahr gewähret, (massen sie nach ihren Manne *A. 1681.* in Dec. gestorben) haben sie mit einander 10 Kinder, als 7. Söhne und 3. Töchter gezeuget, wovon aber vier in der Jugend verstorben. Die vier Söhne, welche erwachsen, waren: 1.) *M.* Wilhelm Hieronymus Stenger, *Prof. Eth. & Polit.* dessen oben p. 527. Erwehnung geschehen. 2.) Georg Nicolaus Stenger, hatte auf verschiedenen Universitäten in der *Theologie*, *Iure*, und *Medicin*, auch in *galanten* Sprachen was gutes gethan, gieng aber *A. 1659.* nach Ost=Jndien, und starb unterwegs, da er auf der Jnsul *Betonia*, zwischen den Jnsuln *de Fogo*, und *des Iago*, begraben wurde. Die Post von seinen Todte kam erst nach zwey Jahren, nehmlich den *30. Jun. A.* **[S. 580]** *1661.* nach Erffurth, doch hatte man so viel Liebe und Hochachtung vor den betrübten Vater, daß der *Rector Magnificus*, M. *Iacobus* Heun, nicht nur in einen *Programmate* den *31. Aug.* solchen Todtes=Fall *intimirte*, und den Lebens=Lauff des Verstorbenen erzehlte, sondern auch noch in einen andern *Progr.* zu der *Parentation*, welche M. Andr. Limprecht ihm den *18. Sept.* gehalten, die gantze Universität *invitirte*. 3.) *M.* Joh. Melchior Stenger, von welchen in diesen Sammlungen nechstens, g. G. ausführlich soll gehandelt werden. 4.) Caspar Adam Stenger, war zuletzt bey denen Hertzogen Rudolff Augusto und Anton Ulrichen Rath, *Secretarius* und *Bibliothecarius*, auch *Canonicus St. Blasii* zu Braunschweig, starb zu Wolffenbüttel *A. 1690.* unverheyrathet, und wurde der Leichnam nach Braunschweig gebracht, wo er in Gegenwart der sämtl. Herrschafften *proper* begraben worden. Die beyden Töchter waren Sibylla Maria, und Anna Christina, davon jene an Balthasar Krannichfelden, diese an Georg Heinrich von Gerstenberg verehliget worden. Jn übrigen hatte er das Glück, von diesen seinen Kindern 21. Enckel (**) zu erleben.

(*) Solches *Matrimonii* wegen hat *P. Ioh. Kreihing* in seinen *Poematibus Aposcholasmaticis* hin und wieder scharff gestichelt, sonderlich aber *Epigramm. Libr. 3. n. 77. p. 108. sqq.*
(**) Diese weitläufftige Nachricht von der Familie hat man deswegen beyzufügen vor nöthig erachtete, weil DAN. HARTNACCIUS in *Continuatione Historiæ Eccles. Mi***[S. 581]***crælii p. 177 sqq.* aus *privat* Rache und *Affecten* eine höchst nachtheilige Beschreibung von der Stengerischen Familie gegeben hat, deren Ungrund und Tücke hieraus völlig zu entdecken; wie denn der gute Mann (ich weiß nicht) aus Unwissenheit, oder Unachtsamkeit, dem *Seniori* Stengern nicht einmahl den rechten Vornahmen giebet, sondern ihn *p. 1077. 1079.* u. *1093.* Melchior Stengern nennet. Doch *Hartnaccius* hat desfals schon längst seine Abfertigung sattsam bekommen von M. Joh. Melchior Stengern, in dem *Tractat, Secta Cervidurorum s. de Hartnaccismo Cap. III.* weil aber solcher *Tractat* nicht gar zu bekant, *Micrælii* KirchenHistorie hergegen in vieler Händen ist, so hat man der Wahrheit zu Liebe dieses hiebey erinnern müssen.

§. 10.

Was nun endlich seine hinterlassene Schrifften anlanget, so bestehen sie aus Predigten und *Disputationibus*, von welchen ich dem gütigen Leser folgendes Verzeichnüß mitzutheilen habe:

1.) Der höchst tröstliche Artickel von der Einwohnung GOttes in denen Glaubigen, oder von der Glaubigen Vereinigung mit GOtt. Erffurth *A. 1624.*[2] in *4. 11.* Bogen. Es sind *3.* Predigten über das Evangelium am ersten Pfingstage.
2.) Tausend Zeuge, nehmlich das Gewissen des Menschen nach Anleitung der Göttlichen Heil. Schrifft des alten und neuen Testaments in *34.* Predigten, männiglich, bey diesen letzten Grund=bösen Zeiten zur Besserung vorgestellet, geprü**[S. 582]**fet, und berichtet. Erffurth *1647.* in *4to* *4.* Alph. *19.* Bogen. Er gehet alle Stände durch und hat zu ieder Predigt einen Text erwehlet, der auf einen Stand sich schickt, da er denn die Fehler und Betrügereyen in solchen, nebst denen Pflichten zeiget.
3.) Grund=Feste der Augspurgischen *Confession* aus unfehlbaren Zeugnüssen der heiligen Prophetischen und Apostolischen Schrifften A. und N. Testaments in *62.* Predigten öffentlich dargethan. Mit Approbation der Theologischen *Facultæt* zu Jena in *4.* Erster Theil, Jena *A. 1649.* gehet über die ersten *X. Articul.* Andrer Theil, Jena *A. 1652.* über die mittlern *XI. Articul.* Dritter Theil, Jena *A. 1654.* über die letzten *VII. Articul*, zusammen *8.* Alph. und *5.* Bog.

---

[2] Recte: 1642.

4.) *Credendorum & faciendorum Postilla*, das ist Glaubens=Schild und Lebens=Bild aus denen ordentl. Evangelien etc. Erffurth *1661.* in *4.* in zweyen Theilen; *7.* Alph. *20.* Bog.[3]

5.) *Sacra Passionalia*, oder Christliche, schrifftmäßige Paßions=Betrachtungen über der Geschicht des Leidens Christi von *S. Marco Cap. XIV* und *XV* beschrieben, zur heil. Fastenzeit des *1667.* Jahres entworffen. Jena *1669.* in *4to*. *21.* Bog bestehet aus *6.* Fasten=Predigten, die er in der Wochen gehalten.

6.) Vom ewigen Leben aus der Historie **[S. 583]** von der Verklärung Christi *Matth. XVII 1 9.* Erffurth *A. 1644.* in *4. 8.* Bogen. Es sind *2.* Predigten, deren eine in der Danckwoche, die andre am *6.* Sonntag nach Epiphanias gehalten worden.

7.) Ausser diesen hat er noch gar viele eintzele Predigten zum Druck überlassen, die alle anzuführen zu weitläufftig seyn würde; doch sind unter solchen einige *Casual*-Predigten zu mercken; Z. E. *A. 1642.* da eine feindliche Parthey sehr vieles Vieh vor Erffurth weggetrieben, hielt er über das Evangelium am *XII.* Sonntag nach Trinitatis eine Predigt: GOtt hat alles wohlgemacht. Bey der vermutheten grossen Finsterniß *A. 1654.* predigte er über die Worte *Es. XLV. 6. 7.* an eben den Tage, da sie einfallem sollte. Und als *A. 1671.* der vorher in der Kauffmanns Kirche neu erbaute künstl. Altar vollend zu Stande gebracht worden, hielt er am Mittwoch, den *30. Aug.* über *Jos. XXII. 26. 27.* eine Predigt, die den Titul hat: *Christiana altaris dedicatio*, Christl. Einweihungs und Einsegnungs=Predigt etc.

8.) Desgleichen sind von seinen Leichen=Predigten gar viele in Druck kommen, wie ich denn derselbigen auf *30.* Stück gesammlet, worunter die merckwürdigste ist, die er den *A. 1663.* den *20. Nov. decollirten* OberVierherrn *M.* Volckmar Limprechten über *Ps. XC. 13.* **[S. 584]** gehalten, da desselben Leichnam wieder ausgegraben, und den *17. Nov. A. 1664. solenniter*, unter Begleitung gesamter Bürgerschafft, auf des Churfürsten Befehl, in der Kauffmanns Kirche begraben wurde.

9.) Wahrhafftiger und eigentlicher Bericht, was mit Ezechiel Mehten von Langen Saltza, *in Puncto Confessionis* όζδοδοξίας, kurtz vor seinem Ende zu Erffurth am *24. Oct. A. 1640* vorgegangen. *A. 1644.* in *4.* drittehalbe Bogen.

10.) *Manuductio ad Musicam Theoreticam*, das ist, kurtze Anleitung zur Singe=Kunst, darinne die nothwendigsten und fürnehmsten Stücke zum singen gehörig vor die Anfahenden ordentlich beschrieben, und zur Ubung deroselbigen etliche schöne *Fugen* aus berühmten *Musicis colligirt.* Erffurth *A. 1660.* in *8. 8.* Bogen. Er hat es noch als *Cantor* geschrieben, darauf es *A. 1653.* zum andernmahl aufgeleget worden.

11.) Nicht weniger hat er sich auch um die Lutherische Kirche damit verdient gemacht, daß er die ältesten, besten und geistreichsten teutschen Gesänge,

[3] Nicht im VD 17.

auch einige lateinische *Hymnos* zusammen gesucht, und nebst denen Melodien in Noten drucken lassen, welches Gesang=Buches noch ietzo die *Cantores* und *Organi*sten in denen Erffurtischen Evangel. Kirchen sich bedienen, und wäre es nicht un**[S. 585]**eben, wenn sich jemand drüber machte, und es mit denen Melodien derer neuen Gesänge wieder auflegen ließ.

12.) Von seinen *Disputationibus* sind mir zu Gesichte kommen *Qvæstiones Theologicæ ex veteri foedere ebræo depromtæ A. 1661. de libero hominis post lapsum arbitrio A. 1663. Christianismus compendiose descriptus A. 1674. de iure Dei in homines A. 1677. de duplici iustitia hominis iustificati A. 1671. de Ecclesia &c.*

13.) Sonsten hatte er auch über das *Concordien*=Buch *103.* Predigten gehalten; desgleichen über den Propheten Joel. Nachgehends fieng er an von denen Büchern Mosis, und gieng die Heil. Schrifft nach der Ordnung in Predigten durch, da er biß auf das *26.* Capitel des ersten Buch Samuelis kommen. Gleicher massen hat er eine Spruch=Postille ausgearbeitet, doch ist von allen diesen nichts in Druck gegeben worden, einiges aber liegt noch in *MStis.*

§. 11.

Jn übrigen geben von diesen Manne Nachricht, die gedruckte Leichen=Predigt, die auf *12.* Bogen starck; desgleichen *Witte* in *Diario Biographico,* das Gelehrten=*Lexicon* und *Biantes* in Lebens=Beschreibungen derer berühmtesten Erffurther *p. 69.* doch ist in meiner Erzehlung viel merckwürdiges, so in gemeldeten Schrifften nicht berühret ist, aus ein und andren bey der Familie **[S. 586]** noch vorhandenen *Documenten* hinzugefüget worden.

Personenregister

Das Register verzeichnet alle im Text erwähnten Personen, ausgenommen die Autoren neuerer Forschungsliteratur, mythische und biblische Gestalten. Nicht ausgeworfen wird der Name von Nicolaus Stenger. Unberücksichtigt bleiben auch die in der Textdokumentation vorkommenden Namen. Eingeklammerte Zahlen verweisen auf indirekte Erwähnungen.

Abbildungsnachweise

Bibliothek des Evangelischen Ministeriums im Augustinerkloster Erfurt:
Einband, Frontispiz, S. 10, 19, 27, 35, 53, 68, 102, 140, 154

Das Mainzer Rad an der Gera. Kurmainz und Erfurt 742-1802. Eine Ausstellung der Stadt Mainz zum Erfurter Stadtjubiläum 742-1992. Mainz 1991:
S. 32

Forschungsbibliothek Gotha:
S. 127 (Signatur: Diss. hist 8° 00050 [32])

Die Autoren

HOLGER BERG, geb. 1979, Dr. phil., Historiker, zuletzt Kurator am Reventlow-Museum auf Lolland (Dänemark); Veröffentlichungen: (Hg., mit Hans Medick, Norbert Winnige u. a.): Caspar Heinrich Marx: Diarium Actorum a tempore cæsi Exercitus Cæsariani 17./7. Septembris Ao 1631 [...]. November 2008 (Mitteldeutsche Selbstzeugnisse der Zeit des Dreißigjährigen Krieges). Einsehbar unter: www.mdsz.thulb.uni-jena.de; Military Occupation under the Eyes of the Lord. Studies in Erfurt during the Thirty Years War. Göttingen 2010 (Forschungen zur Kirchen- und Dogmengeschichte, 103); Aufsätze zu Kaspar Stieler und zur Religions- und Historiographiegeschichte des frühen Luthertums.

CHRISTOPH BULTMANN, geb. 1961, Dr. theol., Theologe, Professor für Bibelwissenschaften am Martin-Luther-Institut der Universität Erfurt; Veröffentlichungen: (Hg., mit Thomas Zippert): Johann Gottfried Herder: Theologische Schriften. Frankfurt/M. 1994 (Werke Bd. 9.1); Die biblische Urgeschichte in der Aufklärung. Johann Gottfried Herders Interpretation der Genesis als Antwort auf die Religionskritik David Humes. Tübingen 1999 (Beiträge zur historischen Theologie; 110); (Hg., mit Walter Dietrich u. Christoph Levin): Vergegenwärtigung des Alten Testaments. Beiträge zur biblischen Hermeneutik. FS für Rudolf Smend zum 70. Geburtstag. Göttingen 2002; (Hg., mit Benedikt Kranemann u. Jörg Rüpke): Religion, Gewalt, Gewaltlosigkeit. Probleme-Positionen-Perspektiven. Münster 2004; (Hg., mit Claus-Peter März u. Vasilios N. Makrides): Heilige Schriften. Ursprung, Geltung und Gebrauch. Münster 2005; (Hg., mit Claus-Peter März u. Jamal Malik): Mahnung und Warnung. Die Lehre der Religionen über das rechte Leben. Münster 2006; (Hg., mit Volker Leppin u. Andreas Lindner): Luther und das monastische Erbe. Tübingen 2007 (Spätmittelalter, Humanismus, Reformation, 39); Aufsätze u. a. zum Alten Testament, zu Herder, Spalding und Lessing.

ERNST KOCH, geb. 1930, Dr. theol. habil., Honorarprofessor für Kirchengeschichte an der Friedrich-Schiller-Universität Jena; Veröffentlichungen: Die Theologie der Confessio Helvetica Posterior. Neukirchen-Vluyn 1968 (Beiträge zur Geschichte und Theologie der Reformierten Kirche, 27); Aufbruch und Weg. Studien zur lutherischen Bekenntnisbildung im 16. Jahrhundert. Stuttgart 1983 (Arbeiten zur Theologie, 68); (Hg., mit Johannes Wallmann): Ernst Salomon Cyprian (1673-1745) zwischen Orthodoxie, Pietismus und Frühaufklärung. Gotha 1996 (Veröffentlichungen der Forschungs- und Landesbibliothek Gotha, 34); Das konfessionelle Zeitalter – Katholizismus, Luthertum, Calvinismus (1563-1675). Leipzig 2000 (Kirchengeschichte in Einzeldarstellungen, II/8); Studien zur Theologie- und Frömmigkeitsgeschichte des Luthertums im 16. bis 18. Jahrhundert. Waltrop 2005 (Texte und Studien zum Protestantismus des 16. bis 18. Jahrhunderts, 3); Geschichte der Reformation in der Reichsstadt Nordhausen am Harz. Nordhausen 2010 (Schriftenreihe der Friedrich-Christian-

Lesser-Stiftung, 21); zahlreiche Aufsätze zur mitteldeutschen Kirchen-, Theologie- und Frömmigkeitsgeschichte in der Frühen Neuzeit.

ANDREAS LINDNER, geb. 1962, Dr. theol., Theologe, Wissenschaftlicher Mitarbeiter für Kirchengeschichte und Systematische Theologie am Martin-Luther-Institut der Universität Erfurt; Veröffentlichungen: Leben im Spannungsfeld von Orthodoxie, Pietismus und Frühaufklärung. Johann Martin Schamelius - Oberpfarrer in Naumburg. Gießen 1998; A. H. Bucholtz Herkules-Roman 1659/60. Zur Synthese von Erbauungs- und zeitgenössischer Unterhaltungsliteratur im Barock. Münster 2006 (Arbeiten zur historischen und systematischen Theologie, Bd. 8); (Hg., mit Andrea Schulte): Das evangelische Schulwesen in Mitteldeutschland. Stationen und Streifzüge. Münster u. a. 2007 (Schulen in evangelischer Trägerschaft, 8); (Hg., mit Christoph Bultmann u. Volker Leppin): Luther und das monastische Erbe. Tübingen 2007 (Spätmittelalter, Humanismus, Reformation, 39); Landadel als Träger reformatorischer Bildungsorganisation. Bedingungen und Motive am Beispiel der Klosterschulen des Nordthüringer Raumes. Weimar 2008; Aufsätze zur Kirchen- und Theologiegeschichte von der Reformation bis zum 19. Jahrhundert.

MICHAEL LUDSCHEIDT, geb. 1965, Dr. phil., Germanist, Leiter der Bibliothek des Evangelischen Ministeriums Erfurt, Lehrbeauftragter für Neuere deutsche Literatur an der Universität Erfurt, Mitherausgeber der Jenaer Johann-Karl-Wezel-Gesamtausgabe; Veröffentlichungen: (Hg.): Die Bibliothek des Evangelischen Ministeriums zu Erfurt. Geschichte, Bestände, Forschungsbereiche. Bucha bei Jena 1998 (Palmbaum Texte. Kulturgeschichte; 2); Handschriften und Alte Drucke der Bibliothek des Evangelischen Ministeriums Erfurt. Erfurt 1999 (Erfurter Bibliotheken; 2); (Hg., mit Kathrin Paasch): Bücher und Bibliotheken in Erfurt. Erfurt 2000; Georg Neumark (1621-1681). Leben und Werk. Heidelberg 2002 (Jenaer germanistische Forschungen, N. F.; 15); (Hg., mit Lothar Schmelz): Luthers Erfurter Kloster. Das Augustinerkloster im Spannungsfeld von monastischer Tradition und protestantischem Geist. Erfurt 2005; (Hg.): Aufklärung in der Dalbergzeit. Literatur, Medien und Diskurse in Erfurt im späten 18. Jahrhundert. Erfurt 2006 (Schriften der Bibliothek des Evangelischen Ministeriums Erfurt, 1); (Hg.): Kaspar Stieler (1632-1707). Studien zum literarischen Werk des „Spaten“. Bucha bei Jena 2010 (Palmbaum Texte. Kulturgeschichte, 23); Aufsätze zur Literatur des 17. und 18. Jahrhunderts, zur Bibliotheksgeschichte sowie zur Kulturgeschichte der Frühen Neuzeit.

MARKUS RATHEY, geb. 1968, Dr. phil., Musikwissenschaftler, Professor für Musikwissenschaft an der Yale University (New Haven, USA); Veröffentlichungen: Johann Rudolph Ahle 1625-1673. Lebensweg und Schaffen. Eisenach 1999; (Hg.): Johann Georg Ahle: Schriften zur Musik. Ndr. d. Ausgaben Mühlhausen 1687-1704. Hildesheim 2007, ^{2}2008; Kommunikation und Diskurs. Die Bürgerkapitänsmusiken Carl Philipp Emanuel Bachs. Hildesheim 2009 (Studien und Materialien zur Musikwissenschaft, 55); zahlreiche Aufsätze zur mitteldeutschen Musikgeschichte des Barock und vor allem zu Johann Sebastian Bach und zur Bach-Familie.

ULMAN WEISS, geb. 1949, Dr. phil. habil., Historiker, Privatdozent am Institut für Europäische Geschichte/Frühe Neuzeit der Universität Erfurt; Veröffentlichungen: „Ein fruchtbar Bethlehem". Luther und Erfurt. Berlin 1982; Die frommen Bürger von Erfurt. Die Stadt und ihre Kirche im Spätmittelalter und in der Reformationszeit. Weimar 1988; (Hg.): Erfurt 742-1992. Stadtgeschichte – Universitätsgeschichte. Weimar 1992; (Hg.): Erfurt – Geschichte und Gegenwart. Weimar 1995; Das Erfurter Evangelische Ratsgymnasium 1561-1820. Eine Geschichte in Bildern. Erfurt 1999; (Hg.): Flugschriften der Reformationszeit. Colloquium im Erfurter Augustinerkloster. Tübingen 2001; Die Lebenswelten des Esajas Stiefel oder Vom Umgang mit Dissidenten. Stuttgart 2007 (Friedenstein-Forschungen, 1); (Hg.): Buchwesen in Spätmittelalter und Früher Neuzeit. FS für Helmut Claus zum 75. Geburtstag. Epfendorf 2008; (Hg., mit Günter Mühlpfordt): Kryptoradikalität in der Frühneuzeit. Stuttgart 2009 (Friedenstein-Forschungen, 5); zahlreiche Aufsätze zur spätmittelalterlichen und frühneuzeitlichen Geschichte.